# 无辜者的申诉

# Ghost of the Innocent Man

A True Story of Trial and Redemption

[美] 本杰明·拉克林 — 著
Benjamin Rachlin
李文远 —— 译

新世界出版社
NEW WORLD PRESS

**图书在版编目（CIP）数据**

无辜者的申诉 /（美）本杰明·拉克林著；李文远译. -- 北京：新世界出版社，2021.7
ISBN 978-7-5104-7274-9

Ⅰ. ①无… Ⅱ. ①本… ②李… Ⅲ. ①纪实文学－美国－现代 Ⅳ. ① I712.55

中国版本图书馆 CIP 数据核字 (2021) 第 084793 号

**无辜者的申诉**

**作　　者：**[美] 本杰明·拉克林（Benjamin Rachlin）
**译　　者：**李文远
**策　　划：**中资海派
**执行策划：**黄　河　桂　林
**责任编辑：**吴伶伶　贾瑞娜
**特约编辑：**羊桓汶辛　张　帝
**责任校对：**宣　慧
**责任印制：**王宝根
**出版发行：**新世界出版社
**社　　址：**北京西城区百万庄大街 24 号（100037）
**发 行 部：**（010）6899 5968　（010）6899 8705（传真）
**总 编 室：**（010）6899 5424　（010）6832 6679（传真）
http：//www.nwp.cn　　http：//www.nwp.com.cn
**版 权 部：**+8610 6899 6306
**版权部电子信箱：**frank@nwp.com.cn
**印　　刷：**深圳市精彩印联合印务有限公司
**经　　销：**新华书店
**开　　本：**787mm × 1092mm　1/16
**字　　数：**350 千字　　**印　张：**22
**版　　次：**2021 年 7 月第 1 版　　2021 年 7 月第 1 次印刷
**书　　号：**ISBN 978-7-5104-7274-9
**定　　价：**69.80 元

Ghost of the
Innocent Man

我国的刑事诉讼流程是有利于被告的……只要 12 名陪审员中有一个人对案情存疑，被告就不会被定罪……我们所面临的危机并不在于陪审团对被告心慈手软，而在于冤案一直如鬼魅般痴缠着现有的诉讼流程，我们摆脱不了这场幻梦。

**——勒恩德·汉德法官**[①]（Judge Learned Hand），1923 年

①勒恩德·汉德，美国法官、法学家，生于纽约州首府奥尔巴尼。担任美国联邦法官长达40多年，因其才华横溢的风格及富有逻辑的推理，被誉为“法律的缔造者”。他的话常常被法律学者和联邦最高法院的法官们引用，引用频率之高，是其他地方法官们望尘莫及的。因而，他虽从未在最高法院任职，却被认为是美国历史上最伟大的法官之一。——译者注（下文若无特殊说明均为译者注。）

# 权威推荐

**美国国家公共电台**

《无辜者的申诉》行文简练，令人爱不释手。作者拉克林把格莱姆斯的牢狱生活详细展现在我们面前。他还用记录格莱姆斯牢狱生活的精准手法详细叙述了推动正义车轮前进需要付出多少艰巨而复杂的努力。《无辜者的申诉》的故事情节曲折复杂，值得细细品读。但是不要只局限于这个扣人心弦的故事。根据美国国家冤假错案信息中心的统计数字，因冤案入狱者所损失的时间已经累计超过 18000 年。难道我们不应该做出改进吗?

**《纽约时报》书评**

《无辜者的申诉》是一部了不起的著作。塑造了一个充满魅力的亲切形象，一个人坚持不懈地努力着，只是为了让世人相信他是无辜的。拉克林非常擅长讲故事。通过轻描淡写和极其细致的叙述，他成功地刻画出格莱姆斯饱满而生动的形象。

**《今日美国》**( *USA Today* )

《无辜者的申诉》是一部扣人心弦、充满悬疑色彩的法律纪实作品。这个故事倡导正义，并将其提高到更高水平——让无辜者的生命得到拯救。本书讲述了一场解决全美国范围内冤案危机运动的开端及人们是如何获得一些初步胜利的，令人感同身受，是一部优秀的新闻调查类作品。

**《华盛顿邮报》**( *The Washington Post* )

作者拉克林生动描绘了格莱姆斯在 24 年牢狱生活中遭受的一次次痛苦经历。拉克林用熟练手法讲述的这个故事激起了读者的愤慨，也带给读者慰藉，而格莱姆斯本人就是令读者感到慰藉的人物之一。

**《旧金山纪事报》**( *The San Francisco Chronicle* )

这是一个戏剧性的、令人大开眼界的、给人希望的故事。《无辜者的申诉》向世人揭示了一个可怕的事实：冤狱仍然笼罩着我们的血肉之躯，这本书带我们正视刑事司法制度中最残酷的不公正现象，但它也让我们憧憬司法制度未来能变得更加人道。

**《西雅图时报》**( *Seattle Times* )

《无辜者的申诉》一书最震撼之处在于它对牢狱生活的描述，包括转狱、延迟转狱、书信往来等，这些活动构成了不稳定的牢狱生活状态。这是一个非常引人入胜的故事，令读者爱不释卷。

**理查德·福特**（Richard Ford）
**《他们之间》**（*Between Them*）**作者**

《无辜者的申诉》绝对是一部调查类新闻文学和道德文学领域的杰作。它用事实论述了国家社会对于民众的基本承诺，即民众的自由不得被随意剥夺。拉克林的这部著作堪称现代版的希腊戏剧，我认为它将给读者的人生带来改变和激励，它就是这么厉害。

**杰夫·霍布斯**（Jeff Hobbs）
**《纽约时报》畅销书《罗伯特·皮斯短暂而悲剧的一生》**（*The Short and Tragic Life of Robert Peace*）**作者**

《无辜者的申诉》一书不仅有深入的研究，还倾注了充沛的情感。出于这两个原因和其他理由，此书堪称对人权状况的深思之作，也是对文学的一项重要贡献。威利·格莱姆斯的忍耐力和顽强意志超过了任何运动员或探险家。书中讲述克莉丝·穆马将不同信仰的执法者和立法者召集在一起，共同解决一场迫在眉睫的国家危机，这应该使我们认识到：当今时代不仅充满了不幸和悲剧，也充满了希望和救赎的可能。最后，本杰明·拉克林让我们领略了司法系统的不变性，并向我们表明一点：司法系统仍有其光明面，只要我们愿意，便可选择其光明面。

**伊莱·桑德斯**（Eli Sanders）
**普利策奖得主 著有《都市入睡时》**（*While the City Slept*）

《无辜者的申诉》令人愤慨、发人深省，同时又深刻感人，这是一个扣人心弦的故事，讲述了有缺陷的刑事司法制度所带来的可怕后果，以及个人要以多大的力量去改变司法进程。像威利·格莱姆斯这样的良善之人却被误判终身监禁，他被误判无期徒刑的遭遇令人心碎。这个故事体现了人性的残忍及其他更丑陋的一面。但本杰明·拉克林的作品也体现出人性关怀的一面，它发出鼓舞人心的呼吁，建议做出一些容易实现的改革。拉克林以审慎的同情心叙述导致冤案发生的误审、疏漏行为和各种社会力量，把这一切放在持续的国家耻辱背景下进行审视，并提醒我们有责任为实现真正的正义而努力。其效果显著，让人难忘。

**《华盛顿书评》**（*The Washington Book Review*）

《无辜者的申诉》对美国司法系统进行了既坦诚又具批判性的审视。这是一部以详尽研究为基础的著作。对于每一个关心正义的美国人来说，此书不容错过。

**书架情报网**

《无辜者的申诉》对美国司法系统进行了审视，其结果令人震惊。拉克林著作中的主要人物孜孜不倦地工作着（或者说他们多数时候是自愿这么做的），只为了修正一个冷酷无情、充满瑕疵的体系，本书将激发人们的希望。拉克林的这部非虚构作品读起来就像一部法律题材的悬疑片。

**《图书馆杂志》（星级书评）**

格莱姆斯的故事既扣人心弦，又令人愤怒，无论是他的深思熟虑和执着，还是致力于建立洗冤委员会的律师们所表现出的决心和激情都推动着整个故事的发展。本书对错误定罪和纠正误判的结构性障碍进行了冷静探讨，并在结尾段落中直击问题要害。

**《出版商周刊》**（*Publishers Weekly*）（**星级书评**）

《无辜者的申诉》是一个引人入胜的长篇真实罪案故事。作者拉克林将美国各地深入曝光的低劣罪案调查与审判标准，以及数以百计的定罪后赦免案件融入一出扣人心弦的法律戏剧。这种在压迫下唤起的信仰令人动容。

**巴诺书评**（Barnes & Noble Review）

无论是格莱姆斯的言谈还是拉克林的写作，“直言不讳”都是《无辜者的申诉》的最大特点——没错，我指的是坦率。但“直言不讳”更有力量，更朴实。这是一个简洁紧凑的故事，从情感和心理层面颇具表现力，很容易在脑海中呈现出故事画面。对于一名作家来说，这是一部完美的处女作。

# 作者按

这是一部纪实类文学作品。我没有改变书中人物姓名和事件发生的日期，引文中的对话内容摘自审判记录、采访笔录、警方记录、医院记录、监狱记录、私人书信、法务函件、致辞、会议纪要，或是亲历现场者的回忆。每当书中人物回忆起某次讨论的要点时，我都会把对话复述出来；而对一个人的想法或感受的描述都是以书面内容、证词或访谈的形式回忆起来的。当然，我也从自身的立场出发解读了一些事件，但还是尽量还原了事件的本来面目。

之后附有更详细的资料来源。

# 目 录

CONTENTS

# 引 言

## 北卡罗来纳州：1987 年 10 月

有人在敲门。现在正值 10 月份，北卡罗来纳州夜间的温度接近 15 摄氏度，这样的气温非常适合昆虫活动。在如此宁静的夜晚，敲门声显得异常清晰。卡丽（Carrie）心想：肯定是邻居在敲门，因为此时已经过了 9 点钟，不会有人这么晚来公寓找她。卡丽每天晚上 9 点钟都要吃降压药，所以她很清楚现在的时间。

卡丽很喜欢她的邻居琳达（Linda）。卡丽的丈夫在去年感恩节的时候离世，在那之前，琳达的男友梅森（Mason）经常来探望她丈夫。梅森会拿些冰激凌过来，或者问卡丽是否需要他顺便带些食品和日用品过来。虽然琳达和梅森都是黑人，但两人举止得体，卡丽和她丈夫也就不怎么在乎他们的肤色了。这个时候来串门的不是琳达就是卡丽的家人，而卡丽的家人通常来之前都会先给她打个电话，否则的话，卡丽不会让任何人进门，甚至不会让他们在门外哪怕有一分钟的逗留。

卡丽年事已高，不太适合住廉租房。她今年 69 岁，身高 1.5 米，体重 40 公斤，是这个街区附近有且仅有的一个白人。她所在街区素有“小柏林”之称，这个街区位于 40 号州际公路和 70 号高速公路的交会处，由一排低矮的半砖砌连栋住宅组成，距离夏洛特市约一个小时的车程，离希科里镇也只有 1.6 公里。卡丽的家门前堆着铺门廊用的混凝土水泥板，水泥板上放着不知道从什么地方运来的破木凳或教室里用的椅子。

卡丽在两年前搬过来，她刚来的时候就很不喜欢这个地方，而现在她的丈夫去世了，她更觉得这个地方一无是处。她一般晚上待在家里剪购物优惠券。那天下午，她刚从超市里收集到一整本购物优惠券。剪完优惠券后，她会早早地上床睡觉。卡丽穿着睡衣，戴着眼镜，头发已经洗过，床单上放着她第二天去教堂要穿的衣服。

门廊的灯光很昏暗，卡丽适应了一会儿才看清是一个男人站在那里。由于两人的距离太近，她被他吓了一大跳。他比卡丽高 30 厘米，皮肤像门廊后的夜色一样漆黑。她本能地摸索外门的把手，但很快门就被完全打开了，门链也断了，搭扣挂在墙上。

“我想要你。”男人舔着嘴唇说。

“你给我滚出去！”卡丽倒吸一口凉气。她想伸手去拉内门的把手，但对方的手已经伸进来了，猛地把门拉开。

“我哪里都不去。”他对她说，然后跨过了门槛。“我想要你。”他把刚才的话又说了一遍。他推着卡丽穿过客厅，经过电视机和盆栽，然后把她推倒在沙发上，卡丽刚剪好的优惠券散落到地上。还没等她完全缓过神来，男人已经冲进了她的公寓，扯掉身上的衬衫，隔着卡丽的睡衣抚摸她。卡丽看得出来，这人比她年轻很多，而且胡子拉碴的，身上有股酒味。

“我喜欢老女人。”他说，“她们不会胡来。”

卡丽心想：琳达和梅森出门了吗？琳达帮不了什么忙，她的个头和卡丽一样小，手无缚鸡之力，但梅森很强壮。在这种情况下，她肯定会让梅森进屋帮忙。那一瞬间，她想起了自己的丈夫，但他已经去世了。屋外没有其他人了吗？

卡丽的内衣被脱掉了，他强行进入了她的身体。她被压在下面，心跳加速。“他是怎么进到我家里来的？”她差点要尖叫起来，但她忍住了，因为尖叫声可能会给自己带来更大的伤害。她感觉对方拿着一把半打开着的折叠刀，但她又不太确定。后来，这成为案件争论的焦点：她是否真的看到了那把刀？又或者那个男人只是威胁她，而她却想象对方拿着刀，仿佛这把刀就跟他那张胡子拉碴的脸和满身的酒气一样真实。

事后，他从沙发上退下来，赤身裸体地站在那里。卡丽盼望着这家伙赶紧离开，这样一切就结束了。她的身体阵阵抽痛，仿佛已经不属于她。

他说他要去卧室。“走吧。”他用命令的口吻说道。但他不了解房子的布局，于是让卡丽带路。

“我哪儿都不去。”卡丽对他说。

他火冒三丈，拿着刀命令她去卧室——可他真的有刀吗？卡丽再度拒绝。他紧紧抓住卡丽的胳膊，把她从沙发上拽下来。穿过客厅往前走15英尺[①]便是卧室，他很容易就找到了。卧室的床上铺着卡丽第二天去教堂做礼拜要穿的衣服，他把她拖到床上，再次强奸了她。卧室太窄了，别说被压着动弹不得，就算能动，她也没有地方可逃。这人压在她身上，她的血沿着手臂流了下来。房间的墙壁是浅蓝色的，角落里有个箱子，床头柜上摆放着一只白色的杯子。

他又完事了。卡丽告诉自己要赶紧逃跑，但浑身无力。对方松开了她的四肢，她心跳得很厉害，结结巴巴地对他说：“我想上厕所。”

他侧着身从床上滑了下去。“我饿了。”他一边说，一边走向客厅。

她跪在浴室的瓷砖上祈祷。那人在厨房里听见了她的祈祷，叫嚷着让她安静下来。“真是受不了。”他说。她听到他正在打开橱柜。“冰箱里有什么吃的？”

卡丽走到厨房门口，突然心生一计。“我的邻居很快就会回来了，”她告诉他，“他们要过来串门。你该走了，不然会被他们发现的。”

对方依然赤身裸体，在空空如也的冰箱里找了半天。“你是说梅森？”

---

① 1英尺 =0.3048米。

他压低声音问道，然后直起腰对卡丽说，“我看见梅森出去了。他们家里没人，没有人会来帮你。”他笑了笑，又转过头去看冰箱，“你有吃的吗？”

听到对方提到梅森的名字让卡丽心头一震。“难道梅森和他是朋友？这是事先计划好的？”

“我没有做晚饭。”卡丽开始跟他周旋，“里面没有别的食物了。”她看了一眼餐桌，桌上有一盒芝士饼干、一袋汉堡包、一个装着水果的塑料碗，还有几张餐具垫。

他说：“我以前从未听到过那种尖叫声。”他用头指了指卡丽刚才跪着祈祷的浴室，然后摇了摇头，仿佛她的祈祷让他很失望似的。他把汉堡包推开，伸手去拿水果。他抓起一个苹果和几根香蕉，然后转身“砰”的一声关上大门，消失在夜色中。

# 无证之罪

Ghost
of the
Innocent Man

# 第 1 章

A True Story
of Trial and Redemption

# 卡托巴县司法中心：1988 年 7 月

## “我永远不会忘记那张脸”

1988 年 7 月 6 日，周三，室外湿度 90%。这天早上 9 点半刚过，肯尼思·格里芬法官（Judge Kenneth Griffin）就在卡托巴县司法中心的法官席上落座，开庭审理案件。司法中心建在路边，是一座由混凝土板搭建而成的建筑，正门有几根不对称的圆形廊柱，一个不起眼的停车场，以及几个细长的窗户。县警察局和拘留所就坐落在它旁边。离司法中心不远的地方有一座加油站、两家快餐店和一家润滑油连锁店，周围是起伏不平的农田。

“各位早上好。”格里芬法官说。希科里镇位于北卡罗来纳州中西部，居民不足 3 万人。大约 9 个月前，一位老妇人在家中被人强暴。“北卡罗来纳州指控威利·詹姆斯·格莱姆斯（Willie James Grimes）先生……”他停顿了一下，朝被告席望去，“请举手，格莱姆斯先生。”被告席上的人举起手臂后，格里芬宣读了指控内容：两项一级强奸罪，一项一级盗窃罪、一项一级绑架罪。“对于每一项指控，格莱姆斯先生已通过其代理律师德·托雷斯（de Torres）先生提出无罪辩护。”格里芬法官对陪审团说。他把这桩诉讼案移交给了助理地方检察官比尔·约翰逊（Bill Johnson），后者传唤卡丽·埃利奥特（Carrie Elliott）出庭。

接下来的证词令人不安。卡丽身材娇小，站在证人席上，她只占了席位的三分之一。格里芬法官的座席很高，与法官相比，证人席上的卡丽看上去很渺小。她的年龄也和身高一样显而易见：法官刚过 60 岁，她比法官年长许多。不难想象，遭受侵犯之后，她会被吓成什么样子。

在约翰逊的引导下，卡丽讲述了 1987 年 10 月那天晚上发生的事情：一名陌生人不请自来，闯入她的寓所并强暴了她，事后还到处找吃的。

约翰逊问他："闯入者穿什么衣服？"

"他穿了一件绿色的衬衫，"卡丽回忆道，"还有牛仔裤，或者是蓝色的裤子。"

接下来，约翰逊解释了指控被告两项强奸罪的原因：沙发和床是截然不同的地方。他希望卡丽能引导陪审团通过这两项罪名。"沙发上的性交持续了多长时间？"他问卡丽，"你还记得吗？"

卡丽不记得了。"对我来说，那段时间长得漫无边际，"她说，"犹如一场噩梦。"

"他的脸离你有多远？"

"就在我的脸上面。"

"你能仔细看看这个人吗？"

"没错，法官大人，就是他。"卡丽点头确认。

法官又问她："你是否注意到那人的外表有什么不同寻常的地方，或者有什么易于辨认的特征？"

她又点了点头。她曾看到对方脸上有颗痣，而且胡子拉碴的。卡丽回忆说，她记得那颗痣长在右脸上，因为她想把痣抓下来，为此还把一根指甲弄断了。"我一直在反抗。"她说。

卡丽又补充说，10 月份的那个晚上之后，她在预审听证会上又见到了那个人，并且当场认出了他；她还在警方给她看的嫌疑犯照片中认出了他。约翰逊想知道更多关于那张照片的情况，比如警方是如何向他展示照片的？她是否很容易就认出了照片里的格莱姆斯？但格莱姆斯的律师提出反对意见，格里芬法官批准了。约翰逊不确定格里芬会允许他采取多少后续行动，于是要求解散陪审团，以便私下解决这件事。陪审员们鱼贯而出后，约翰逊又重新开始提问，他知道自己要谨慎行事。只有格里芬法官对他提出的问题做出公正的裁决，他才可以在陪审团在场的情况下再次提问，不然的话，接下来的问题仍难以被采纳。

“埃利奥特女士，你说有人给你看了照片，而你可以从照片中指认出闯入者。”

“是的，法官大人。”

“谁给您看的那张照片？”

卡丽告诉他，是希科里镇警察局的史蒂夫·布赖恩特（Steve Bryant）警官。布赖恩特去了克莱尔蒙特，卡丽小姑子的家就在那里。布赖恩特让卡丽辨认嫌疑人的照片，卡丽顿时认出了格莱姆斯。“布赖恩特警官问我是否确定，”卡丽回忆道，“我说‘非常确定’。”

约翰逊告知卡丽：“现在，我要向您展示一组照片，这组照片我称之为‘1号证据’。”他希望卡丽认得这组照片。展示完照片后，约翰逊说：“请问，您是否能认出那张照片？”

卡丽：不能，法官大人。

约翰逊：你认不出来？

卡丽：认不出来，法官大人。

约翰逊：您说您确认过这个人的身份？

卡丽：是的，法官大人。

约翰逊：他就是那个袭击你的人？

卡丽：没错。

约翰逊：在这份“1号证据”中，您是否看到了您确认过的那张照片？

卡丽：我看到一张照片跟那张很像。

约翰逊：我要说明一下，这份“1号证据”共有六个框，每个框一张照片，框下面有个数字，对吧？

卡丽：是的，法官大人。

约翰逊：疑似袭击您的那个人相片框号码是多少？您能告诉我们吗？

卡丽：那张看着有点像他，那边那张。

约翰逊：您看到这些照片了吗？您能从这些照片中分辨出袭击您的人吗？

卡丽：现在看起来又不太像了。

约翰逊：在这些照片中，是否有一张看上去像您用来指认嫌疑犯的照片？

卡丽：它们都有同样的框。

约翰逊：请告诉我们，这里面是否有您确认过的那张照片？

卡丽：我看不出来。

在陪审团面前，这样的回答无助于裁决，于是约翰逊选择了一个更简单的问题。“在确认嫌疑人身份的时候，”他尝试着问卡丽，“您有多确定那个人就是袭击者？”

“我认得他，”卡丽一边态度坚决地点点头，一边回答说，“我敢肯定，那个人就是他。”

这个回答好一点。“现在，在法庭上，”约翰逊问道，“您看到了那晚侵犯您的人吗？”

“看到了，法官大人。”卡丽答道。

“那个人在哪里？”

“就在那儿，”卡丽指向被告席，“红衬衣旁边的那个人。”

被告席上只坐着两个人。法院准许被告格莱姆斯换掉囚服上庭，现在他正穿着一件红色衬衫，而坐在他旁边的是辩护律师德·托雷斯。卡丽手指指向的是德·托雷斯。“我记得他。”卡丽没有意识到自己的错误，继续说道，“我永远不会忘记他的样子，永远无法把他从记忆中抹去。”

约翰逊大吃一惊。他知道卡丽指的是格莱姆斯，只不过她搞混淆了。德·托雷斯目瞪口呆，他是个白人，而且长相跟格莱姆斯一点都不像。

为了把她的错误影响降至最低，约翰逊紧接着又问了一个问题。“您所说的‘样子’，是指记忆中的图像，”他咕哝着问道，“而不是指照片吧？”

“不是照片。”卡丽告诉他，“是指我亲眼所见之人。”

“对于你指认的人，你有多大把握？”约翰逊问。

“很有把握。”

“我暂时没有问题了。”约翰逊说完坐了下来。

德·托雷斯双腿颤巍巍地站起来开始盘问，他打算先解决照片的问题。他提出，由于卡丽没有辨认出警方在9个月前向她展示的照片，所以这些照片不应被当作呈堂证供。如此一来，法庭将会裁决卡丽首次的指认无效，而该裁决肯定会减轻格莱姆斯的嫌疑，并且意味着卡丽接下来只能当面确认格莱姆斯的身份。德·托雷斯确信自己能让陪审团不相信卡丽的说法，因为她刚刚还把他误认为袭击者。他问卡丽，她是否能从约翰逊刚才给她看的照片中指认出嫌疑犯。

卡丽承认她没认出来，但她坚称照片无关紧要。“我能认出那个打我的人。”她对托雷斯说。

在刚才给你展示的照片中，有没有布赖恩特警官给您看过的照片？”

“照片看起来都一样，”卡丽说，“都是在小框框里。”这个回答不能让德·托雷斯信服，他要求卡丽提供更多细节。“如果你经历了我经历过的事情，就能理解我的感受了，”卡丽斥责他说，“来这里之前，我还在住院。”

“您说过，侵犯您的人脱下了一件衬衫，”德·托雷斯换了一个问题，“那是件绿色的衬衫。您是否留意到他身上有文身或标记？”

“没有留意到。”

“除了那颗痣以外，您是否注意到他身上其他部位有别的标记？”

“没有。”

德·托雷斯知道这个答案在后面的审判中很有用，而现在他已经成竹在胸了。

“法官阁下，”德·托雷斯转身对格里芬说，“这些照片和她的指认结果不应作为证据，因为她无法将照片与法庭上的任何人对应。我认为，这组照片和任何与之相关的证词都不能当作呈堂证供，它们根本不适用于本案。”

格里芬法官考虑了一下，然后说：“好吧。”他指示书记员记录以下内容：在陪审团缺席的情况下，法庭已通过照片对威利·格莱姆斯的身份进行全面验证。

> 基于上述工作，法院得出结论：作为“1 号证据”的嫌疑人照片组被排除在本案审判的证据之外。不过，在案发当晚，证人有充分机会在家中观察被告，这足以使证人对被告形成可靠的印象。证人的注意力高度集中在对方身上，她的观察所得足以让她对被告做出合理和准确的描述。她的态度是坚定且明确的。因此，本庭接受辩方提出的照片不能作为指认证据的意见。但在审判过程中，证人完全有能力对被告进行当面指认。

德·托雷斯不知道格里芬法官是否注意到卡丽认错了人。

## 受害者指认错误

陪审员又鱼贯回到法庭上，格里芬法官觉得上午庭审的内容已经很多了，于是下令休庭吃午饭。下午两点重新开庭，约翰逊决定让他的合伙律师杰伊·迈耶斯（Jay Meyers）最后再询问卡丽几个问题。迈耶斯想确认袭击者当时是否真的拿着一把刀。然后，在陪审团面前，他问卡丽能否在法庭上指出袭击她的人。

卡丽答道：“能，先生。”卡丽指着被告席说：“就在那儿。”

“我反对。”德·托雷斯打断了对话。

“反对无效，”格里芬法官对他说，然后转向卡丽，“让书记员记录下你指的是谁？”

“穿红衬衫那个。”卡丽说。

“书记员请记录，证人指出威利·詹姆斯·格莱姆斯是袭击者。”格里芬法官宣布。

“我没有问题了。”迈耶斯说完然后坐了下来。

在10月的那个周六，希科里镇的警官加里·李（Gary Lee）负责第二班巡逻，也就是从午后一直巡逻到午夜。收到报案信息后，李警官于晚上9点22分来到了卡丽·埃利奥特的公寓。刚到达现场，他和搭档就察觉到外门被撞破了。李警官的搭档负责卡丽公寓的警戒，而他自己则用无线电联系了附近的巡逻车，提醒警员们留意一名潜在的嫌疑人。为了弄清楚情况，他要求卡丽描述袭击者的外貌特征。随后，他把这些信息记录在初始报告中。

地方助理检察官约翰逊已经从迈耶斯那里收回了提问权，他想知道袭击者的详细体征。“男性黑人，身高至少1.8米，”李警官回忆说，“体重在100到110公斤之间，年龄35岁左右，头发浓密。”这就是那天晚上他从卡丽那里获得的信息。李警官回忆说，卡丽当时已“心神错乱”，而他的职责只是大致了解发生了什么，以及嫌疑人的模样。卡丽还告诉他，袭击者离开公寓后，她慢慢走向后门，把门锁上，摸索着找电话。但她想不起警局的电话号码，于是打电话给自己的儿子，接电话的是她的儿媳，后者立刻报了警。李警官在他的报告中记录了这些信息，而且记录中还提到他仔细巡查了卡丽所住公寓周围的环境，并询问了卡丽北面和东面的邻居，没有人能提供任何目击证词或任何有用的信息。报告上的第34个问题是：“嫌犯人身份是否可以辨认？”李警官在“是”的旁边打了勾。

约翰逊提问结束后，把证人交给德·托雷斯。

德·托雷斯问李警官：“案发当晚，卡丽在描述袭击者时是否提到过那个人的穿着？”

李警官回忆说，卡丽说过袭击者穿着牛仔裤和一件绿色毛衣。

“她是否提到对方脸上有一颗痣？”德·托雷斯问道。

“她当时没有提到这点。”李警官回答。

“我没有问题了。”德·托雷斯说。

那天晚上，正当李警官向卡丽的邻居了解情况时，同样来自希科里镇警局的警官苏珊·穆尔（Susan Moore）来到卡丽家，发现卡丽焦躁不安，“小臂开始出现明显的瘀伤”。穆尔提议开车送卡丽去医院，但被卡丽拒绝了——当时，卡丽的儿子和儿媳已经来到公寓，她觉得和他们一起坐警车更安心。穆尔尊重卡丽的想法，然后开车跟在他们后面去医院，并在那里和卡丽进行了更长时间的交谈，了解更多与性侵相关的细节。

由于穆尔很快就动身去医院了，所以她在卡丽家逗留的时间并不长，估计5分钟不到，几乎没有跟李警官谈过话。但她记得李在无线电中对嫌疑犯的描述：一名男性黑人，35岁，身高至少1.8米，体重至少100公斤。

盘问穆尔时，德·托雷斯很想知道一件事：在医院和卡丽交谈时，卡丽是否提到袭击者拿着一把刀？穆尔对他说：“没有。”但她认为卡丽可能根本没想起有刀。在穆尔看来，卡丽当时“心烦意乱到了极点”。

## 为了1000美元悬赏奖金

那天晚上，医院急诊室的值班医生是伯特·克兰（Bert Crane），他证实卡丽的手臂和左肩有瘀伤。克兰的急诊记录表明，卡丽于晚上9点51分入院，他检查了卡丽的身体，发现除了瘀伤外，她还头痛得厉害，因为在遭受性侵的过程中，她一直被压制着无法动弹。她的阴唇有撕裂伤，阴道壁有一道两厘米大小的裂痕。克兰医生注意到，撕裂伤是刚刚形成的。他认为卡丽的伤势和她描述的一小时前的遭遇相符，并正式对卡丽做了一次性侵体检，采集了卡丽的头发、阴毛和阴道拭子样本。克兰把这些样本装在一个工具盒里，连同卡丽受袭时和之后穿的衣服一起交给了警察。然后，他将卡丽撕裂的阴道缝合好，并安排卡丽下周一来复诊。

午夜时分，卡丽出院了，身上穿着她的孩子带来的新衣服，还披着一条护士借给她的毯子。现在，在法庭上，那个样本盒被作为“2 号证据”呈堂。克兰医生确认该样本盒来自他所在的医院，套盒的标签上有他的签名。对此，德·托雷斯没有提出任何问题。

卡丽的家人开车把她从医院送到了希科里镇警察局，她在那里再次见到了穆尔警官及其搭档杰夫·布莱克本（Jeff Blackburn）警官。他们带着卡丽穿过警局的方形走廊，走进一个单独设置的房间，并请卡丽把遇袭的情况再完整地描述一遍。这次描述的细节与她早些时候在医院里讲述的内容相吻合，而在此之前，她也曾在事发现场向警官加里·李讲述过同样的事情。

布莱克本警官给卡丽看了一份名单，上面有六名男子的照片，但她一个也认不出来。然后，布莱克本站起来，请卡丽拿他的身高体重跟袭击者作对比。卡丽打量了一会儿，然后说袭击者更重也更高。布莱克本刚好 1.8 米，体重 88 公斤，这也与卡丽早前的描述相一致。嫌疑犯身高超过 1.8 米，体重至少 110 公斤，完全符合卡丽先前的估计。

德·托雷斯想知道，在警察局这次迟来的面谈中，卡丽是否提到袭击者身上有痣或者伤疤？布莱克本承认她没有提过。

强奸案发生的两天后，也就是周一中午 12 点，卡丽和儿媳又回到警察局拜访了刑侦主管史蒂夫·布赖恩特警官，这让布赖恩特始料未及。布赖恩特警官上周六就认识卡丽了，尽管他当时还没有和她见过面，而且他知道希科里警局仍然没找到这件案子的嫌疑人。卡丽这次来警局是为了讲述她和邻居琳达·麦克道尔（Linda McDowell）的谈话。

遇袭那晚，卡丽误以为敲门的是琳达。案发后，琳达来到卡丽的公寓，说她听说了那晚发生的事情，她觉得很难过，俩人开始聊了起来。根据卡丽对袭击者的描述，琳达觉得自己可能认识这个人，但除了警察以外，她不想把这个人的名字告诉任何人，甚至连卡丽也不例外。卡丽想让布赖恩特警官知道这件事。她还回忆起了袭击过程中的两个细节：那人讲话含混不清，好像喝醉了又好像是口齿不伶俐，而且还有颗痣。她想让布赖恩特警官知道这些细节。这些事实再次出现在卡丽和琳达的谈话中，她对此很有把握。布赖恩特警官用笔记本记录了这些细节，并向卡丽保证他会把这些细节纳入调查中。

那天下午 4 点，布赖恩特警官的电话响了，是琳达·麦克道尔打来的。琳达告诉布赖恩特，她认识那个性侵卡丽的人，但她不想在电话里说出他的名字。她还想知道警方会不会给她奖励。最近，琳达从一个当地的节目中看到了警方的悬赏广告，她希望举报嫌疑犯后能够获得警方的奖励。

布赖恩特警官邀请琳达前往警局详谈。20 分钟后，也就是下午 4 点半，琳达来到了警局。布赖恩特保证只要她指认出嫌疑人，警方就授予她 1000 美元的奖金。得到保证后，琳达这才透露说，她认识的一个人完全符合卡丽的描述，这个人有两个名字，分别是威利·格莱姆斯和威利·文森（Willie Vinson），他甚至还有一个叫作“伍特”的代号。他脸上有颗痣——琳达觉得这颗痣长在左脸，但不太确定。在卡丽被强奸的那天，她还看到格莱姆斯穿着一件绿色衬衫，出现在卡丽公寓所在的那片街区。她还知道他住在哪里。

当晚 6 点 15 分，布赖恩特警官驱车来到克莱尔蒙特，卡丽暂时和她的小姑子住在那里。布赖恩特到达后，卡丽告诉他，她那天下午早些时候可能记错了袭击者脸上的那颗痣的位置。那颗痣可能长在他的左脸，而不是右脸。不过，无论在哪边，痣都长在他嘴角附近。她很确定对方有痣，只是记不清哪边嘴角罢了。布赖恩特给她看了一组照片，这组照片跟卡丽两天前在警察局看到的不同。布赖恩特在第二个位置放入了威利·格莱姆斯的照片。这张照片是布赖恩特在 1985 年 5 月的一桩酒驾案资料中发现的，而在此之前，格莱姆斯仅有一次违法记录（另一次发生在 1982 年，罪名同样是酒后驾车）。看着这组新照片，卡丽思考了 15 秒，然后她指着格莱姆斯的照片说："就是这个人。"她哭了起来，"强奸我的人就是他。"

布赖恩特问卡丽是否确定。卡丽说尽管格莱姆斯的头发变短了，但她很确定他就是袭击者。"我永远不会忘记他的脸。"她告诉布赖恩特。然后她又说，格莱姆斯把她伤得不轻，因为他压在她身上的时候扭伤了她的腿，她甚至连走路都有点困难。"那天晚上发生在我身上的事情。"她说，"是我此生最大的噩梦。"

布赖恩特警官在法庭上如实作证，但他并没有提及奖金，因为没有人问过这件事，他也不想主动提及。听了布赖恩特的证词后，德·托雷斯立马意识到自己失去了一个重要的论点。由于卡丽私下里一直在纠结是否要指认照片中的嫌疑人，所以德·托雷斯要让这些照片无法成为呈堂证供。但他知道，布赖恩特警官在克莱尔蒙特向卡丽展示过的照片中，格莱姆斯是唯一脸上长痣的人。

问题就在这里：卡丽不断坚称袭击者的脸上有颗痣，因此在向她展示嫌犯照片时，需要同时多放几个符合该特征的人的照片，否则卡丽自然会选择照片组中唯一脸上长痣的人。陪审团也了解到了这一细节，德·托雷斯深知这一点至关重要，因为这很可能成为卡丽指认格莱姆斯身份的关键。不过，德·托雷斯无法对此做出任何评论。地方检察官尝试在审判中引入两组照片，而德·托雷斯已经尽力阻止了，现在他只能竭力主张这些证据站不住脚。

相反，陪审员听取了警官史蒂夫·亨特（Steve Hunt）的证词。亨特是希科里镇警局的刑事调查员，虽然他刚 30 岁出头，却已经是一位有着 13 年办案经验的老手。亨特在希科里镇附近长大，家中兄弟姐妹一共 8 人，跟着单身的母亲和祖母居住。照顾这 8 个孩子的重任主要落在祖母身上，因为他们的母亲要打两份工，经常外出工作。现在，只要谈起以前居住的社区，他还是会放声大哭。亨特在五六岁的时候就立志要成为一名警察。高中毕业两年后，他就加入了希科里镇的警察巡逻队，成为该镇为数不多的黑人警察之一。"我融入了社区。"亨特对别人说，"但社区容不下我。”1987年，亨特成为一名刑事案件调查员。

亨特养成了下班仍开着无线电通话器的习惯。那个周六，他在无线电通话器里听到了卡丽遇袭的事情，尽管那一天他没有值班，但还是决定顺道去卡丽家看看。

第二天凌晨1点，也就是性侵发生的几小时后，亨特驾车沿着中心街的方向行驶，卡丽的公寓就在这条街的旁边。他停好车，在人行道上探查，突然看到了一颗苹果核。亨特已经在无线电里得知嫌犯从案发现场拿走了水果，于是又沿原路返回，在卡丽的公寓四周查看。

在卡丽家门口南边的草地上，亨特发现了两根相距大约3米的香蕉皮。他没碰这两根香蕉皮，而是把它们留在了院子里。他带着苹果核去了希科里警察局，却没有检查苹果核上的指纹，而是直接把它扔进了垃圾桶。亨特向一两名同事提到了他所见过的香蕉皮，但没人回去把香蕉皮采集回来。

一天后，即10月26日星期一，布赖恩特警官向卡丽展示了一组嫌疑犯照片，卡丽指认了其中一名嫌疑人，这个案子便转交到史蒂夫·亨特手里。亨特前往格莱姆斯与其女友同居的住所。

格莱姆斯那天不在家，但亨特还是在那天下午找到了格莱姆斯并拘留了他。他采集了格莱姆斯的指纹，然后立案。在立案文件中，亨特标注格莱姆斯身高1.89米,体重75公斤。而“疤痕/标记/文身”一栏中记录，格莱姆斯右手中指和食指指尖缺失，尤其值得注意的是，他中指的第一指节完全没了，但是卡丽从未提及这两点。

不过，格莱姆斯的嘴角左边确实有一颗痣，而且穿着一件绿色毛衣。亨特没收了这件毛衣和格莱姆斯的其他衣物，然后给他发了一件灰色连衣裤囚服。

在法庭上，德·托雷斯问格莱姆斯的衣物在哪里，因为它是重要的化验证据。据德·托雷斯所知，丢失证据这种事情以前从未发生过。“我不知道。”亨特说。那件衣服已交给狱卒，从那之后再也没有人看到过。

## 漏洞百出的取证环节

过去十年里，杰克·霍尔斯克罗（Jack Holsclaw）一直是希科里镇里唯一的证据技术员。就工作时间而言，霍尔斯克罗更像是普通上班族，而不像一名警官。他每周工作5天，每天早上8点半上班，下午5点下班。不过，出于同样的原因，他要24小时待命，随叫随到。卡丽遇袭的那个周六，霍尔斯克罗在家里接到了出警电话。他到达卡丽的公寓时已经是晚上9点半之后，那时只有布莱克本警官还在那里，其他人已经去医院或回警局了。当时，卡丽公寓外门上的铁链已经被换掉了。

霍尔斯克罗在法庭上解释说，他的职责是"处理犯罪现场"，即收集任何他认为可能与案件有关的物品并拍摄照片。布莱克本警官曾提到袭击者偷了水果，于是他从厨房的桌子上采集了两根香蕉和一个苹果，还从卧室里取走了两条内衣。他在卧室床单上找到了几根毛发样本，并密封在一个塑料袋里。霍尔斯克罗还查验了前门以便获取指纹，但他什么也没发现。回到警局以后，他从香蕉上提取到两枚指纹。

一周后，威利·格莱姆斯被捕，霍尔斯克罗将他的指纹与香蕉皮上的指纹对比，发现两者并不吻合。霍尔斯克罗和他的同事猜测，香蕉上的指纹可能是卡丽的。然而，警察从未采集过卡丽的指纹，所以没人确认过这一点。霍尔斯克罗也没有将这些指纹与到过现场的警察的指纹进行对比，甚至连给格莱姆斯立案的史蒂夫·亨特也没有跟进——要知道，立案一周后，亨特就获悉霍尔斯克罗采集到了指纹。直到庭审，亨特才听霍尔斯克罗作证说，案发现场找到的指纹并不属于格莱姆斯。

德·托雷斯再次发现自己没拿到关键证据。这是他第一次听说指纹的事情，而在庭审前的证据开示期间，他要求控方提供所有可用信息，却无人提及指纹。接下来几分钟里，德·托雷斯显得手足无措，他要求霍尔斯克罗重新说明他们具体在卡丽家里的哪个地方寻找证据。

霍尔斯克罗称，他在卧室床单和厨房的餐桌上寻找证据，而不是在沙发和沙发旁边的手提箱上寻找。最终，德·托雷斯认定，霍尔斯克罗确实从香蕉上找到了指纹，而后者虽然认为这些线索很重要，但与格莱姆斯的指纹不匹配。德·托雷斯似乎有点无奈，他还想知道负责保管证据的人是谁，指纹是以何种方式储存的，以及在理论上警察局里有哪些人可以使用这些指纹。这些问题绝大多数平淡无奇，问完问题后，他坐了下来。

除了指纹，警方还从卡丽的公寓里采集到了毛发样本，但直到 1988 年 5 月，史蒂夫·亨特花了好几个月才从格莱姆斯那里拿到毛发样本进行对比，而且这还是格莱姆斯本人主动提出的，因为他认为检测结果能洗脱他的罪名，但他的愿望落空了。为了了解原因，约翰逊给北卡罗来纳州调查局的探员特洛伊·哈姆林（Troy Hamlin）打了一个电话。哈姆林做过 7 年法医化验员，擅长毛发对比。据他估计，他在自己的职业生涯中比对过几千根毛发。

哈姆林向约翰逊解释说，卡丽遇袭一个月后，他从希科里镇警局的证据技术员杰克·霍尔斯克罗那里接收了卡丽的血液、唾液、毛发样本和阴道拭子。因为毛发对比不是证据分析的必要项，而且希科里镇警方也没有明确要求，所以哈姆林的同事只分析了毛发样本以外的其他证据。六个月后，希科里镇警局请求州调查局做毛发对比分析，就是在这时，哈姆林接手了这件案子。

为了使陪审团认识到毛发对比的重要性，约翰逊想让他们了解这项工作是如何进行的。在 15 分钟的时间里，约翰逊接连问了哈姆林好几个问题以阐明毛发对比的流程。在显微镜下，训练有素的分析人员可以根据一份毛发样本确定某个人的种族。虽然从技术层面而言，技术人员不可能完全推断出毛发来源，但得出的结论也八九不离十。他说："在普通人群中，很少会有两个人的毛发具有相同的微观特征。"来自卡丽公寓的毛发样本是霍尔斯克罗警官在 5 月份寄给他的，而哈姆林当月就断定，其中 8 根来自一名黑人。还有 7 根毛发已成碎片，不适合做对比分析。哈姆林将剩下的毛发样本与威利·格莱姆斯的毛发进行比较。"它们的微观特征是一致的。”哈姆林作证时说，“因此，那些毛发样本可能来自格莱姆斯先生。”

“您说的‘可能’，”约翰逊想让哈姆林把话说清楚，“是什么意思？”

“那份毛发样本确实来自威利·格莱姆斯，”哈姆林说，“但还有另一种可能：如果毛发不来自他的话，那就来自同一个种族的人。种族相同，毛发也具有同样的微观特征。”

“我的问题问完了。”约翰逊说道。

与指纹问题不同的是，德·托雷斯早就知道毛发样本这件事，并做好了准备。他问哈姆林：“您是否确定那根用于鉴定的毛发来自威利·格莱姆斯？”

“样本和他的毛发是一致的，”哈姆林回答，“每个人的毛发都是非常特殊的，不能说排除了其他人之后，某根特定的毛发就属于某个人。但正如我之前说过的那样，我从事了7年毛发检测工作，却很少看到两个人的毛发在显微镜下呈现出同样的微观特征。”

“但这种情况以前发生过？”德·托雷斯追问。

“确实发生过。”哈姆林说。

接着，德·托雷斯提出了毛发样本的保管问题。他想多了解一下测试之前警方保存毛发的信封。哈姆林是什么时候收到信封的？他又是如何接收信封的？信封是如何封口的，是否使用了胶带？可这些问题都没问出个所以然来，于是他又把问题转向DNA检测。

哈姆林解释说，他很熟悉DNA检测技术，但北卡罗来纳州并没有采用该技术。庭审之前，德·托雷斯看到新闻报道上说一些私人实验室有能力进行DNA测试。哈姆林说确实如此，但具备这种能力的实验室很少。他只知道两家这样的私人实验室，而且也只有少数几件案子接受DNA检测结果作为呈堂证据。

“那些案例都是检测血液或精液的DNA，”哈姆林提醒说，“据我所知，DNA检测技术还从未用于辨识毛发。就毛发检测而言，这是一个相对较新的领域。”当时没人知道DNA和人类毛发的关系，这也是州调查局没有采用DNA技术检测毛发的原因。哈姆林还说，即使两者之间存在关系，他也不会对这种新的检测技术产生依赖性，这会让他缺少安全感。他对DNA检测技术持乐观态度，但目前还不清楚它到底好不好用。

周五10月23日早上，最后一天庭审开始，德·托雷斯终于可以传唤威利·格莱姆斯出庭接受盘问。在前两个诉讼日，留着短发、蓄着短须的格莱姆斯坐在被告席上，安静地看着证人们作证，现在终于轮到他上证人席了。他缓慢地朝证人席走去，仿佛一艘降下风帆向前滑行的小船，他修长的四肢就像是船的悬臂。在监狱里待了9个月后，格莱姆斯长胖了不少。去年10月被捕时，他的体重只有75公斤，现在已经接近90公斤了。站在证人席上，他说起话来慢吞吞的，还有点紧张，似乎声带绷得很紧。他向约翰逊承认，他一直都“口齿不伶俐”，或者“一紧张就舌头打结”。不管原话是怎样的，大概意思就是他有时候说话不流利。

格莱姆斯说，他和女友布兰达（Brenda）在希科里镇住了大约一年，他还在希科里镇以南近1小时车程的谢尔比镇的友谊路上买了一小块地。去年10月份，当地一家银行寄给他一封信，信上说他欠该银行80美元的土地税款。

格莱姆斯打算在1987年10月25日，也就是周日那天，还清银行的欠款。但银行周末不营业。格莱姆斯周中要干两份工作，一份工作是在希科里镇的商店里搬运家具，另一份则是在一家纺织厂里做兼职，所以他平时也没有时间来谢尔比镇。周日那天，他要把钱拿给住在谢尔比镇的表亲，他们答应格莱姆斯，等周一银行营业时帮他缴纳税款。格莱姆斯要在周日之前把那80美元放在一个可靠的人那里，这样他就不会总想着把钱花掉了。周六那天，他打算和朋友们一起去喝点酒。每当在社交场合喝酒时，他花起钱来总是没谱，他不想再乱花钱了。周五那天，他把80块钱交给一个叫理查德（Richard）的朋友保管。

周六早上，即1987年10月24号，格莱姆斯像往常一样刮了胡子。他不喜欢自己胡子拉碴的样子，总是把脸刮得很干净。他身上穿着一件蓝白相间的条纹衬衫，外加一件棕色夹克。那天下午，他和布兰达准备去她表弟家吃晚饭，半路在理查德的家里短暂停留了一会儿。格莱姆斯想取回他的 80 美元，但理查德不在家。格莱姆斯和布兰达转而去超市买了一份海鲜拼盘，想带到布兰达表弟家吃；他们还买了两包做猪肠的肉馅，准备送给随后见面的朋友。后来，布兰达在她车里找到了购买这些物品的收据，收据打印时间为下午 4 点 14 分。吃完晚饭后，晚上 8 点 30 分左右，布兰达把格莱姆斯送到另一位朋友雷切尔·威尔逊（Rachel Wilson）的家门口。格莱姆斯进屋后，布兰达便驾车离开了。布兰达在一家养老院上班，那天刚好轮到她值班，一直从晚上 11 点值到第二天早上 7 点。

到了晚上 9 点钟，格莱姆斯决定再去找理查德把钱要回来。理查德正好住在雷切尔·威尔逊对面，所以格莱姆斯可以轻松地步行过去。大约就在同一时间，雷切尔·威尔逊的妹妹卡罗琳（Carolyn）想起自己把钱包忘在车里了，于是出门到车里拿钱包。在她姐姐的房子外面，她看见格莱姆斯穿过马路，走到理查德的家门口。

过了一会儿，出去找汽车零部件的理查德开车回来，看到了格莱姆斯。俩人走进屋里，很快，格莱姆斯拿着钱走了出来，穿过马路回到雷切尔家里。

又过了半个小时，格莱姆斯准备回家。这时候还不到 11 点，格莱姆斯知道布兰达还没去上班，于是他打电话问布兰达能不能来威尔逊家接他。但布兰达听错了，她以为格莱姆斯说的是理查德·威尔逊，而不是雷切尔·威尔逊，因为理查德和雷切尔碰巧同姓，再加上格莱姆斯讲电话时可能有点口齿不清。几分钟后，布兰达开车来到理查德家，发现理查德家里没人。她以为格莱姆斯肯定去做其他事了，于是赶回去上晚班。

布兰达一直没有出现，格莱姆斯意识到要另找一辆车回家。他还考虑到布兰达通宵上班，周日早上可能会累得筋疲力尽，万一她睡过头了，他还得另想办法去找他的表亲。格莱姆斯打电话给经常一起拼车上班的朋友艾伦·舒福德（Allen Shuford），艾伦是雷切尔和卡罗琳的兄弟。威尔逊一家成员很多，他们本来都姓舒福德，后来几个人出嫁后随丈夫姓了，比如雷切尔·威尔逊原名叫雷切尔·舒福德，而他们的姐姐琳达嫁到了麦克道尔家，就改名为琳达·麦克道尔。

到了晚上 11 点，格莱姆斯发现时间已经很晚了，而他仍然没找到车回家，于是步行到另一位朋友的家里，睡在他家的沙发上。第二天，也就是周日早上 7 点钟，格莱姆斯睡醒后又步行回到雷切尔的家里。那时布兰达已经下班了，格莱姆斯打电话问她能否来接他。7 点 30 分，布兰达开车来到雷切尔家，于是他们带着税款一起赶往谢尔比镇。

第三天，也就周一，格莱姆斯和艾伦·舒福德一起拼车上班，周二也是如此。那天，格莱姆斯穿了一件绿色的毛衣，他上班时经常这样穿，因为套头衫既暖和又舒适。每当搬家具时，他都会穿同一件毛衣，免得弄脏其他衣服。傍晚下班后，格莱姆斯回到家里，布兰达说警察来找过他。

格莱姆斯想不通警察为什么会来找他。

“他们找我干什么？”他问布兰达。

“他们没说。”布兰达答道，但她记得那位警官叫史蒂夫·亨特。

“我可没作奸犯科，”格莱姆斯告诉她，“送我去趟警察局？这样我们就知道是怎么回事了。”

在警察局，格莱姆斯向前台两名值班的警官表明身份，并询问警方为什么找他。两位警官毫无头绪，他们查阅了档案，没找到带有“格莱姆斯”这个名字的逮捕令。格莱姆斯解释说，史蒂夫·亨特找过他，于是值班警官联系亨特，问他是否知道这件事。亨特叫他们将格莱姆斯拘押起来，等他过来处理。亨特来到警局后，告诉格莱姆斯他的逮捕令已经下了。格莱姆斯大惑不解，不知道警察为什么要拘捕他。亨特回答说，他强奸了卡丽·埃利奥特。格莱姆斯表示自己根本不认识这个人。

“我什么都没做，”格莱姆斯坚称，“我不知道你在说些什么。”他要求做测谎测试，以表明他说的是真话。

亨特拒绝了。“你最好给我闭嘴。”他警告格莱姆斯说，“你现在惹上大麻烦了。”

亨特开始立案，另一名警官给格莱姆斯提取指纹，并给他拍照。在这个过程中，警官们注意到格莱姆斯锁骨下方有一块凸起的大伤疤，几码之外都可以看到，而他右手两个手指的指尖断了，这些伤都是几年前在一家纺织厂工作时发生事故后留下的。卡丽此前没有提到这两个特征，着实让人奇怪。那处伤疤尤其明显，更何况性侵她的人长时间光着身子在她公寓里闲逛。格莱姆斯的断指在他的惯用手，假如他用这只手拿刀，那么卡丽很可能会注意到断指。这些事实让亨特短暂犹豫了一下，但也只是暂时而已。

周二下午5点半，格莱姆斯被关进了位于县治牛顿区法院后面的卡托巴县监狱。

鉴于格莱姆斯胸口的伤疤、断指，以及比嫌疑人轻15公斤的体重，德·托雷斯想知道亨特为什么无论如何都要逮捕格莱姆斯。他指出，格莱姆斯去警察局那天穿了一件绿色毛衣，他倒霉就倒霉在这里。

“是的，”格莱姆斯证实，“我穿了一条蓝色牛仔裤、一件条纹衬衫，还有那件套头毛线衫。”

“你穿着它去上班吗？”德·托雷斯问。

“是的，”格莱姆斯说，“我刚下班回来，布兰达就告诉我史蒂夫·亨特带着搜查令来找我。我甚至还没去厨房找块三明治吃，就叫她把我送到警察局，因为我要把这件事搞清楚。我什么也没做。”

格莱姆斯在牢房待了一夜，还没等他把事情搞清楚，就被告知参加法庭预审。法警把他带到一间空荡荡的审判室，室内的墙壁和地板都镶嵌了木板，非常安静。里面只有一名法官在等着他，在那里，格莱姆斯第一次听到了自己的罪名：强奸、绑架和入室盗窃。他根本想不通为什么这些罪名会加在自己身上，肯定是哪里搞错了。

法官问格莱姆斯认不认罪，他说自己无罪。法官又问他是否有辩护律师，他说没有。法警再次给他照相和提取指纹，并让他签了一张25 000美

照片由希科里镇警察局提供

元的担保函，这个担保金额是他无论如何都承担不起的。然后，他又在监狱里待了一晚。在格莱姆斯被拘押的时候，史蒂夫·亨特曾向他保证，稍后他会回来听格莱姆斯讲述周六晚上的经历，但是亨特食言了。接下来的7个月里，格莱姆斯再也没有见过亨特。

1987年10月29日星期四早上，一名西装革履的陌生人来到格莱姆斯的牢房。“我叫德·托雷斯，”他告诉格莱姆斯，“你的辩护律师。”

德·托雷斯请格莱姆斯简短描述发生的事情，格莱姆斯照做了，但长相年轻的德·托雷斯让他感到担忧。格莱姆斯估计，这个人只有32岁或33岁，比他小了将近10岁。首次见面，两人只聊了五六分钟。德·托雷斯承诺他会经常过来，但格莱姆斯第二次见到他是在一个月后，也就是11月中旬的预审听证会上。地方检察官传唤卡丽·埃利奥特出庭作证，问她是否能在法庭上认出那个袭击她的人。

卡丽说：“我不知道能不能认出来。”然后，她指着格莱姆斯说：“那个人看上去很像他，那边那个人。”另一位法官问格莱姆斯是否认罪，格莱姆斯再次说自己无罪。

1988年12月，法院再度起诉格莱姆斯，但没有人告诉他这次诉讼持续的时间会长得多。格莱姆斯在监狱里多次想联系德·托雷斯，却没有收到任何回复。等到他获悉预审听证会结果，已是第二年的春天。在那之前的几个月里，格莱姆斯不明白德·托雷斯为什么没有来找他，为什么正式审讯迟迟不开始。没人听他说的话，他想回家。

格莱姆斯知道自己是无辜的，审讯会证明这一点。在此之前，他因为莫须有的罪名被关在牢里，而受害者是一个他根本不认识的女人。审讯越早开始，他就能越早恢复正常生活。

## 误判不是偶然

假如格莱姆斯认识迈克尔·李·麦考密克（Michael Lee McCormick），他可能就不会这么想了。在格莱姆斯被捕那一年的 7 月，麦考密克在田纳西州查塔努加市被判谋杀罪。事实上，麦考密克跟这起谋杀案毫无关系，可他照样被判了刑。然而，格莱姆斯从未听说过麦考密克（事实上，除了查塔努加的市民，几乎没有人听说过麦考密克，更别提田纳西州以外的人了）。因此，没有犯罪的格莱姆斯也从未想过自己会被判有罪。

其他人也几乎没想到这一点。25 年后，有人开始在全美国范围内收集那些被错误定罪的人的名字，而且这份名单有不断加长的趋势。事实上，在那之前，甚至在这份名单成形之时，依旧没有人知道在美国，有多少人像麦考密克一样被错误定罪，或者他们被监禁在什么地方，监禁了多长时间。

明尼苏达州的理查德·迪齐巴克（Richard Dziubak）大约与格莱姆斯在同一时间被判刑，他的罪名是把一名妇女殴打致死，而事实上，受害者是因为服用了过量抗抑郁药而死，但是没有人愿意费心思去做毒理学检测。2005 年，住在底特律郊外的朱莉·鲍默（Julie Baumer）因摇晃年幼的侄子而被判有罪，事实上，这孩子当时已经中风了。1999 年，家住安阿伯郊外的罗伯特·法恩斯沃思（Robert Farnsworth）被判抢劫罪，而 8 个月后，人们在一家银行的保险箱里找到了那笔现金。2001 年，家住达拉斯的杰米·锡古恩萨（Jamie Siguenza）被指控计划出售数公斤可卡因，有可能会被驱逐出境，其实那些"可卡因"是石膏粉，是建筑材料中的一种。

不过，他的罪名不太可能成立，所以他也许不在被错误定罪者之列。

宾夕法尼亚州的杰里·帕切克（Jerry Pacek）年仅13岁，警方认为他打死了一名邻居，足足审问了他17个小时；佐治亚州的乔纳森·亚当斯（Jonathan Adams）年仅12岁，警方认为他勒死了一个8岁的小孩，于是在没有父母或律师陪伴的情况下审问他；纽约州的杰夫·德斯科维奇（Jeff Deskovic）是一名高中二年级的学生，他的同班同学遭谋杀后，警方怀疑他就是凶手，只是因为他表现得"极度心神不宁"。

伊利诺伊州北部的胡安·里韦拉（Juan Rivera）被判强奸儿童罪，但在庭审前，DNA检测结果表明他不是强奸犯；俄勒冈州的菲利普·坎农（Philip Cannon）被判三级谋杀罪，只是因为司法鉴定表明，他拥有的某颗子弹与射中死者的子弹完全吻合，而后来在2005年，联邦调查局终止了这类鉴定，认为其不太可靠；加利福尼亚州的威廉·理查兹（William Richards）被判谋杀自己的妻子，因为司法鉴定表明，他妻子手上的咬痕是他的牙齿留下的，而在2009年，美国国家科学院（National Academy of Sciences）认定这种方法存在"固有缺陷"，且"评估手段没有科学依据"，从而宣布不再使用；得克萨斯州西南部的欧内斯特·威利斯（Ernest Willis）被判纵火罪，并被判处死刑，5年后，美国国家消防协会（National Fire Protection Association）发布的一份报告"首次将科学原理应用于可疑火灾分析"，根据这些科学原理，那场火灾是一次意外事故。

芝加哥的肯尼思·亚当斯（Kenneth Adams）、韦尼尔·吉默森（Verneal Jimerson）、威利·雷恩吉（Willie Rainge）和丹尼斯·威廉姆斯（Dennis Williams）等人被判绑架和抢劫两名陌生人，而判罚依据来自一位智障少年的证词。事实上，那位少年目击者什么也没看到。纽约布鲁克林区的大卫·兰塔（David Ranta）被判枪杀了一名拉比，定罪依据来自一名告密者的证词，结果证明警方用一名妓女贿赂了告密者。俄克拉荷马城的柯蒂斯·麦卡蒂（Curtis McCarty）因刺伤一位熟人而被判罪，定罪依据来自一名法证分析员的证词，实际上，这个分析员修改了自己的实验室记录。

亚利桑那州的德布拉·米尔克（Debra Milke）被判谋杀了她的亲生儿子，而定罪依据来自一名侦探的证词。该侦探回忆，德布拉曾在他面前袒胸露乳色诱他，并承认她所做的一切都是为了骗取保险赔偿。后来，法院发现这名侦探曾捏造过口供。

然而，在1988年，上述案件大多数还没有发生。因此，静静坐在北卡罗来纳州一间法庭上的威利·格莱姆斯从未听说过这些名字，也没有听说过另外2000个背负着冤假错案的人。更多的无辜者被判处死刑，他们将错过自己和家人的生日、婚礼、葬礼、毕业典礼，或者婚姻破裂，或者无法为年迈的父母尽最后的孝道。其中一些人在获释后自杀了。最令人担忧的还不是这些事实，而是25年后发布的冤狱调查报告第10页上的一句话："据我们所知，我们所触及的只是冰山一角而已。"

## "布雷迪规则"

起初，格莱姆斯案的开庭日期定在1988年2月4日，但不知出于什么原因，实际开庭时间推迟了5个月，直到1988年7月份才正式开庭审理。在这段几乎看不到尽头的日子里，格莱姆斯每天只能盯着牢房的混凝土天花板或者牢房栅栏外空荡荡的灰色走廊发呆。他的女友布兰达每周来探望他一次，两人只能隔着厚厚的玻璃窗通过电话交谈。格莱姆斯入狱前是一个很冷静的人，入狱后，他逐渐变得易怒。每天晚上，他总是半梦半醒，睡得昏昏沉沉，醒来时只能看到牢房外过道里摇曳的灯光，那种寂寥和辛酸只有他自己才能体会。每隔两三天，警卫就让他到户外的一个小操场放风30分钟。

格莱姆斯最开始被关在牛顿区的县监狱，但在1月份的最后一周，他被转移到罗利市[①]以西的中央监狱。然而，这个占地176亩、警戒森严的监狱居然没有他的容身之地。三天后，狱方又把他分流到了东部惩教中

①北卡罗来纳州首府。

心（Eastern Correction Center）。该中心位于北卡罗来纳州一个名为“莫里”的小镇上，再往东就是大西洋。在监狱的大巴车上，他看到惩教中心其实是由两座安保级别最低的监狱组成，监狱周围全是农田和狱卒的住房。他在这里待了几个星期，然后监狱就用卡车把他送回牛顿区的县监狱。之后，格莱姆斯一直待在县监狱，直至开庭审判。在此期间，德·托雷斯每个月只来看他一两次。

每次见到德·托雷斯，格莱姆斯都希望他能够深入询问 1987 年 10 月份那天晚上发生了什么事，并且拿出更多证据，但德·托雷斯从未这样做过。在格莱姆斯看来，德·托雷斯提出的问题似乎与案情无关，比如，入狱以后，格莱姆斯是否跟布兰达或雷切尔谈过这个案子？他是否认识愿意签署宣誓书的人？某次探监时，德·托雷斯承认他对刑事案件不太熟悉，因为他大多数时候都在处理民事案件。另一次探监时，德·托雷斯又声称自己从事刑事案件工作已有数年之久。格莱姆斯深感不安，他担心德·托雷斯已经认定本案毫无胜算，所以根本没打算把时间花在他的案子上。至于德·托雷斯为何会这样认为，格莱姆斯也不清楚。

事实恰恰与格莱姆斯想的相反，德·托雷斯从始至终都信心满满。虽然他不是专门从事刑事案件的律师，但他认为自己“涉猎甚广”，无论刑事案、青少年犯罪还是房地产法律都有所了解。每次接到官司，他都觉得很简单。格莱姆斯已经公开宣称自己是清白的，他没有施暴历史，且拥有确凿的不在场证明；还有，他的身材、断指和胸口上的疤痕从始至终都不符合卡丽的描述。有鉴于此，德·托雷斯甚至对该案是否会开庭审判都持怀疑态度。

与格莱姆斯见面后，德·托雷斯与每一个不在场证人都交谈过，布兰达·史密斯、雷切尔·威尔逊、理查德·威尔逊、卡罗琳·舒福德，以及格莱姆斯的另一位朋友莱斯·罗宾逊（Les Robinson）。案发当晚，莱斯也到过雷切尔家，他打算帮自己的妻子借一口锅，恰好在雷切尔家中见到了格莱姆斯。他们的说法都是一致的，而且没有随着时间的推移而被淡化，德·托雷斯认为这点同样重要。德·托雷斯还认为警方在这件案子上处理不当。他简直不敢相信警方对卡丽公寓外留下的两根香蕉皮置之不理，要知道，香蕉皮上可能会残留唾液或指纹，而警方却没有收集这些证据，这种做法似乎让人无法理解。

后来，德·托雷斯还获悉希科里警方懒得听格莱姆斯或任何不在场证人的证词。卡丽根据照片指认格莱姆斯之后，亨特和希科里警局的其他警员显然都没有进行过深入调查。因此，在庭审开始前，德·托雷斯要求每个不在场证人签署一份宣誓口供，证明案发时格莱姆斯在什么地方以及在做些什么，并将这些口供提交给地方检察官。德·托雷斯知道，在这种情况下，宣誓口供具有不同寻常的作用，而且可能是多余的，因为如果格莱姆斯的案件继续审理，这些证人还是要出庭作证。但是希科里镇的警察如此不作为，使德·托雷斯认为地方检察官可能确实没有意识到这起案件存在诸多疏漏之处。通过提交宣誓口供，德·托雷斯希望格莱姆斯不必上庭受审。还有，既然格莱姆斯不太可能是袭击卡丽的人，这些证词也许能说服希科里警方重新展开调查。

无论哪种情况，德·托雷斯都要获得北卡罗来纳州已经发现的证据，并展示这些证据，从而为他的当事人洗脱罪名。1963 年“布雷迪诉马里兰州案”（Brady v. Maryland）后，美国联邦形成了“布雷迪规则”（Brady Rule），要求各州必须向被告开示证据。案件到了这个阶段，地方检察官或希科里镇警方本应已经给德·托雷斯提供了任何可证明格莱姆斯清白的信息，但德·托雷斯发现事情没那么简单。

1988 年 3 月，即原定开庭日期之后的一个月，德·托雷斯依旧没能看到一些文件，而此时距离格莱姆斯被捕已经过去 5 个月了。这些文件包括卡丽·埃利奥特去医院看病的病历卡、验伤结果、霍尔斯克罗拍的案发现场照片，以及卡丽指认格莱姆斯的那组照片。德·托雷斯援引“布雷迪规则”，要求地方检察官提供上述资料，而后者让他去找主导案件侦办的探员史蒂夫·亨特。可是，当德·托雷斯打电话给亨特时，亨特拒绝提供任何信息，并且把“皮球”踢回给地方检察官。德·托雷斯只好向地方检察官寄了一封信，以确保他的开示证据请求能够有据可查。

尊敬的亨尼格先生：

根据您先前的建议，上周我想从布科里镇警察局的探员史密斯·亨特那里获得其他开示证据，如警方在犯罪现场找到的指纹和其他实物证据（以及相关检测结果）。案件调查报告表明，证据技术员杰克·霍尔斯克罗负责处理案发现场找到的所有证据。我想提醒您，被告方也有权获得能够证明自身清白的证据。

亨特警官态度粗鲁地告诉我，他没什么可以跟我说的，如果我需要其他证据，可以从地方检察官那里获取。

因此，我正式请求您提供上述信息和证据。我认为您有责任从布科里镇警局获取这些资料。请告知我您何时可以准备好材料，因为如果没有这些证据，我们将无法对案件进行审判，并在这些证据的基础上做下一步工作。

盼复。

谨启

埃德·德·托雷斯

执业律师

1988年3月30日

五天后，亨尼格回信称，他的办公室已经将德·托雷斯的证据开示请求记录在案，且按照文件公开政策，他们已经两次满足了德·托雷斯索要文件的要求。但是，只有一份实验室报告出现在亨尼格的档案中，日期为1987年11月，而亨尼格已经把它提供给了德·托雷斯，现在他再次附上一份副本。亨尼格还说，欢迎德·托雷斯再次查阅这份文件，并索取他想要的任何一份副本。不过，“我们无法向您提供不存在于我们档案中的资料。如果希科里镇警局探员史密斯·亨特还有其他资料，您可以在我们接收后前来查阅。如果他态度粗鲁，我建议您把这事告知他的上司”。

结果，亨特既没有提供其他资料，德·托雷斯也没向他的上司投诉。因为亨特拒不让德·托雷斯查阅档案，而且亨特也没有把档案的全部内容透露给地方检察官，所以德·托雷斯直到开庭审判时才知道，警方已经从卡丽公寓外的香蕉皮上提取了指纹。与此同时，他还获悉卡丽指认格莱姆斯的照片其实不是警方向她展示的第一组照片。案发当晚，在格莱姆斯被视为嫌疑犯之前，警察局还有另一组照片。不过，德·托雷斯不知道这些照片是否能证明格莱姆斯无罪，所以他也无法确定警方是否违反了“布雷迪规则”。

与此同时，在亨尼格随信附上的 11 月实验室报告中，德·托雷斯注意到希科里镇警方并未要求分析毛发，这意味着从案发现场找到的毛发从未被检测过。德·托雷斯不知道，警方已经第二次请求特洛伊·哈姆林对毛发进行检测，但是没有人将该请求告知德·托雷斯，也没有人将哈姆林随后的报告转交给德·托雷斯，所以他还以为自己要承担检测毛发的职责。

## 11 位被忽视的被告方证人

1988 年 4 月 6 日，德·托雷斯提出了一项动议，要求由一家私人公司对毛发进行检测。他也对 DNA 检测技术很感兴趣。尽管他以前从未接触过 DNA 技术，但最近碰巧在一本杂志上看到过相关报道，该杂志称之为“未来的技术”。如果德·托雷斯理解得没错，对于有罪的当事人，采用 DNA 技术是不利的，可对于格莱姆斯来说，DNA 技术能够为他洗脱冤屈。由于毛发样本保存在希科里镇警察局，德·托雷斯需要警方的配合，而即将到来的庭审已经让他感受到了压力。到了 5 月底，德·托雷斯还没有收到任何回音，于是他给地方助理检察官比尔·约翰逊写了一封信。

尊敬的比尔：

已经过去几个星期了，我还没有收到任何关于威利·格莱姆斯毛发样本检测的消息。由于本案要在7月5日开审，所以请您务必尽快安排此事，以便州调查局可以按时完成毛发对比工作。

此外，我还建议对样品进行DNA检测。如果州调查局能做到这一点，就几乎可以确定某个人的身份（300亿分之一的概率）；如果他们做不到，可以花250美元请私人实验室代劳，比如位于日耳曼敦镇的赛尔马克诊断实验室，位于纽约州的瓦尔哈拉公司或生命代码公司。DNA检测比传统的毛发测试要准确得多，因为它对比的是毛发细胞内的遗传密码，而这些密码具备可识别和独一无二的特征。总而言之，DNA检测能提供无可辩驳的证据。

我知道您目前参与了塔克谋杀案的审理工作，但也许格雷格、杰伊或您办公室的其他人可以马上着手解决这个问题。现随函附上一篇关于DNA检测技术的文章，供您参考。

盼复。

谨启

埃德·德·托雷斯

执业律师

1988年5月20日

一个多月后，德·托雷斯收到了回信。

尊敬的德·托雷斯先生：

我写这封信是为了告诉您，北卡罗来纳州调查局实验室的特洛伊·哈姆林打电话通知我们，他已经将格莱姆斯先生的毛发样本与犯罪现场找到的毛发样本进行了检测和对比，哈姆林先生称，在犯罪现场发现的一根毛发与格莱姆斯先生的毛发样本相吻合。稍后，我将寄给您一份书面报告。若有任何疑问，请与我联系。

小威廉·约翰逊

地方助理检察官

1988年6月28日

至于德·托雷斯提出的DNA分析请求，信中并没有给予回复。

两周后，格莱姆斯上庭受审。他发现，在12名陪审员当中，有11名是白人，这一比例几乎完全反映了卡托巴县的人口结构特征——黑人只占该县人口的9%。他认出陪审团里至少有两人是当地的农民，还有3位是上了年纪的白人妇女，而后者让他感到希望更大一些。格莱姆斯想，她们可能不会相信像他这样一个年纪41岁，没有任何暴力或性犯罪历史的男性会性侵一位跟她们年纪相仿的老女人。至于其他人在想什么，他说不上来，只是希望那名唯一的黑人陪审员会遵从白人陪审员的决定。

格莱姆斯的表亲们每天都来听审。10月份的那个周日，格莱姆斯把80美元的税款交给了这些表亲。格莱姆斯的4个兄弟和3个姐妹都没能出席，他们有的住在附近，有的住得很远。按照习俗，不到迫不得已，人们是不愿意踏进法庭半步的，因为这是件很晦气的事情。此外，他们觉得这只是一桩冤案，格莱姆斯很快就会回家。德·托雷斯认为他们到不到场无所谓。

德·托雷斯向陪审团指出，周六那天，格莱姆斯一直在雷切尔·威尔逊的家里逗留到9点钟，然后9点半又回来打电话给艾伦·舒福德；而在这半小时之内，他横穿街道，去到理查德·威尔逊的家。因此，即使格莱姆斯预先做好了计划，也无法在几分钟时间内实施犯罪。卡丽·埃利奥特的住所距离雷切尔·威尔逊家来回将近5公里，在雷切尔家和理查德家之间往返的那一丁点时间里，他是不可能靠步行走完这5公里，况且格莱姆斯不可能以其他方式出行，因为他没有车。卡罗琳·舒福德曾亲眼看到格莱姆斯穿过街道走进理查德的家，而理查德也证实他在家里接待了格莱姆斯。几分钟后，格莱姆斯回到雷切尔·威尔逊的家里，安静地看电视，并抱怨政府征收土地税。即使陪审团选择忽略上述事实，格莱姆斯也无法全速狂奔到卡丽·埃利奥特家中强奸对方，这让人难以置信。

德·托雷斯问格莱姆斯，在他被监禁的9个月里，史蒂夫·亨特警官是否曾以本案牵头探员的身份来探过监，并询问他10月份那晚发生了什么事？“没有，”格莱姆斯摇摇头答道，“他没问过。”

德·托雷斯又问格莱姆斯，亨特警官是否询问过那晚他在哪里？“没有，他没问过。”“亨特的同事是否跟你谈过本案？”“除了你以外，”格莱姆斯说，“根本没人来跟我探讨案情。”

德·托雷斯：除了这些交通违法行为之外，你是否被指控或被判处过其他罪行？

格莱姆斯：没有，先生。

德·托雷斯：你是否曾被指控或被判侵犯人身罪？

格莱姆斯：没有，先生。

德·托雷斯：你是否被指控或被判处过任何暴力罪行？

格莱姆斯：没有，先生。

德·托雷斯：你是否被指控或被判处过非法闯入罪或入室盗窃罪？

格莱姆斯：没有，先生。

德·托雷斯：你是否被指控或被判处过性侵犯罪？

格莱姆斯：没有，先生。

德·托雷斯：你是否……

格莱姆斯：我觉得他们应该说实话。我不是说埃利奥特太太撒了谎，她可能被强奸了，但那是其他人干的，与我无关。

轮到检方盘问时，约翰逊问格莱姆斯是否有时候难以清晰地表达自己的想法，换句话说，他讲的话是否会让陌生人觉得含糊不清。上午的大部分时间里，约翰逊都在观察格莱姆斯，他意识到格莱姆斯存在说话口齿不清的问题，而格莱姆斯也承认这一点。

对格莱姆斯来说，说话一直是件很困难的事情，仿佛嘴巴的张合总由不得他控制似的。约翰逊还问格莱姆斯，即使他每天早上都刮胡子，到了晚上是否依旧会长出短髭？也许这就是陌生人所谓的“胡子拉碴”。格莱姆斯不赞同约翰逊的说法，但约翰逊对此仍持怀疑态度。他澄清了相关人员的姓名，比如理查德·威尔逊和雷切尔·威尔逊同姓，但两者没有血缘关系。约翰逊还提到了几位姓“舒福德”的女人是亲姐妹，但有几个人已经结婚了。除了格莱姆斯刮胡子的习惯之外，约翰逊没有提出太多质疑，便让德·托雷斯传唤更多证人上庭。

德·托雷斯依次传唤了10月那个周六晚上见过格莱姆斯或跟格莱姆斯交谈过的所有证人。布兰达·史密斯称，9点半的时候，格莱姆斯给她打了电话，让她来载他回家，而她把雷切尔·威尔逊的名字错听成理查德·威尔逊。她还补充说，她周六早上看到格莱姆斯刮胡子了。接下来是雷切尔作证，她回忆说格莱姆斯那天晚上8点来到她家，一直逗留到午夜，但9点钟左右出去了15～30分钟，当时他到街对面去了。

雷切尔的妹妹卡罗琳作证，她确实看见格莱姆斯在9点左右穿过大街去找理查德·威尔逊，当时她正走出屋子，到车里取钱包。贝蒂·舒福特（Betty Shuford）是雷切尔和卡罗琳的妹妹，她说格莱姆斯很晚才离开雷切尔家，她在格莱姆斯睡过的那张长沙发椅上睡着了。露西尔·舒福德（Lucille Shuford）是雷切尔、卡罗琳、贝蒂和琳达的母亲，她证实格莱姆斯周六晚上来过她家，跟她的儿子艾伦商量搭便车去谢尔比镇的事情。

理查德·威尔逊作证称，格莱姆斯在周六晚上9点左右来找他，取回他代为保管的80美元。莱斯·罗宾逊那晚到雷切尔家里借锅，也看到了格莱姆斯，借到锅之后又回来和格莱姆斯一起看电视。莱斯作证说，他过来帮他妻子借锅，她一直想用大锅煮火腿。“家里最大的锅也装不进那只火腿，所以她叫我去向雷切尔借个大锅。”那天晚上，雷切尔家里还来了一位朋友，名叫莉比·金（Libby King），她证实格莱姆斯在雷切尔家里待了将近一整晚，而且没有发现他有任何异样。布兰达的表妹玛丽·芬格（Mary Finger）作证说，格莱姆斯一直穿着棕色裤子和条纹衬衫，而非绿色或其他颜色的毛衣。

格莱姆斯的表哥阿尔维斯塔（Alvista）和表姐萨米·卢·文森（Sammie Lou Vinson）都作证说，他们从格莱姆斯出生起就认识他了，他不是那种会作奸犯科之人。萨米·卢的丈夫罗伯特·文森（Robert Vinson）也作证说，他跟妻子已经结婚43年了，还从未看到格莱姆斯有过暴力行为。

每一个认识格莱姆斯的人都从未见过他对年长的女性有兴趣，更别提跟年长的女性约会了。德·托雷斯分别询问了每一位证人，向他们了解格莱姆斯的声誉和性格大致是怎样的，以下是证人们的回答：

布兰达·史密斯：他个性文静，不喜欢打扰别人。

雷切尔·威尔逊：他是个好人，不喜欢给别人找麻烦，跟所有人都相处得很融洽。

卡罗琳·舒福德：我知道他是个好人。

露西尔·舒福德：他经常来探望我，从来没给我或其他任何人惹麻烦，人也很友善。

莉比·金：他是个好人，总是尽其所能地去帮助别人。

理查德·威尔逊：他人非常好，从来不给我找麻烦。

玛丽·芬格：据我所知，他是个好人，而且很友善。

德·托雷斯：在诚实和讲真话方面，格莱姆斯先生的名声如何？

布兰达·史密斯：他从不撒谎。

雷切尔·威尔逊：据我所知，他一贯实话实说，是个相当诚实的人。

贝蒂·舒福德：他在我面前从不说假话。

卡罗琳·舒福德：据我所知，他从未对我或其他任何人撒过谎。

莉比·金：在我看来，他是个诚实的人。

理查德·威尔逊：据我所知，他一直都很诚实。

莱斯·罗宾逊：据我所知，他从来没有对我撒过谎。

阿尔维斯塔·文森：他是个老实人。

萨米·卢·文森：从我和他的交往当中，我觉得他是一个诚实的人。

罗伯特·文森：据我所知，威利·格莱姆斯一直都是个实诚人。

德·托雷斯：你听说过他有暴力行为吗?

布兰达·史密斯：没听说过，先生。

雷切尔·威尔逊：没有，先生。

卡罗琳·舒福德：没有，先生。

贝蒂·舒福德：没有，先生。

露西尔·舒福德：据我所知，没有。

莉比·金：没有，先生。

理查德·威尔逊：没有。

莱斯·罗宾逊：从我认识他到现在，他只打过两次架，但挑事的人不是他，他还输了。除此之外，他没有过任何暴力行为。

庭审的最后一天，即 1988 年 7 月 8 日星期五，还差几分钟就到中午了，杰伊·迈耶斯代表北卡罗来纳州司法部门进行了前半部分的结案陈词。他认为他和约翰逊已尽了自己的举证责任，暗示格莱姆斯一案“已排除合理性怀疑”。后来杰伊·迈耶斯回忆说，本案拥有诸多“不可否认的事实，而且这些事实似乎是无可辩驳的”。

首先，卡丽·埃利奥特被强奸了。“她拼尽全力反抗，”杰伊·迈耶斯提醒陪审团，“但她个头不够大，再加上年纪太大，不足以抵挡体格如此魁梧的袭击者。”其次，案发之后，卡丽一直都能清晰描述罪犯的特征。“她说他口齿不清，仿佛舌头被打了结似的。你们听到被告在证人席上的证词，也听到了他的说话方式。虽然受害人对袭击者的体征描述有很多版本，但她曾亲口告诉你们，袭击者的嘴边有颗痣。有一次她说痣长在嘴的右边，后来又说长在左边，但无论长在哪边，袭击者嘴边肯定有颗痣。你们看，站在那里的被告脸上确实有颗痣，而且就长在嘴边。痣长在哪边不重要，重要的是他脸上有颗痣，这是事实，该特征跟埃利奥特夫人的证词完全一致。”

“她说，她永远不会忘记那张脸，”迈耶斯说，“那张脸正对着她，她有机会近距离观察他。那晚她戴着眼镜，而且屋里的灯是亮着的。你们也听到了，警方的证据技术员说他到达现场时发现屋里的灯亮着。她有大把机会看清楚对方。她告诉你们，她认出他了。她说出了嫌犯穿的衣服，而被告承认自己当天穿着一件绿色套头衫，而且还经常穿这件衣服上班。

“本案还有另外一项证据，那就是毛发。州检察机关认为，毛发只可能来自被告，而且这是他在性侵这位女士时留下的。”

对此，德·托雷斯表达了自己的最终想法。罪案确实发生了，这无可辩驳，但他觉得罪犯不可能是格莱姆斯。陪审团从各种角度听取了证明格莱姆斯不在场的证词，而除了这些证词提供的不在场证明外，格莱姆斯的体型特征也和卡丽那晚在公寓的描述完全不符。到了医院和希科里镇警察局之后，卡丽对嫌疑犯的描述也与格莱姆斯不符。袭击她的人体重 90 公斤，而格莱姆斯是 75 公斤；袭击者胡子拉碴，而格莱姆斯那天早上刚刮过胡子；袭击者手持利刃，在灯火通明的房间里裸着身子走来走去，而格莱姆斯的惯用手有两根断指，胸口有明显的伤疤，卡丽却从未透露这些特征。德·托雷斯提醒陪审团说，卡丽和她的邻居琳达·麦克道尔谈过话之后才提出罪犯脸上有颗痣，况且卡丽还记错了那颗痣的位置。

最后，德·托雷斯特别强调了存在瑕疵的毛发对比。他提醒陪审团，特洛伊·哈姆林曾告诉他们，在显微镜下，两个人的毛发看上去有可能相似。这种情况不常见，但有可能出现。如果仅凭一根毛发就能把格莱姆斯和犯罪联系起来，那简直太没有说服力了。在这种情形下，陪审团只能做出一种正确的选择。德·托雷斯相信陪审员能做到这一点。

下午两点，法庭午休后重新开庭，比尔·约翰逊做出最终辩解。约翰逊建议说，陪审员应考虑每一名证人的可信度。提供格莱姆斯不在场证明的每个人都是格莱姆斯的朋友或女朋友，其中将近一半是他的兄弟姐妹，约翰逊认为这些人都不是可信的证人。不管怎样，格莱姆斯的不在场证明显得模糊不清，例如，理查德·威尔逊说他在9点前见到了格莱姆斯。

“我不知道9点前是什么意思，”约翰逊坦言，“是指8点半吗？还是8点59分？又或者这两个时间点之间？”他重复他的合伙律师迈耶斯的话：10月份那天晚上，卡丽公寓的灯一直亮着，而且她还戴着眼镜。“她跟嫌疑人不只打过一次照面，而是两次。如果你被性侵，你会看对方的什么部位？难道不是袭击者的脸吗？”至于那颗痣，德·托雷斯担心卡丽可能受到了邻居的影响，这种想法具有误导性。“她是会这样做的人吗？”约翰逊指向卡丽，然后怀疑地问道，“当然，和州检察机关一样，她想将罪犯绳之以法。换作是你们，你们也会这么做。”他也没把所谓的毛发对比瑕疵放在心上，陪审员可以对科学的可靠性自行做出判断。

在格里芬法官的指示下，陪审团退庭商议。他们商议了不到90分钟，重新回到法庭时，陪审团团长的手里拿了三张纸。格里芬法官请他把纸交给一名法庭书记员，由书记员大声念出来。陪审团一致认定，威利·格莱姆斯犯有两项一级强奸罪和一项一级绑架罪。绝望之下，德·托雷斯只能要求陪审团投票表决，即每名陪审员都要确认自己赞成该裁决。所有陪审员都确认了，于是格里芬法官安排下周举行量刑听证会。

4点30分，法庭休庭。

STATE OF NORTH CAROLINA
COUNTY OF CATAWBA

IN THE GENERAL COURT OF JUSTICE
SUPERIOR COURT DIVISION
87 CRS 13541

STATE OF NORTH CAROLINA
VS
WILLIE JAMES GRIMES

VERDICT

WE, THE JURY, UNANIMOUSLY FIND THE DEFENDANT, WILLIE JAMES GRIMES:

✓ GUILTY OF FIRST DEGREE KIDNAPPING

OR

________ NOT GUILTY

THIS THE 8 DAY OF JULY, 1988.

Foreperson

STATE OF NORTH CAROLINA
COUNTY OF CATAWBA

IN THE GENERAL COURT OF JUSTICE
SUPERIOR COURT DIVISION
87 CRS 13542

STATE OF NORTH CAROLINA
VS
WILLIE JAMES GRIMES

VERDICT

WE, THE JURY, UNANIMOUSLY FIND THE DEFENDANT, WILLIE JAMES GRIMES:

✓ GUILTY OF FIRST DEGREE RAPE

OR

________ NOT GUILTY

THIS THE 8 DAY OF JULY, 1988.

Foreperson

普通法院
北卡罗来纳州卡托巴县　　高等法院分庭
87 CRS 13541

北卡罗来纳州对威利·詹姆斯·格莱姆斯的判决书

本陪审团一致认定：被告威利·詹姆斯·格莱姆斯

______√______ 犯一级绑架罪

或

____________ 无罪

判决日期：1988 年 7 月 8 日

____________
陪审团团长签名

普通法院
北卡罗来纳州卡托巴县　　高等法院分庭
87 CRS 13541

北卡罗来纳州对威利·詹姆斯·格莱姆斯的判决书

本陪审团一致认定：被告威利·詹姆斯·格莱姆斯

______√______ 犯一级绑架罪

或

____________ 无罪

判决日期：1988 年 7 月 8 日

____________
陪审团团长签名

在周一举行的量刑听证会上，德·托雷斯提出动议，要求法庭完全撤销对格莱姆斯的指控。格里芬法官驳回了他的动议。然后，德·托雷斯又提出撤销上周五的判决，“因其违反了审判过程中呈堂证据的效力”。格里芬同样驳回了他的请求。

最后，格里芬法官命令格莱姆斯站起来。格莱姆斯刚站起来，他就立刻宣布：“本庭已做出判决。”格里芬宣布格莱姆斯“将被监禁在北卡罗来纳州惩教署一段时间”。不过，在等待审判期间，格莱姆斯已经在监狱里待了 259 天，刑期可相应减免。

德 · 托雷斯称，他打算向北卡罗来纳州最高法院提出上诉。格里芬法官回答说，允许他在 90 天内提出上诉。然后，德 · 托雷斯提出了一项奇怪的动议。他想查阅所有呈堂证据，把卡丽公寓里提取到的指纹交给联邦调查局，并与调查局的数据库进行对比。他还希望法官允许他从卡丽 · 埃利奥特那里提取指纹，将她的指纹跟香蕉皮上的指纹进行对比，而这正是希科里镇警察局从未做过的事情。最后，他希望法院能够提供用于独立法医检测的资金，以便对回收的香蕉皮进行 DNA 分析，因为格莱姆斯个人永远负担不起这笔费用。

约翰逊表示反对，称这是一个“非同寻常的要求”。在担任检察官的 11 年时间里，他从未听到过这样的请求。联邦调查局的指纹数据库还很新，所以约翰逊十分怀疑指纹对比结果是否会有作用。总而言之，这类调查需要提取嫌疑人所有手指的指纹，而香蕉皮上只有两枚指纹。因此，德 · 托雷斯向联邦调查局提出这类要求无疑会产生不必要的开支。“证据的开示和检测是审判前要做的工作，”约翰逊说，“案件审判并做出裁决之后，不能再对证据进行检测。在我看来，我们只是在做无用功。”

不过，德 · 托雷斯是不会被吓倒的。他提醒格里芬法官，在庭审之前，他很难获得这些证据。“我想利用这个机会，看看能否发现那些指纹属于谁。”他坚持己见。

格里芬法官承认他从未听到过这样的请求，并表示会慎重考虑，但却没有对法医检测做出裁决，而德 · 托雷斯也没有跟进检测事宜。差不多两年后，格里芬法官就退休了。

格莱姆斯被定罪的1个半月后，也就是1988年8月21日，埃德·德·托雷斯坐在厨房里翻阅着当地报纸，报纸内页上刊登了一篇题为《协助警方破案的线人获得奖励》的文章。这篇文章报道了卡托巴县的线人奖励计划，文章的配图是一名狱警打量着一间空荡荡的牢房，图片下面有一行字：让罪犯锒铛入狱。文章中提到，最近该计划帮助破获了一起重大案件。

> 1987年10月26日，希科里镇警察局接到一个匿名举报电话，顺藤摸瓜破获了一起案件，将一名强奸老妇人的嫌疑犯绳之以法并定罪。线人听到了通缉犯的体征描述，并致电希科里镇警察局，引导警方找到了威利·格莱姆斯。最近，格莱姆斯因强奸罪被判终身监禁，并因绑架罪被判处9年徒刑。该名线人获得1000美元奖励。

德·托雷斯放下报纸，这是他头一回听说这件案子有赏金和线人。他从一开始就怀疑卡丽·埃利奥特的邻居琳达·麦克道尔误导了卡丽，但他原以为卡丽会不断回想起案发当晚的细节，从而影响陪审团的判决。没有人告诉他任何关于赏金的信息，琳达本人也从未在法庭上作证，地方检察官也从未要求她出庭作证。由于不知道存在经济奖励，德·托雷斯一直认为没有理由传唤琳达出庭。

事已至此，一切都为时已晚。

# 克莉丝

1988年夏天，在希科里镇以东240公里的北卡罗来纳州达勒姆县，克莉丝·穆马（Christine Mumma）完全不想看早上的报纸。克莉丝26岁，长相甜美，有一头金发，身高超过1.52米。这年10月份，她和丈夫将迎来一个女儿。近两周以来，她一直在躲避摄像机，避免自己的孕肚出现在新闻报道中。她不想履行陪审员的职责，她所供职的企业——北方电信公司甚至打电话给法院，想帮她豁免义务。由于克莉丝已经两次提出要求，法院便允许她退出了陪审团。

同年夏天，詹姆斯·麦克道尔（James McDowell）因涉嫌一桩谋杀案而被审判，克莉丝看得出他犯了罪，这点很明显。在枪击事件发生的那一天，他身上带着一支枪，并向朋友吹嘘说，他打算“给某人吃枪子儿”。在受害者汽车的行进路线上，麦克道尔连开了四枪，这个重要的细节表明，他是瞄准目标开枪的，对于这一点，就连他的辩护律师也不否认。他枪杀的女士是主日学校的志愿者，在周中从学校回家的路上被无辜杀害。

麦克道尔是否谋杀了受害者？事实证明，这并不是问题的关键，关键在于他是否为钱杀人。克莉丝发现，根据北卡罗来纳州的法律，谋杀罪不是判死刑的唯一条件，死刑还需要更严重的犯罪情节。麦克道尔并不否认自己开过枪，但却明确表示他没有抢劫的打算。从法律上讲，如果他的谋杀不出于任何理由的话，那么情节就相对较轻，只会被判终身监禁。

事关生死，怎么可以根据如此琐碎的细节定罪？这种本末倒置的做法简直太荒谬了。麦克道尔开枪杀了人，为什么要管他是不是为了钱呢？

麦克道尔这个人也让克莉丝感到吃惊。她原以为谋杀犯都面目可憎，但麦克道尔却不是这样的人。他是个骨瘦如柴的年轻人，比她小 5 岁，人生的大部分时间都在感化中心度过，多次辗转于不同的拘留所，直到年满 18 岁被释放。回到社会后，他只能过着偷鸡摸狗的生活。离开拘留所的 21 个月后，麦克道尔隔着挡风玻璃，向车里一个倒霉的女人连开了 4 枪。

克莉丝注意到，和麦克道尔一样，他的辩护律师也不修边幅。那位律师在法庭上的衣着跟他平时上下班的时候没什么两样。在法庭上，出他要么经常重复自己说过的话，要么就在翻阅文件，抑或是话说一半、欲言又止，克莉丝不禁怀疑，他到底花了多长时间去准备这桩案子。庭审的最后一天晚上，克莉丝家里的电话响了，是麦克道尔的律师打来的。他对克莉丝说，他看得出来，她不想判他的当事人有罪，她在陪审席上显得很紧张，他希望她不要受其他人影响，所以他专门打电话来安慰她。这么好的一个女孩怎么会陷入这样的窘境呢？他对此感到很难过。

克莉丝知道，她应该把律师打电话的事报告给法官，但她没有这样做。律师的看法是错误的，她一点儿也不紧张，而且心里已经认定麦克道尔有罪。麦克道尔的人生很艰难，克莉丝为他感到难过，但她更加为受害者感到难过。麦克道尔的律师暗示她缺乏胆量，而且这跟她的个性有关——还记得他是怎么评价克莉丝的吗？一个好女孩。克莉丝不会去告发他，也不需要任何人的帮助，相反，她会无视他的影响，把对方认为她所缺少的胆气展示出来。

克莉丝来自新泽西州的莫里斯敦镇（Morristown）。这个镇非常小，连汉堡王在这里开分店都能成为新闻。不过，在成长过程中，她先后在马萨诸塞州、北非和罗马居住过。克莉丝的父亲拉尔夫·塞切蒂（Ralph Cecchetti）曾在美孚公司担任工程师，由于工作问题需要经常搬家。拉尔夫成长于马里兰州一个家教极严的意大利家庭，当时正值经济大萧条时期，这段经历让他养成了视钱财如粪土的习惯。美孚公司提供的丰厚薪水并没有改变拉尔夫，在他看来，钱不过是纸或者屏幕上的数字而已，它们可能会在一瞬间消失。他已经见过太多财富转眼间烟消云散的故事，于是告诉他的孩子一个道理：靠人不如靠己。

作为拉尔夫的孩子，克莉丝的青少年时期并不轻松，而她的三个哥哥和姐姐几乎均逃离了严格的家教。她的哥哥在 16 岁的时候搬走，一个姐姐去了寄宿学校，另一个妹妹出奇地循规蹈矩，根本不像十几岁女孩应有的样子。克莉丝就没那么幸运了，她住在家里。更糟糕的是，她遗传了父亲拉尔夫的一部分性格，如坚韧的意志力和好争辩的性格，她甚至像父亲一样厌恶随波逐流，父女俩都得理不饶人。为此，克莉丝时常难以忍受身边发生的一些事情。

克莉丝 12 岁的时候生活在利比亚，看到人们把活生生的骆驼像蔬菜一样扔到卡车上，然后关上车厢大门，沉重的铁门撞在骆驼的蹄子上。“住手！”克莉丝双手紧握成小拳头，泪流满面地制止那些人。但他们不听她的，于是她请求父亲命令他们住手。拉尔夫没有这样做。克莉丝永远不会忘记这一幕。克莉丝有敏锐且强烈的是非感，当她得知并不是每个人都跟她感同身受时，她会觉得无比愤慨。

克莉丝的九年级是在罗马一所女子学校度过的；十年级的上学期在新泽西州度过，下学期则在马萨诸塞州度过；十二年级时又回到了新泽西州。有一次，克莉丝独自一人逃学回马萨诸塞州找朋友，父母只好让她休学两个月。除此之外，她还离家出走过好几次，但每次持续时间都不长，比如在港务局（Port Authority）待一两晚，独自一人住在洒满月光的玻璃房子里；或者去杜克大学（Duke University）找在那里上学的姐姐；又或者与拉尔夫不认可的一个男生共度周末。父母说她这是在放浪形骸。没错，她就是要放纵自己，而那些男生也是放荡不羁之徒。她的一个男朋友甚至还惹上了官司，克莉丝用自己当保姆挣来的钱帮他请了一名律师。

克莉丝高中毕业的第二天，她的父母飞往沙特阿拉伯，她独自一人开车去教堂山镇（Chapel Hill）。拉尔夫提出借钱给克莉丝交学费，但她拒绝了。克莉丝认为，如果父亲想帮她的话，可以直接把学费交了——无论如何，她不想对任何人产生亏欠感，对自己的父亲更是如此。所以，克莉丝在学校附近的一家酒吧找了份工作。有天晚上，一名喝醉酒的大学生打了她一巴掌，然而跟向拉尔夫借钱相比，她更宁愿挨打。

四年后，克莉丝获得工商管理学位，不久后就结了婚。她高中时就认识了米奇·穆马（Mitch Mumma），当时她正逃学到杜克大学找自己的姐姐，米奇恰巧也在那里探望兄长。毕业后，克莉丝在北方电信公司谋得一份工作，很快就怀孕了。七个月后，她被法院传唤去当陪审员，参与詹姆斯·麦克道尔案的审判工作。

# 监禁期限：999 年 99 个月 98 天

格莱姆斯心想："这不可能！"他一度以为自己听错了判决结果，但接下来，德·托雷斯要求陪审团投票表决。"不可能！"这个念头一闪而过。

德·托雷斯提出上诉，但是格莱姆斯已经走神了。"我被判有罪？"他想不通到底发生了什么。他以为熬过这漫长的等待审判的时间，一切就会过去。他以为只需在法庭坐几天，然后就能恢复自己的生活，回去跟布兰达住在一起，再回公司上班。在老板眼里，锒铛入狱并不是一件好事，但他希望能同时找回纺织厂和装卸家具的工作，因为他没有做错任何事情。一切都是误会，他一直都是一个好员工。一旦无罪释放，他就可以向老板解释这件事，并重新被公司聘用。

然而，现在法院判他有罪。格莱姆斯不太确定这意味着什么，只听到身边有人在低声私语，原来是德·托雷斯靠了过来。"别担心。"德·托雷斯对他说，"我们能推翻判决，上诉法院会驳回原判的。"然后，一名法警把格莱姆斯带到隔壁大楼的牢房里。他在心烦意乱之中度过了周末。

周一(7 月 11 日)，他们把格莱姆斯带回法庭，参加量刑听证会。德·托雷斯再次出现，向他保证定罪只意味着在牢里多待几个星期，上诉法院不可能支持原判。此前，德·托雷斯一直说法官将会轻判，因为证据明显不足，但最后，法官还是判处格莱姆斯无期徒刑。尽管如此，德·托雷斯坚称这个判决并不重要，他们会提出上诉。而在上诉成功之前，监狱也没那么可怕，格莱姆斯已经在坐牢了，他可以再坚持一段时间，别忘了，牢里还有彩电。

格莱姆斯又坐了 3 天牢。他还是搞不清到底发生了什么，不过他知道自己早晚会离开监狱。卡托巴县监狱的惯犯告诉他，所有重刑犯都要转移到位于罗利的中央监狱，这座监狱位于北卡罗来纳州正中央，安全程度最高。至于他会被关在那里多久，是否会被转移到其他地方，谁也不知道答案。就算要转到其他监狱，也没有人说过他最终会被送到哪里。

县监狱的囚犯告诉格莱姆斯，有些重刑犯长期被关押在中央监狱，他想尽量避免这种情况发生。他想留在小监狱里，因为小监狱通常比较安静、比较有人情味。中央监狱有将近 1000 名囚犯，实在是太大了，况且那里是罪犯的转运中心，关押着北卡罗来纳州最十恶不赦的犯人，包括所有的死刑犯、杀人犯和强奸犯——那些都是真正的强奸犯，跟他不一样。

格莱姆斯不敢想象中央监狱会是怎样一副情形，他的牢房大到可以到处走动吗？监狱允许他到户外放风吗？他听说中央监狱的囚犯每年只能打一个电话。即使德·托雷斯说得没错，上诉法院推翻了现有判决，监狱也要花 1 年以上的时间才能决定如何处置他。上诉需要多长时间？要知道，光是庭审就持续了 9 个月。

被定罪之后，格莱姆斯立刻被送往罗利的监狱。周五（7 月 15 日），也就是判决结果出来的四天后，格莱姆斯搭乘一辆监狱大巴车去罗利。这时候，他的有罪判决已经被输入到北卡罗来纳州惩教署的数据库。由于软件出错，数据库电脑无法计算出终身监禁的年数；相反，在他的三项罪名（即两项一级强奸罪和一项一级绑架罪）旁边，该系统把“出狱期限”定在最大的“999 年 99 个月 98 天”。

难以置信。

# “也许你是无辜的，但我们无能为力”

在北方电信公司，克莉丝很快获得升迁。不久，她开始负责管理公司的合同，然后负责审计和预算，进而成为公司的财务总监。然而，她也遇到了一些挫折。有一年，她全面审核了公司的预算，但那年公司刚好重组，所以她又得把预算重新审查一遍。公司重组后，老板告诉克莉丝，她又升职了，不过要前往公司总部所在地蒙特利尔上班。她不想搬去加拿大。大概就在同一时期，她又生了一个孩子，休了两个月的产假，这个假期比以往任何时候都要长，以至于她觉得自己不太想回公司上班了。

克莉丝认为自己还能胜任其他工作。她一直对法律感兴趣，在北方电信公司，她最喜欢干的事情就是审核合同，她认为那些合同基本上是符合法律要求的。她一直惦记着詹姆斯·麦克道尔，他现在已经被处决了吗？有个好律师的话，会不会对他有所帮助？内部审判是如何进行的？不过最主要的是，她知道假如自己留在北方电信公司，那么在早上醒来时她总会为自己的事业感到沮丧，后悔没有尝试新的东西。

克莉丝不知道如何才能挣到读法学院的学费。她的收入比米奇高，而米奇辞去了注册会计师的工作，投身风险投资行业，这是克莉丝从未听说过的领域，就连米奇本人也不确定这行业是否有前途。如果克莉丝离开北方电信公司，这将是他们两人第二次放弃稳定的收入。尽管如此，克莉丝还是完成了学业，她觉得自己可以东山再起。米奇对克莉丝说，他跳槽时克莉丝给了他最大的支持，现在她也应该做自己想做的事。

进入教堂山镇的法学院后，克莉丝做的第一件事就是拜访麦克道尔。原来，麦克道尔并没有被执行死刑。他还在坐牢，新的律师团上诉时提出了 27 个问题，其中之一就是他开枪杀人并不是为了抢劫。这次，案件审理陷入停滞。麦克道尔仍然是个杀人犯，但他不再背负小偷的名声。“因为这是加重情节的基础，”克莉丝看到法庭裁决书上这样写道，“所以我们必须撤销死刑判决，改判无期徒刑。”

奇怪的是，看到麦克道尔没有被执行死刑，克莉丝反而舒服了许多。即使是像麦克道尔这样的罪犯，也应该获得更好的律师服务。再者，她仍然觉得抢劫不应该成为判处死刑的理由。

由于米奇经常出差，克莉丝只能带着 3 个孩子去上课。一位教授经常在课堂上看到他们，于是让他们 4 个都报名参加刑法考试。克莉丝开着一辆 8 年车龄的本田汽车，车的后座上堆满了麦圈。

入学的第二年，克莉丝和米奇发现风险投资行业确实有发展前途，他们不必再担心收入问题了。他们买了一栋价值 400 万美元的豪宅，别墅正好位于一家乡村俱乐部高尔夫球场的第 6 洞旁边。他们还在加斯顿湖沿岸买了一间度假屋。克莉丝卖掉了本田车，换了一辆银色的奥迪敞篷车。她曾 3 次超速驾驶，被交警开了罚单，她把车开到法庭为自己辩护。克莉丝还向法学院捐赠了 2.5 万美元作为奖学金，奖励那些做了单身父母的学生。

从法学院毕业时，由于在北方电信公司的工作经历，克莉丝得到很多公司的青睐，但她不缺钱，可以继续凭兴趣选择职业。她拒绝了这些公司的邀请，选择到北卡罗来纳州的上诉法院担任书记员。6 个月后，一名法官把克莉丝推荐给了另一位法官 I. 贝弗利·雷克（I. Beverly Lake），于是她便来到州最高法院任职。

雷克 60 多岁，长着宽下巴、绿眼睛、高额头，眼睑低垂，毛发梳得很整齐。雷克喜欢开玩笑说，他名字中的首字母I代表“正直”或“智慧”。实际上，那个字母I是《圣经》人物“艾萨克”的缩写。雷克当了10多年的法官，其中4年是在州最高法院度过的，他的父亲曾是州最高法院的首席大法官。虽然雷克经常把自己的姓写成“小贝弗利·雷克”，实际上，他应该叫“贝弗利三世”。

雷克的曾祖父来自肯塔基州，内战期间曾在南方的联盟国任职陆军上校。战争结束后，他把联盟国的旗帜塞进外衣口袋，徒步走回家乡。在接下来的一个半世纪里，他的家人一直保留着那面国旗。这面国旗先是传给了他的儿子——维克森林学院（Wake Forest College）的物理学教授贝弗利一世，贝弗利一世又把这面旗传给他的儿子贝弗利二世。

1954年，北卡罗来纳州发生了“布朗诉托皮卡教育委员会案”[①]，在那艰难的一年里，贝弗利二世在北卡罗来纳州担任法律教授和助理总检察长。他曾前往北部的华盛顿提醒美国政府，假如没有一段时间的过渡而强行让白人和黑人学生同时在学校里读书，北卡罗来纳州公立学校的稳定性将会遭到破坏，从而导致这些学校完全衰败。贝弗利二世竞选过两次州长，均以失败告终。他最终回到家乡，成为一名私人律师，后被任命为北卡罗来纳州的最高法院的大法官。艾萨克·贝弗利·雷克三世继承了父亲的衣钵，同样担任州最高法院的大法官，在他办公室的墙上，依然挂着那面内战结束时他的曾祖父从战场带回家的美利坚联盟国国旗。

雷克本人以民主党人的身份进入北卡罗来纳州政坛，但他持中间派立场，并且与共和党人相处融洽。后来，他认为民主党已经整体转向左派，于是脱离民主党，注册成为共和党人，也因此疏远了很多最亲密的朋友，而其中一些人永远都不会原谅他。但在别的地方，这种做法为他赢得了“恪守个人原则”的名声。到了20世纪90年代末，他被任命为法官，然后又

①北卡罗来纳州法律规定公立学校实行种族隔离制度，而布朗案的裁决结果认定，这种做法侵犯了黑人学生接受平等教育的机会。布朗案被认为是美国历史上意义最重大的反种族隔离案之一。

被任命为州最高法院法官。2000 年，在聘用克莉丝·穆马为法院书记员之后，他当选为首席大法官。雷克是第一位担任首席大法官长达 10 多年之久的共和党人。

雷克和克莉丝相处融洽。雷克有南方人的风度，而 30 多岁的克莉丝胆识过人，脸上总是带着令人心醉的微笑。雷克跟朋友开玩笑说，克莉丝的说话方式“对一个北方人来说是相当正常的”。作为首席大法官，雷克负责监督州法院的预算，克莉丝恰好在金融方面拥有丰富的经验，可以帮助到他。以前，每当雷克安排案子时，只有在书记员提交了意见草案后他才能再次看到卷宗。而现在，克莉丝问他是否可以经常见面讨论案情，这种做法跟其他喜欢单打独斗的人截然不同。雷克同意了克莉丝的请求，不久，他便发现自己很享受这种友谊。

尽管如此，有些事情还是不尽如人意。克莉丝在雷克的办公桌上看到一份卷宗，她觉得那个案子跟麦克道尔案一样处理不当。随后，她又发现了更多让她感到疑惑的案子。她不确定这些人是否真的犯了罪，也从没想过是否有人会被冤枉。在法学院，克莉丝学到了很多预防冤案发生的措施，但如今冤案就摆在她眼前，含冤者的档案像学校的课题作业般展现在她面前。克莉丝不喜欢隐瞒自己的想法，她对雷克说，她不赞成这些案件的处理方式，并认为他不应该放任冤案发生。

雷克告诉克莉丝，被告是否有罪不在最高法院的考虑范围之内，她比其他人都更明白这一点。在案子来到最高法院之前，被告已经被定罪。雷克不打算对某个案子重新提起诉讼，他的同事也不会这样做，因为他们都没有参与此前的庭审。法官不能根据自己的主观意见驳回陪审员的投票结果，这是最高法院自己的说法。

在“贝尔福特诉埃斯特尔案”（Barefoot v. Estelle）中，裁决结果称高等法院“不是重新提起诉讼的地方”。雷克向克莉丝展示了该案和“赫雷拉诉柯林斯案”（Herrera v. Collins）的裁决书。一名法官在裁决书中称，他在审讯过程中“关注的不是陪审团是否做出了正确的有罪或无罪决定，而是该决定是否合理”。

雷克指出，那些粗体字是高等法院写的。他能感受到克莉丝的不安，从理论上说，她的直觉有可能是正确的，即某个被告是无辜的。不管怎样，有罪或无罪判决都是初审法院需要解决的问题，上诉只是走流程而已。雷克接到上诉请求时，他要解决的问题不再是判定被告是否有罪。

克莉丝心生踌躇。她供职的上一家公司管理不善，官僚主义作风浓厚，她因此深感失望，辞职离开了那里，现在她不想重蹈覆辙。雷克说她可能领悟到了一些东西，这让她深受鼓舞——至于他的原话是否如此，倒不是最重要的。她认为雷克的想法是错误的，这与法律无关，而是关乎法律背后的道德逻辑：你可能是对的，但我们无能为力。

在利比亚，当克莉丝看到人们虐待骆驼时，他们就是这样对她说的。这理由不够充分，她不想示弱。如果这些案件中的被告有罪，克莉丝很乐于看到他们被定罪，而问题就在于她不确定他们是否真的有罪。她竭尽全力与雷克争论，但毫无进展，她只好在附近的办公室走来走去，直到其他法官也开始发火。克莉丝偷偷向州长请愿，希望州长能够赦免一名被告。除此之外，她不知道自己还能做些什么，只好打电话给曾经当过法学教授的里奇·罗森（Rich Rosen）求助。

# 疯人院

中央监狱是一座庞然大物，主体为水泥和砖块，周围布满铁丝网，所有铁丝网呈长方形且垂直于墙面，密密麻麻，就像一块铁板。从外面看，它像是用玩具积木堆积起来，镀锌以后再精打细造而成。透过装有铁栅栏的大巴车车窗，格莱姆斯看到铁丝网上有带刺的斜槽，甚至连较高处的瞭望塔上也有铁丝网，巨大的灯柱环绕着整座监狱。监狱入口处很宽敞，而且设置了显眼的标志，看上去像是高速公路的入口匝道。拐弯之后，车子沿着铺好的路面行驶了 90 米左右，就来到了监狱的第一道安全门。

作为新来的囚犯，格莱姆斯在 K 号牢房开始了自己的囚犯生涯。K 号牢房在中央监狱侧方，一幢两层小楼的底层，楼上是 O 号牢房。警卫把他关在一间形状像加长拖车的牢房里，里面放着双层床，中间是狭窄的过道。床垫很窄，只有一个货物托盘那么大，人躺在床上，翻个身就会撞到墙。如果格莱姆斯把胳膊伸向另一边，就能摸到过道对面的小床。K 号牢房就是由两间这样的房间和一个活动区组成。这里的固定床位可以容纳大约 80 个人。所有囚犯穿着同样的白色 T 恤和棕色的斜纹裤，里面是白色的短裤和袜子。刚到监狱，格莱姆斯就领了两套囚服。

监狱里很吵闹。从起床的一刻起，囚犯们就在房间里大喊大叫，用脚踹牢房的铁栅栏或金属床架，把扑克牌或骨牌甩到地上和桌上，或者用手掌拍打地板和桌子。他们把手指弄得“咔咔”作响，满嘴脏话。监狱就像一座疯人院，喧闹无比。在开放式的牢房里，格莱姆斯找不到一块安静的地方。不知为何，这地方虽然宽敞，却让人产生幽闭恐惧感。不管什么时候，总会有陌生人出现在格莱姆斯身边或身后。即使躲在被窝里，格莱姆斯也觉得自己暴露在别人面前。假如面对墙躺着，他能感觉到后面有人注视着他，还能听到他那排床铺的囚犯在打呼噜，这让他无法入睡。好不容易睡着了，不到一两个小时就会惊醒。即使如此，在迷迷糊糊之中，格莱姆斯仍能看到陌生人的轮廓，无法视而不见。

白天，格莱姆斯喜欢一个人独处，默不作声。在监狱里，这说起来容易做起来难。对这里的老油条来说，新进来的囚犯是一个发财机会，因为他们身上可能带着钱。为了弄清楚新人的财力，老油条们办法多多。他们要么画几幅画或制作一些贺卡，问新人要不要买一张；要么主动提出为新人洗衣服，每周只需一两美元。新人也许会毫无戒心地从他们那里借些东西。还有一个招数就是给新人一支烟，等他抽完烟后，再向他要回来。想用别的烟代替？没门，必须归还那支一模一样的香烟。如果他说他办不到，那么他就欠下他们一个人情。拿了别人的东西却无法归还，也就意味着他欠了债，不想惹麻烦的话，就得乖乖听这些老油条的话。可无论老油条们给格莱姆斯什么东西，他都是一次又一次地摇头拒绝。

入狱第一周，每天都有一批囚犯被转移到楼上的O号牢房，给新来的重刑犯腾出床位。格莱姆斯接受了各种检查。首先是医学筛查，监狱的工作人员记录了他的身高、体重和血压，并检查他是否患有结核病。其次是询问了一些其他情况：

目前是否因健康问题而正在接受治疗？没有。

是否在吃药？没有。

是否想自残？没有。

是什么学历？高中毕业。

结婚了吗？结了，但有名无实。

有过工作吗？被捕之前干两份工作。

他们给格莱姆斯指派了一名管教，以决定他的看管等级。看管等级遵循一套记分制度，共有三种等级：最高级、中级和最宽松级。最高级有时也被称为严格监管级，而最低级有时则被称为荣誉级。每个等级还包含了不同的看管级别和程度，最严重的是一级禁闭，最轻的则是假释，每种级别对应着不同的特权。犯人被定罪后，监狱会根据其罪行及犯罪史预先评定分数，另一个重要依据则是当局是否觉得犯人对自己的行为负责或有悔罪感。除了醉酒驾驶的指控外，格莱姆斯以前从未被逮捕过，因此他的评分会降低一些。但他坚称自己是无辜的，这对他极为不利，狱方会据此认为他没有对自己的行为负责，分数也因此大幅上升。等待格莱姆斯的是最高级别的监禁，6 个月后会再重新评估。

在此之前，医务人员认为没有理由对格莱姆斯进行心理健康干预。“在面谈过程中，他显得彬彬有礼，很配合。”监狱的心理医生在档案中写道，“从表现来看，格莱姆斯不存在任何行为问题或管理问题。”事实上，他已经感到麻木，迷失了人生方向。9 个月前，格莱姆斯还和布兰达住在一起，同时在纺织厂和家具店打两份工。人生大起大落如此之快，让他不敢相信。

格莱姆斯的家人也无法接受这个事实。格莱姆斯有个姐姐，叫格拉迪丝（Gladys），在圣安东尼奥市（San Antonio）的布鲁克陆军医疗中心（Brooke Army Medical Center）当护士。在 1987 年 10 月份格莱姆斯被捕时，她接到外甥女打来的电话，说格莱姆斯遇到了麻烦。格拉迪丝问是什么样的麻烦，外甥女告诉她：“他们说格莱姆斯在希科里镇强奸了一名白人妇女。”

“不可能。”这是格拉迪丝的第一反应。

“他们是这么说的。”外甥女坚称。于是格拉迪丝又打电话给一位表妹，表妹证实了外甥女的话。格拉迪丝立刻订了去夏洛特的机票，然后开车前往格莱姆斯庭审前被拘押的牛顿监狱。5 小时的飞行时间足以让她考虑各种可能性，可是当飞机着陆时，她仍然毫无头绪。格莱姆斯是不会跟白人妇女乱来的，更何况是一位老妇人！从孩童时代起，母亲就向他们灌输一条原则——“尊重长辈”。母亲曾告诫他们，总有一天她会变老，孩子们的年龄差距也很大，格拉迪丝和格莱姆斯也会有老去的那一天，因此她不希望他们给老年人惹麻烦。

“我不管你们有多饿，”他们的母亲曾警告说，“如果你们敢招惹老年人的话，我决不会轻饶你们。”

格拉迪丝心想：格莱姆斯是不是太饿了，又或者走投无路，所以他想去抢劫别人？但对她来说，这是不可想象的。在她眼中，格莱姆斯一直是个温文尔雅的人。现在，她被告知格莱姆斯强奸了一位白人女士。表妹告诉她，那个女人已经 69 岁了。这是不可能的事情，他们的母亲去世时也只有 68 岁。

在牛顿监狱，格莱姆斯解释了事情的来龙去脉。格拉迪丝认为他不应该向警方自首。“你为什么不带着律师去警局？”她问格莱姆斯。

“因为我什么也没做，我只是想知道到底发生了什么。有人告诉我，警察正四处找我，我来警局是想知道他们为什么要找我，可是我刚到这里就被他们逮捕了。”

见过格莱姆斯后，格拉迪丝返回圣安东尼奥，并打电话给一位律师。律师称，在查看格莱姆斯的案子之前，他要收费 500 美元。律师承诺，只要格拉迪丝付了钱，“马上帮她办妥”，因为“他们没有掌握任何不利于他的证据”。格拉迪丝和她弟弟所要做的就是少安毋躁，等待一切尘埃落定。听闻此言，格拉迪丝回去上班了。

过了几个月，格拉迪丝收到外甥女的来信。格莱姆斯被捕后，正是这位外甥女打电话通知她的。“格莱姆斯的情况不太妙，”信中写道，“他们没有证据，但我感觉他们真的要起诉他了。”不久，外甥女又打电话来，说她一直在旁听庭审，她担心陪审团可能会错判。格拉迪丝给格莱姆斯的律师德·托雷斯打电话，想知道进展如何。德·托雷斯承认案件审理得并不顺利。他告诉格拉迪丝，格莱姆斯其实已经被定罪了。

听到这消息，格拉迪丝大吃一惊。她前不久从马里兰州的银泉市（Silver Spring）调到沃尔特·里德医院（Walter Reed hospital）工作，于是她直接从银泉市开车去看望格莱姆斯，这次还带上了她的儿子大卫。她心里抱着这样的想法：如果大卫能跟格莱姆斯舅舅相见，两个人的心情可能都会好一点。

当时，格莱姆斯已经被送到中央监狱。第一次去县监狱探监时，格拉迪丝就知道监狱禁止探望者与囚犯发生身体接触，甚至连拥抱也不行。但现在他已经被定罪了，她估计至少转狱工作会更宽松些。他们已经控制住了格莱姆斯，而且在最高的看管级别下，格莱姆斯不会有逃跑的风险。格拉迪丝获得了探监批准，中央监狱要求她在离开银泉市之前提交一份申请。她认为，这代表监狱会允许她和格莱姆斯坐在一起。

但是中央监狱的看管级别之高，就连在军队医院工作的格拉迪丝也感到惊讶。没过多久，格拉迪丝就记不清自己和大卫过了多少个检查站了。她来到访客服务台前，警卫在访客名单中找到了她的名字，然后带她走进一间候访室，里面摆放着 5 张木框沙发，地板上铺着深色的油毡地毯，旁边有一台可口可乐自动售货机，墙上悬挂着挂钟，外面有一层塑料护板罩着。房间里还摆放着一排排储物柜，访客禁止携带的物品都要放在里面。警卫们要求格拉迪丝把违禁品放入柜子，他们似乎很生气，觉得她居然连规矩都不懂。轮到格拉迪丝探监时，警卫告诉她，她只能隔着厚厚的玻璃，坐在隔间里与格莱姆斯对话，不允许有肢体上的接触。这让她感到愕然。大卫才 16 岁，她带着儿子从银泉远道而来，不希望他以这种方式看到自己的舅舅。她叫大卫留在候访室，自己去见格莱姆斯。

穿过另一扇门，格拉迪丝走进一间宽敞亮堂的大厅，大厅一侧是一排对称的隔间。警卫领着她进入隔间后，她感到一阵恶心。隔间不透气，闷热无比，一张开双臂就几乎可以碰到灰白的墙壁，这一切让她产生幽闭恐惧感。隔间另一边的窗户很小，警卫会把格莱姆斯带到那里，他们只能隔着窗户对话，通过窗口下方几十厘米的格栅传递声音。

身着囚服的格莱姆斯拖着沉重的步子走了出来。他上身穿着一件白色 T 恤，下身穿着棕色的裤子，看上去萎靡不振。格拉迪丝心想：里面有这么热吗？格莱姆斯坐下后，她难过得连话都说不出来。实际情况比她想象的更糟糕。“格莱姆斯，”她终于结结巴巴地说道，“你到底做了什么？”

格莱姆斯似乎要哭了，他说：“我什么也没做。”

格拉迪丝还有很多问题想问，却不知从何问起。她注意到，每次她问了问题，格莱姆斯总是很长一段时间答不上来，她也不知道该怎么办。她意识到格莱姆斯在回答问题，她肯定也问了他一个问题，却想不起来那个问题是什么。隔间很闷，让人透不过气，她只能尽量坚持。当她从隔间走出来时，警卫领着她走回候访室，大卫还在那里等她——至于这名警卫是不是刚才带她进来的那个人，她也记不清了。

很快，格拉迪丝便驾车开上了高速公路，然后停在路边上，转身对坐在副驾驶座的大卫说：“你知道吗？这是我经历过的最糟糕的事情。”她一边哭一边说：“你最好永远不要面对这种事。”她用衬衫的袖子轻轻擦掉眼泪。“我并不是说你会被判刑。”格拉迪丝补充道，“只是有时候，你可能会出现在错误的地方。”像他们这种肤色的人必须时刻小心，任何人都可以用任何借口指控他们，而人们会认为他们真的做了坏事。发生在格莱姆斯身上的事情则更糟糕。她知道，卡丽·埃利奥特的邻居、起初指证格莱姆斯的琳达·麦克道尔是黑人，逮捕格莱姆斯的史蒂夫·亨特也是黑人。格拉迪丝在想：

> 和你同样肤色的人都不听你的，还有谁会相信你呢？

# “有人愿意给囚犯回信吗？”

罗森刚满 50 岁，身材瘦弱，戴着金丝边眼镜，是克莉丝在法学院的老师。除了在大学里当教授，罗森还是一位成就颇丰的辩护律师，所以他的既定目标并不总是跟克莉丝一致。在法学院学习期间，克莉丝对罗森说，她不确定自己是否能为有罪的人辩护——当然，她内心对此是抗拒的，因为有罪的人应该去坐牢。虽然克莉丝和罗森有些意见上的分歧，但他们相处得挺融洽。

由于罗森总是不厌其烦地为被剥夺公民权的人打官司，所以克莉丝觉得他可能知道如何处理那些令她心烦意乱的案子。罗森同意在当地一家餐厅与克莉丝共进午餐。克莉丝一边吃三明治，一边描述自己遇到的问题：雷克一向大度，但她递交赦免申请的做法却危及了自己的工作。此外，还有另外 8 名法官要考虑，有些法官禁止她进入他们的办公室。克莉丝知道，其他书记员已经开始恨她了。她也知道，虽然自己是一名律师，但从始至终都没有什么权力。

“我还能做什么？”克莉丝问罗森，“有哪些方面是我没有考虑到的？”

罗森叹了口气，说他的答案很难令她满意。“你已经尽力了。”他对她说。当然，如果她愿意的话，可以继续惹事，而这样做的结果可能就是法院里的所有人都会疏远她。雷克对她说的话不无道理，最高法院的法官不会重新审视被告是否清白或有罪。

“那我做法律工作的意义何在？”克莉丝大声问道。为了成为法庭书记员，她拒绝了企业的高薪邀请。她不指望自己认同法院的每一项裁决，但现在让她感到疑惑的并非技术性问题，而是法庭连基本的有罪和无罪都分不清楚，这才是最可笑的事情。她怎么能在这样的领域工作？别人又是怎样做到的？

罗森承认，他有时也会感到沮丧。“听我说，”罗森凑近克莉丝低声说道，“我们正在做的事情需要别人的帮助。”

罗森赞同克莉丝的观点，像这样的案件值得关注，而类似的案件数不胜数。然后他笑了笑，向侍者挥挥手，准备结账。

“你想有所作为吗？”罗森问克莉丝，“那加入我们吧。”

作为一名公共辩护律师，罗森在华盛顿特区开始了自己的职业生涯，后来因背部疾病不再涉足常规法律事务，转而成为法学院的教授。罗森当初之所以选择律师这份职业，是为了替穷苦民众说话。但他很快就发现，当教授之余还是可以继续做公共辩护律师，因为当教师有工资，这样他就可以免费为当事人服务。在北卡罗来纳州，几乎没有律师做类似的工作，人们很快就知道他能够提供免费的法律咨询。就这样，他听说了罗纳德·科顿（Ronald Cotton）的案子。

科顿因在伯灵顿（Burlington）犯下两宗强奸罪而被判处终身监禁加54年有期徒刑。公共辩护律师认为，科顿可能只犯下了其中一宗强奸罪，而另一宗强奸罪与他无关。然而，该辩护律师也知道，即使他的观点是正确的，也不能构成上诉的理由。根据法律规定，被定罪者不能以陪审团犯错为由要求案件重审。想要重审，被定罪者必须找个理由，称其合法权益受到了侵犯。科顿的公共辩护律师给罗森打了一个电话，希望能得到他的帮助。

罗森看了科顿案的笔录材料，认为可以提出上诉。随后，他又遇到了一个意想不到的难题——正在坐牢的科顿想要的不仅仅是上诉那么简单，他想接受DNA检测。他坚称自己没有强奸任何人，而且听说DNA

检测结果可以证明这一点。但罗森知道，DNA 检测是存在风险的。不做 DNA 检测的话，他还有理由上诉；如果做了检测且结果吻合，那么这件案子就毫无回旋的余地了。

罗森前往监狱探望科顿，并把这种做法的风险解释给他听。他提醒科顿："假如 DNA 检测结果证实你强奸过受害者，那么无论你经受了多么不公平的审判，也没有哪个法官会判你无罪。"科顿依旧坚持己见，于是罗森联系地方检察官，建议申请 DNA 检测。从法律上讲，罗森有权单独申请 DNA 检测，但他认为没必要树敌。罗森向地方检察官保证，如果检测结果匹配，他就不会再提起上诉，科顿下半辈子将在牢里度过，而他之所以提出申请，只是想确定真相。这听起来很公平，地方检察官同意了，州法院甚至承担了测试的费用。和所有人一样，地方检察官也想知道这桩案子是否存在出错的微小可能性。"但我想私下里说一句，"他对罗森说，"你早已心里有数了，对吧？检测结果只会证明他是强奸犯。"

罗森耸耸肩，然后说道："如果检测结果匹配，那就确实如此。"

但是，检测结果并不匹配。

科顿案之后，罗森收到了几十封囚犯的来信。这些囚犯有来自北卡罗来纳州的，也有来自其他地方的。他们在信中对罗森说自己也是被冤枉的，并且听说了罗森为科顿做的事情，想知道他能否帮他们洗脱罪名。

罗森是法学教授，不是全职律师，不可能接手这么多案件。他给每一位来信的人都回了信，称自己没有能力提供帮助，他感到很遗憾。但求助信仍源源不断地寄过来，他又写了更多的道歉信。这件事开始在他心头萦绕。当然，罗森也知道有些信的内容是捏造的，即使只有部分信件的内容属实，也意味着有更多类似罗纳德·科顿的囚犯正遭受无妄之灾，在牢里等待帮助。

1998 年秋，罗森在美国西北大学（Northwestern University）参加一场会议。此时距离科顿被无罪释放已有 3 年时间，但他仍然在深入思考这件事。在那场会议上，他看到30多个人站上讲台，说出自己的名字，并讲述他们何时因从未犯过的罪行而被判刑。

“我叫约瑟夫·巴罗斯（Joseph Burrows），”有个人拿着一朵向日葵说，“伊利诺伊州法院判我死刑。1989年，我被关进死囚牢房，1994年获释。如果他们得逞，我早就被处死了。”然后，他和其他人一起把向日葵扔进花瓶里。

离开会场后，罗森开始思考自己的所见所闻。他尝试着整理自科顿案以来收到的所有信件，这一切再加上会议结束时那个装满向日葵的花瓶，罗森认为，如果97%或98%的案件能够得到正确解决，这将是人类的一大壮举。但是，即使是2%到3%的错判率，也意味着这些年来全国各地有数百名像罗纳德·科顿这样的人遭遇冤狱，更何况谁也不知道冤案的比例究竟是多少。

罗森认为冤狱的人数实在太多了，他一定要做点事情。回到法学院后，罗森拖着一箱未开封的信件走进刑事诉讼课堂，在一大群到演讲厅听课的学生面前，他把信件全部倒在一张桌子上。

“我收到了这些信件，”罗森大声问道，“有人自愿参与这些案件的调查工作吗？有人愿意帮我回信吗？”

# O号牢房

## 囚犯表现得非常礼貌得体

格拉迪丝走后，格莱姆斯通过了评估，然后被转移到楼上的 O 号牢房，他要在那里等候转狱。按规定，只有在出发前最后一刻，监狱才会把转狱这件事和目的地告知囚犯。之所以这样做，一部分原因在于囚犯登上大巴之前上述信息会发生变化，另一部分原因是出于安全考虑。假如重刑犯知道转狱的目的地，他们就会猜测囚车的行进路线，狱方可不想给他们充足的时间与外面的同伙商量对策。因此，O 号牢房的犯人不知道自己要转到哪座监狱，也不知道转狱之前要在那里待多久，等待时间有可能是几个星期，也有可能长达一年多。

跟楼下 K 号牢房正接受评估的囚犯相比，O 号牢房里等候发落的囚犯数量几乎是它的两倍还多，而无论是住在楼下还是楼上，格莱姆斯都睡不好觉。如果说 O 号牢房还有哪些条件更差的话，那无疑是它的房间面积更大，他能够感受到更多囚犯的呼吸，他们的一举一动都会让床垫“吱吱”作响，他们的喃喃自语使他整夜都睡不着觉。在牛顿监狱的时候，布兰达每周五下午都会来探监，但她现在不来了。这倒不是因为布兰达不再相信他，而是因为中央监狱离希科里镇实在太远。来中央监狱后，格莱姆斯只收到布兰达的一两封来信，然后就没有了她的消息。

入狱第一个月的月末，由于睡眠不足和无法适应监狱里的生活，格莱姆斯的视力开始变差，舌头像棉袜一样干燥，前额疼痛不已，然后痛感蔓延开来，脑袋就像被钳子夹住似的，这种感觉他以前从未有过。当他眼睛朝两边看时，能明显感觉到连着眼睛的静脉快要扯断似的。格莱姆斯开始畏光，双眼视力严重下降。

刚到K号牢房时，格莱姆斯就发现监狱允许囚犯到操场去放风，这一消息让他心里顿感如释重负。虽然这只是小小的不同，却证明中央监狱比县监狱更优待犯人。但现在，由于头痛欲裂，他根本见不得阳光。他要求留在牢房里，但警卫不同意，于是他在操场里找了处阴凉的地方，紧闭双眼。放风结束后，格莱姆斯乞求警卫安排一名护士给他看病，但护士诊断他没有生病。

一天后，他的头疼变得更严重了，他觉得恶心反胃，再次提出看病请求。一名医生给他做了检查，并赞同护士一天前的结论：他没有生病。到了第三天，他的身体变得非常虚弱。监狱请来一位专家。这位专家让格莱姆斯描述自己的症状，格莱姆斯照做了。专家告诉他，他得了偏头痛。格莱姆斯不知道偏头痛是什么病。专家又重复了一遍：他得了偏头痛，还问他以前是否患过这种病。

“没有。”格莱姆斯说。

“就是偏头痛。如果你觉得头痛发作，就要尽量避开阳光。”专家说。

到中央监狱后的第二个月，狱警带他去见心理评估主管。在7月份的初步评估中，一位心理医生判定，格莱姆斯不太可能对自己或别人造成威胁。现在，中央监狱想进行更全面的筛查。“评估结果表明，他对别人有一种责任感，可能还觉得自己受到了迫害，”主管写道，“并否认自己犯过罪。”格莱姆斯似乎也很沮丧和焦虑，但这些情绪都体现出“情境性”，是“对监狱的初始调整反应”的一部分。格莱姆斯也承认，自己一直都是不太合群的人，在陌生人面前总会感到不自在。评估结果符合格莱姆斯对自己的看法。此外，评估主管认为格莱姆斯“说话很温柔”，并且“和蔼可亲，反应灵敏，对评估持合作态度”。

至于格莱姆斯抱怨自己无法入睡，主管并不感到惊讶。“我觉得他之所以有睡眠障碍，是因为他在大约11个月的时间里不怎么活动，要么待在牢房里，要么接受心理评估。”主管预测说，随着格莱姆斯逐渐适应牢狱生活，他的睡眠质量会有所改善。这位主管认为，在此之前，格莱姆斯不需要接受任何精神方面的治疗，不过他建议监狱给格莱姆斯分配一些工作，或者让他去上课，这两种方式都能加快他对监狱的适应速度。

初秋，为了给格莱姆斯分配合适的工作，主管的更多同事加入了评估。评估委员会的报告写道：“面谈过程中，犯人表现得非常礼貌得体。”委员会建议安排格莱姆斯到厨房工作。

在监狱里，牢房和走廊的灯是不会完全熄灭的，但每天晚上11点，灯光就会暗下来，直到第二天早上5点半才变亮。6点钟是早餐时间，每间牢房的用餐时间为15分钟。如果格莱姆斯在厨房上早班，他可能凌晨两三点就要起床，为那些在天亮前去干活或转到其他监狱的囚犯准备早餐。因为要早起，所以在厨房工作的绝大多数囚犯都不想上早班，但格莱姆斯很乐意这么做，因为不管上不上班，他通常一大早就会醒来。

与其黎明前静静地躺在床上怨天尤人，倒不如起床让自己忙碌起来。如果他帮忙做早餐的话，往往还能给自己多打点饭菜。严格来讲，这种做法是被禁止的，但狱警对在厨房里干活的囚犯都睁一只眼闭一只眼，至少在轮到自己当班时不会管得太严格，因为囚犯如果还没到严密监视的程度，他可能会利用工作之便多做几个三明治，中间放几块肉，然后偷偷塞进狱警的手里。厨师的手艺越精湛，他在狱警那里就越好说话。

好厨师也经常会得到狱友的支持。囚犯们经常抱怨饭菜太干、太咸，或煮得太老。大多数时候，格莱姆斯给囚犯们准备的早餐是燕麦片加一根香蕉，又或者是鸡蛋加果汁，这样就完全不会被人投诉。做完早餐后，格莱姆斯回到自己的牢房洗澡。洗澡的隔间由瓷砖铺成，安装有三个公用水龙头。如果他想刮胡子，狱警会发给他一次性的剃须刀，15 分钟后收回。有些囚犯嫌这样太麻烦，于是用指甲刀修剪他们的山羊胡或八字胡。等到获得最宽松级别的监禁权，他们就能购买和保留自己的剃须刀。除了修那两撇八字胡，格莱姆斯每天早上都要修面，这个习惯在他坐牢之前就有了。

狱警每周都要发给他一套相同的替换用囚服、一卷卫生纸和一块印有北卡罗来纳州地图轮廓的肥皂。洗完澡后，格莱姆斯通常会回到床上躺半个小时左右。运气好的话，他会渐渐进入梦乡，因为前一天晚上实在睡眠不足。很快，狱警会打开操场大门，用扩音器大声分配当天的工作。扩音器发出的尖锐刺耳的声音会持续一整天，操场里的所有人都能听到，比如：

> 帕蒂·比林斯（Patty Billings），到就诊处报到！
>
> 莱斯·罗伯森（Les Robeson），到你所属的狱区报到！
>
> 学习时间！
>
> 放风时间！
>
> 工作时间！
>
> 吃饭时间！
>
> 点名！
>
> 做礼拜！

狱警站在监狱内部的一座瞭望塔上，端着枪监视下面的囚犯。狱警喜欢用放风的方式看管囚犯。只要在放风，囚犯们就不会弄脏牢房或食堂，也不会在一条存在监控死角的走廊里鬼鬼祟祟地溜达。除非下雨，放风是最好的安排。

放风结束后，狱警会把囚犯赶入一个特殊区域，让他们整个下午都待在那里，以便于其他区域展开清洁工作。无论是狱警还是囚犯，都很讨厌这段时间，因为狱警担心安保问题，而囚犯们则觉得百无聊赖。中央监狱的囚犯可以在操场上打篮球、掷马蹄铁、玩纸牌、打排球和玩堆重游戏，但即使在天气晴朗的日子里，格莱姆斯也没有碰过这些东西。偏头痛不发作的时候，他沿着一个巨大的圆形围栏散步，那里距离铁丝网只有几米远。他每天能走 8 ～ 9 公里。

每天上午 11 点到下午 1 点之间，扩音器再次发出刺耳的声音，命令囚犯按吃早餐的次序去食堂吃午饭。各个狱区的囚犯听到命令后，有 15 分钟的时间到食堂报到并排队取餐，然后在 15 分钟内用餐完毕。30 分钟后，囚犯们必须再次到外面放风。每个狱区的囚犯用完午餐后，食堂再次关门搞清洁，然后在下午 4 点半重新开门供应晚餐，囚犯吃完晚餐后又回到操场放风。所有这些周而复始的活动开始前都要点名，狱警会通过扩音器宣布：

点名！点名！所有囚犯都回到你们指定的牢房报到！回到你们指定的床位上去！待在床上，直到点名结束！

每次点名要花三四十分钟时间，每天点名五到六次。然后，扩音器会高声宣布："点名结束！"格莱姆斯重新回到操场绕圈散步。

操场在日落时分关闭，囚犯们回到牢房，狱警再次点名。然后，有的囚犯去教堂做礼拜，有的在娱乐室看电视，还有人回到自己的床铺休息。随着季节变换，日照时间逐渐缩短，囚犯们在操场上活动的时间也随之缩短。因此，像格莱姆斯这种喜欢放风的囚犯更喜欢一年当中较为温暖的几个月，尽管那时的南方气候潮湿，但能够在户外逗留更长时间。到了 12 月份，操场在下午 5 点就早早地关闭了。

大多数时候，格莱姆斯晚上 9 点半就躺在床上了，而此时距离监狱调暗灯光还有 1 个多小时。他很想每天多花点时间独处，要么独自一人待在空荡荡的牢房里，要么独自一人走在一片荒凉的草地上，因为这是他最没有恐惧感的时光。运气好的话，有些晚上，还没等其他囚犯回到牢房，格莱姆斯就睡着了，根本没有听到他们进入牢房时发出的声响。然而，他又总是在半夜醒来，躺在床上，头昏脑涨，只能盯着头顶的床垫发呆——

如果那个星期他刚好被安排睡上铺的话，就只能盯着天花板看了。

按照监狱的规定，囚犯晚上不能离开牢房，其实他也做不到这一点，因为到晚上牢房的门已经上锁了。在晚上，即便是使用浴室，也要获得狱警的许可。有些狱警并不强制执行这项规定，但有些狱警的思想比较固执。假如格莱姆斯被发现没在床上睡觉，那么他可能会背上违规的罪名。

在短短几小时的睡眠时间里，格莱姆斯梦到自己被身穿棕色制服的囚犯追赶。追赶他的人怒目圆睁，嘴巴像狗一样流着白沫，腰间悬挂着重重的警棍。他们一边朝他冲过来，一边拍打着他们的大腿，然后拔出手枪对着他。“我是无辜的！”他一路尖叫，而那群人只是笑，根本没有听他在说什么。又或者，格莱姆斯梦到牢房里的其他囚犯正在娱乐室里玩乐，而自己在走廊里静静地踱步。正当他为这难得的清净而松一口气时，其他 40 名囚犯突然从拐角处出现，手里拿着从狱警那里抢来的手枪和警棍。他们并没有去娱乐室，而是一直在等他。还有一次，格莱姆斯梦到自己出庭受审，法官态度坚决地摇头，而陪审员们面带惧色地盯着他。然后，史蒂夫·亨特出现了，陪审员一看到他便大笑起来。

醒来时，格莱姆斯发现自己的脑袋是斜着的，他的枕头被挤到一个角落里，那张薄薄的床单像电话线一样裹着他的大腿。他心跳得厉害，身上的汗衫已经湿透。由于紧握着拳头，他的胳膊阵阵作痛。恐惧感有时让他动弹不得，有时驱使他用指关节击打墙面，他的手指满是瘀青。这样反复几周后，他得了一种病，病情一直持续到 11 月。他口干舌燥，食欲不振，吃进去的些许食物也全部吐了出来。他申请看病，护士建议他多吃流体食物，直至能够吃固体食物为止。他们还给他开了一些感冒药和泰诺药片。

## 谎言：悲剧的根源

一年前，在史蒂夫·亨特敲开布兰达家的大门之前，格莱姆斯从未想过自己会锒铛入狱。格莱姆斯家有兄弟姐妹 9 个，他排行老八。他的母亲莫泽拉（Mozella）结过四次婚，其中两次以悲剧收场。莫泽拉在 15 岁的时候嫁给了一个叫萨缪尔·文森（Samuel Vinson）的男人，生了第一个孩子，然后又连生四胎。但是，萨缪尔·文森离开了她，于是莫泽拉再婚，嫁给了克利夫·格莱姆斯（Cliff Grimes），跟他又生了两个孩子。有天下午，克利夫爬上屋顶搞清洁，不小心滑下来摔死了。莫泽拉再次结婚，嫁给了埃德加·布鲁克斯（Edgar Brooks）。1946 年夏末，她怀了一个男孩，即她的第八个孩子。这一年的 7 月份，也就是莫泽拉怀孕的八个月后，一辆汽车突然急转弯，冲入埃德加·布鲁克斯的家里，当场将他撞死。一个月后，格莱姆斯出生了。

那时候，格莱姆斯同父异母的哥哥姐姐大多已长大成人，跟自己的妻子或丈夫生活在一起。除了格莱姆斯，只有三个孩子跟莫泽拉一起生活，分别是第一段婚姻生下的孩子罗伯特·李（Robert Lee），第二段婚姻生下的孩子格拉迪丝和小克利夫（Cliff Jr.）。莫泽拉跟四个孩子住在郎代尔（Lawndale）1 号公路旁的一间三居室铁皮屋顶的小屋里，这间屋子属于一个白人家庭，莫泽拉是这家人的佃农。埃德加·布鲁克斯去世后，莫泽拉再次结婚，给格莱姆斯生了一个弟弟，取名为博比·刘易斯（Bobby Lewis）。几个年纪较大的同父异母的哥哥姐姐中，有一个哥哥特别喜欢给弟弟妹妹起绰号，他每次来的时候都看到格莱姆斯在小屋外面的泥土里玩——要么到处翻滚，要么用双手挖泥巴。哥哥嘲笑他总是四处拱土，于是给他取了个“伍特”[①]的绰号。

郎代尔位于阿什维尔市（Asheville）和夏洛特市之间，是一片丘陵地带，面积不到 2.6 平方公里。当时，那里到处都是年久失修的谷仓和古铜色的草地，公路与乡间小路没什么两样。更确切地说，这就是郎代尔。有些人认为郎代尔不过是谢尔比镇一处无名的郊区。谢尔比镇在郎代尔南边，有 1.5 万人口。从郎代尔开车到谢尔比镇要 20 分钟，但很多住在郎代尔的人都没有汽车。还有人认为，这两个地方都属于皮德蒙特县（Piedmont），

① “伍特（Woot）”在此指“威利”（英文 Willie）和“拱土”（英文 Root）的合称。

即蓝岭山脉（Blue Ridge Mountains）和卡托巴河（Catawba River）之间的较大区域。

整个皮德蒙特县面积为1200多平方公里，县名来自美国独立战争时期的一名上校，他阻止了英军向北卡罗来纳州挺进。从那时起，该县主要的经济来源便是农作物种植，这些经济作物包括玉米、小麦、燕麦和甘薯，最主要的还是棉花。到了20世纪50年代，当地终于出现了奶牛养殖场、少量的纺织厂和工厂，但即便有了这些非农业的经济成分，莫泽拉和她的子女也只知道给别人做佃农，而郎代尔、谢尔比或皮特蒙特的大多数贫困家庭都从事类似的工作。

早在20世纪40年代和50年代，这片土地上的白人和黑人便相处得很融洽，至少在地理概念上是这样的，因为佃农家就住在地主家旁边。除了学校，真正把社区居民隔离开来的不是种族，而是贫富差距。地主家坐收租金；佃农家，无论是白人还是黑人，都要从日出工作到日落，一分钱也挣不到（不过绝大多数地主家都是白人，这也是事实）。棉花种植和收割可能会持续三个月时间，每年秋天，格莱姆斯和其他佃户家的小孩都不去上学，而是在农场帮他们的父母干活。即使过了棉花季，佃户家的孩子通常也要在农场和学校各度过半天时间，而地主家的孩子只需考虑学业即可，一年到头都留在学校里学习。

在郎代尔，除了种地，几乎没有其他的工作，因为那里只有一家名为“克利夫兰纺织厂”的工厂。厂里的工人制作纱线，把纱线染色，装在纸箱里，再把纸箱搬上卡车运到仓库。卡车几乎每天都要沿着1号公路行驶，纱线掉得满地都是。如果年轻人不打算务农，通常会去南边的谢尔比镇发展，或者前往北边距离郎代尔48公里的希科里镇，那里的工业更发达。如果他们身上有点钱，还可以去更远的地方，比如华盛顿、费城、新泽西或纽约。

格莱姆斯先后在万斯格罗夫小学和道格拉斯高中读书，这两所学校的学生全是黑人。格莱姆斯的学习成绩很稳定，一直都是良好。他在数学方面很有天赋，其他学科的成绩倒是一般。格莱姆斯是个害羞的孩子，平常寡言少语。他很喜欢上学，不喜欢和陌生人打交道。由于要帮家里干农活，他每学年只有三分之二的时间上学，这样一来，他就更难和同学打成一片了。教育的好处是显而易见的，每年都有几个学生逃离郎代尔，去北边的高中读书，甚至还有人考上了大学。

格莱姆斯很想努力读书。1964 年，他从道格拉斯高中毕业。一年后，县里的各所学校开始合并，但道格拉斯高中不仅没有合并，反而被关闭了。

格莱姆斯在 O 号牢房等待了 4 个月。感恩节前两周，德·托雷斯写信告诉格莱姆斯，他已经就此案提出了上诉。直到现在，格莱姆斯才解开心中的疑惑，开始明白此前发生的事情：除非上诉成功，否则，就算他没有犯罪，也会一直待在监狱里。他在县监狱里待了 9 个月，经过 4 天的审判，然后陪审团做出裁决。

格莱姆斯本以为真相会被揭晓。当然，真相必然会大白于天下，他等了这么久，就是为了能够返回家中。在此期间，格莱姆斯没有看到任何一件对他不利的真实证据：指纹不吻合，毛发也不确定是谁的，还有卡丽·埃利奥特——她根本不认识他，难道没人发现这一点吗？现在他总算明白了，事实并不重要，此前所发生的一切就是明证。法庭上的每个人都知道他是无辜的，但有些人一心想判他有罪。卡丽女士真的被强奸了吗？这也许是她和琳达捏造出来的故事，并且让其他人跟她们一起撒谎。

不管怎样，德·托雷斯本该帮他脱离困境的。德·托雷斯看上去像个好人，他的确也是个好人，但在等待审判的漫长过程中，他去了哪里？格莱姆斯不知道德·托雷斯为这个案子花了多少时间，但他感觉律师在这件案子上花的时间远远不够。随后，史蒂夫·亨特和卡托巴县检察官拒绝提供证据，从而剥夺了他洗清冤屈的机会。他没有做错任何事情，可是这些人还是把他关进了监狱。他们为什么要撒谎？琳达肯定心怀嫉妒，这是一切的根源所在。他跟琳达姐妹的关系比琳达要好，据他所知，她们之间没产生过问题，但事情的起因肯定是这样的。那么其他人呢？比如希科里镇警方和地方检察官？格莱姆斯一直在想这个问题。

凌晨两点，格莱姆斯战栗着醒来，他满脸通红，怒火中烧，每一根发丝都在颤动。他的肺里憋着一股气，仿佛整个胸腔被火烧着了似的。他觉得体内正在像电池那样腐烂，又像火药那样快要爆炸，又或者像沙子一样正在塌陷。他很愤怒，无比激动，体内的血液都要沸腾起来。好几天的时间里，他感觉四肢已经不再属于他自己。

对于德·托雷斯的上诉，格莱姆斯不抱任何希望，因为他知道，直接上诉的案件都是由当地法庭裁定的——也就是说，审议该案的人就是那些把他送进监狱的家伙。所以，得知德·托雷斯的上诉被驳回后，他一点都不觉得惊讶。根据法律流程，下一步，案子要提交到上诉法院，但格莱姆斯不想浪费时间，他直接写信给州最高法院，但是他的申诉被驳回了。

# 苦难与救赎

Ghost
of the
Innocent Man

# 第 2 章

A True Story
of Trial and Redemption

# 正义无处寻觅

## “绝大多数人在回忆和解读目击事件时会犯错”

里奇·罗森向他的法律系学生发出呼吁，招募志愿者帮他阅读囚犯的来信。大约同一时间，在杜克大学——距离罗森任职的教堂山法学院仅16公里，另一群学生正自发地阅读着囚犯的来信。这些学生不认识罗森，但他们都听说过罗纳德·科顿。而为科顿洗脱罪名的人正是罗森，因此他们决定帮罗森做点事情。因为还没有获得律师执照，他们还不能接案子，但可以给那些来信求助的囚犯回信，并给警方或检方寄文件——这些文件通常是囚犯们无法凭个人能力获得的。

学生们做这件事的时间不长，后来，他们听说纽约卡多佐法学院(Cardozo School of Law)的两位教授创立了一个名为“昭雪计划”(Innocence Project）的非营利组织，该组织致力于解决同样的问题。这两位教授也被囚犯们的援助请求打动，他们向美国几所顶尖的法学院放出消息，希望能在全国各地推广“昭雪计划”并形成一个网络。杜克大学的学生同意将他们的志愿者团体变成“昭雪计划”的一个分支机构。不过，为了工作能够顺利开展，他们首先要找几名顾问。

他们选择了特蕾莎·纽曼（Theresa Newman）和吉姆·科尔曼（Jim Coleman)。这两位教授是左派人士，且颇受学生欢迎。学生们认为，他们会接受"昭雪计划"的理念。纽曼为人谦恭有礼，留着一头不显眼的短发，身上散发着学者应有的气质，举手投足就像那种把大量时间花在图书馆里的人。她的同事吉姆·科尔曼是北卡罗来纳州少数几位最具影响力的律师中的一位。

科尔曼恰巧也是黑人，他喜欢戴一副角质框架眼镜，留着精心修剪过的胡子，头发像苔藓一样短，这幅打扮看上去就是一张椭圆形的和善的脸被灰色的绒毛包围着。科尔曼曾向《杜克杂志》（*Duke Magazine*）抱怨道："如今，有 70% ~ 75% 的囚犯在受审时都是由法庭指定的律师进行辩护。"这类工作的报酬很低，也就是说，很多北卡罗来纳州法院指定的律师其实都不是专业的公共辩护律师。"他们之所以愿意接这类案件，是因为他们刚开始执业，急需这份工作。又或者他们不太擅长自己本来的业务，所以接不到其他的活……法官们要求不高，只要能为囚犯找到指定律师就行，至于律师的能力，则不在他们的考虑范围之内。"

纽曼和科尔曼都同意担任杜克大学新成立的"昭雪计划"的团队顾问。履行职责之前，他们首先要参加在纽约举行的培训班。他们在那里遇到了里奇·罗森，后者也想看看能否在教堂山法学院成立同样的组织。这 3 位律师此前从未在同一个地方相遇过，现在他们开始有了交集。他们意识到，两个学校之间只有 20 分钟的车程，完全有可能展开合作。

并非所有人都认可他们工作的价值。对于北卡罗来纳州和全国各地的很多律师来说，罗森看到的信件只是囚犯们在绝望中做出的行为。这些囚犯不可能是无辜的，他们之所以在穷途末路的时候寄出几封信，只不过是死马当活马医罢了。

一直以来，美国的刑事司法体系低估了发生冤案的可能，人们认为庭审保护措施的存在不可能导致冤假错案，而克莉丝·穆马却不这么想。20 世纪 50 年代到 60 年代的一系列改革仍然支持这种看法。在"马普诉俄亥俄州案"(Mapp v. Ohio)后，美国最高法院禁止非法搜查和扣押；在"吉迪恩诉韦恩莱特案"（Gideon v. Wainwright）后，律师的权力有所扩大，能够为那些付不起律师费用的被告人辩护；在“米兰达诉亚利桑那州案”（Miranda v. Arjzona）后，警方在逮捕疑犯时都必须告知对方拥有那些权利；而在“美国诉韦德案”（United States v. Wade）之后，疑犯有权在被受害人指认的过程中请律师到场。

事实证明，无论在公开场合还是在法庭上，这些改革都产生了争议。虽然它们保护了被告的合法权益，却给定罪带来了新的障碍。“米兰达诉亚利桑那州案”裁决结果出来后，一位对此持异议的法官警告说，当天宣布的裁决结果将极大地削弱刑法行使其职能的能力：

> 这对当前的刑事诉讼程序造成了影响，我不想分担由此带来的责任。法院对某些案件的裁决结果会将杀人犯、强奸犯或其他罪犯送回街头，回到那些他们成长的环境中。这样一来，只要他们愿意，就可以再度犯下以前的罪行。结果，人的尊严只会因此沦丧，不会有所提升。

在接下来的20年里，联邦最高法院取消了其中几项改革，缩小了它所承诺过的改革范围和适用环境。首先，它规定无经济能力的被告虽然有权请律师，但无权选择他们喜欢的某位律师。其次，它仅审慎地将“法律咨询”定义为“视整体情况提供的合理有效援助”。其他方面的改革要求后续加强立法，但这些要求从未实现过。各级法院也依葫芦画瓢，认为没有必要进行改革。

“我们的社会高度信任审判的结果。”1993年，法官桑德拉·戴伊·奥康纳（Sandra Day O’Connor）写道，“因为宪法提供了无与伦比的保护措施，防止无辜者被错误定罪。”这种观点盛行了70年。

“我国的刑事诉讼流程是有利于被告的，”1923年，一位上诉法院法官勒恩德·汉德称，“我们所面临的危机并不在于陪审团对被告心慈手软，而在于冤案一直如鬼魅般痴缠着现有的诉讼流程，我们摆脱不了这场幻梦。”

然而，本不应该发生的事情还是不期而至。1987年10月26日，即威利·格莱姆斯在北卡罗来纳州被捕的前一天，《新闻周刊》（*Newsweek*）杂志转载了一篇文章。该文章称，英国的一位遗传学家发明了一项可以用来对比DNA的技术，该技术已经被用于“解决几桩亲子关系案件和移民案件”，且“更引人注目的是，它将一名27岁男子……与英国恩德比村附近被奸杀的两名未成年少女联系起来”。

一位美国律师恰巧看到了这期的《新闻周刊》，他的当事人因涉嫌在芝加哥郊外强奸妇女而被判监禁10年。这位律师从《新闻周刊》的报道中了解到，DNA或许能把某个人与罪案联系起来，但现在他想知道，这项技术是否曾被用作相反的用途，即不是用于指证，而是用于开脱罪责。他没有找到先例，但很想尝试。于是在1988年1月，他提出了一项动议。

结果，他的委托人——加里·多特森（Gary Dotson）成为美国历史上第一个被DNA检测技术证明无罪的人。

多特森案的影响力并没有到此为止。在接下来的5年时间里，又有大约30个囚犯通过DNA检测脱罪。由于脱罪人数众多，1996年，美国司法研究所（National Institute of Justice）将其作为年度报告的主题。这项报告研究了28个案件，发现每个案件的判决都取决于目击者的证词，其中7个案件因毛发分析结果定罪，4个案件因某个专家的“科学证词”定罪，该专家曾在两个州当过法医血清学家和验尸官，后来被指控犯有诈骗罪。被赦免的囚犯平均每人坐了7年的牢，有8名囚犯坐牢长达10年或10年以上。一名“囚犯”因强奸妇女而入狱9年半，受害者身上发现了这名囚犯的精液，但滑稽的是，这名“囚犯”做过输精管切除手术，根本无法射出精液。

作为对司法研究所的报告的回应，美国司法部长珍妮特·雷诺（Janet Reno）随后成立了“DNA证据应用前景全国委员会”（National Commission on the Future of DNA Evidence），该委员会编制了一份名为《目击证据：执法指南》（*Eyewitness Evidence: A Guide for Law Enforcement*）

的文件。“近期，有些案件采用DNA证据来证明嫌疑人无罪，这些案件表明，目击证人的证据并不是绝对正确的。”《目击证据：执法指南》指出，“绝大多数人在回忆和解读目击事件时会犯错，即使是诚实和客观的人，这是由人类记忆的本质决定的。记忆问题一直是诸多科研项目的核心”。尽管如此，该指南并没有提供可实施的规则，只是“赞成某些可行的做法”。

各个委员会报告的累积效应是不言而喻的。DNA 检测技术相当于对审判结果做了一个随机的审核，反过来，这又暴露了一个无人可以预见的弱点。2001 年，一项全国性的民意调查结果表明，73% 的美国成年人认为，在过去 10 年里，有无辜的人被处死。同年 7 月，桑德拉·戴伊·奥康纳在一家女律师协会面前承认：“如果统计数据能表明问题的话，那么这个体系可能会导致一些无辜的被告被处死。”早在 8 年前，奥康纳就改变了想法。一年后，在“阿特金斯诉弗吉尼亚州案”（Atkins v. Virginia）中，她的 5 名同事也改变了想法，他们当中的多数人认为：“近年来，大量死刑犯被赦免，这种现象令人不安，我们不能视若无睹。”

## 北卡罗来纳州冤案昭雪中心

罗森、纽曼和科尔曼在纽约接受了“昭雪计划”的培训，然后回到北卡罗来纳州。几个星期后，皮特·韦策尔在当地的《新闻观察家报》（*News & Observer*）上看到，杜克大学法学院和教堂山法学院希望将各自的“昭雪计划”项目合并为一个。韦策尔年届 60 岁，身材瘦长，眼睛总是润润的。他的脸色红润，就像一个在寒冷天气里干活的木匠。实际上，他在《迈阿密先驱报》（*Miami Herald*）工作了 40 年，退休后才移居到北卡罗来纳州，他的妻子是杜克大学的副院长。从那以后，韦策尔一直兼职教新闻学，同时寻找其他工作机会。供职《迈阿密先驱报》时，他没有报道过太多与法律相关的新闻，但“昭雪计划”激发了他的热情。在韦策尔看来，调查案件、发现法律条文在哪些情况下被滥用并竭尽所能革除弊端，这是一件很有成就感的事情。巧合的是，他跟吉姆·科尔曼是邻居。那天下午，他放下报纸，大步跨过自家院子，敲响了科尔曼家的大门。

有人来帮忙，科尔曼自然十分欣慰。他对韦策尔坦言，他和纽曼都不懂管理，他们想跟里奇·罗森合作，但法学院并没有教他们怎么做。而作为编辑，韦策尔知道如何分工协作。韦策尔开车到教堂山法学院，向罗森作自我介绍。

在罗森的办公室里翻阅资料时，韦策尔看到有几个案子在科尔曼的档案里也有，忍不住斥责道："这样是不行的。"杜克大学和教堂山法学院之间不存在竞争关系，双方都抱怨文书工作太多，为何还要各自保存来自同一批囚犯的信件呢？两家机构应该合并，成为一家非营利组织。合并的组织即使人手不多，至少能甄别来自潜在蒙冤者的信件，再将这些信件转交给教堂山法学院的罗森或杜克大学的纽曼和科尔曼，以避免重复保存信件。

律师们告诉韦策尔，这种设想听上去很完美，但他们都不知道如何开始这项工作。

韦策尔知道怎么做。2000年，在他的帮助下，他们建立起一家非营利组织，取名为"北卡罗来纳州冤案昭雪中心"（North Carolina Center on Actual Innocence，以下简称昭雪中心）。该中心承诺，其使命就是"甄别、调查北卡罗来纳州被判处重罪的囚犯提出的无罪主张，并推进相关案件的工作"。罗森、纽曼、科尔曼和韦策尔一致认定：该中心与"昭雪计划"一样，会受理所有的冤案，而不仅限于死刑案件或是能找到DNA证据的案件。"DNA调查结果表明，在一般情况下，现有司法体系会犯非常离谱的错误。"韦策尔在接受《杜克杂志》采访时说，"冤案在任何情况下都有可能产生，这与DNA技术是否带来确凿的证据无关。"

在没有任何财务来源的情况下，纽曼和科尔曼说服杜克大学向昭雪中心免费提供办公室。罗森也从教堂山法学院搞来了资源，其中绝大部分是法学院为公益项目划拨的资金。他认为凭借自己的教授身份，别人不会对他提出太多诘难。随后，罗森说服了一位院长资助中心的一位研究助理。

韦策尔坚称，为了正规化管理，非营利组织也需要成立董事会。由于中心只有他们四个人，所以董事会便由他们四人组成。韦策尔本人将担任执行董事，罗森可以担任董事会主席，纽曼担任副主席。纽曼不知道副主席到底要做些什么，韦策尔也从未告知她相关的职责，只是说在达成愿望之后罗森就会辞职，而纽曼将接替他的职位，担任董事会主席。除了韦策尔，其他人也不知道董事会主席的职责是什么。

除了韦策尔，昭雪中心每个人的工作都较为简单。他们四人中，只有韦策尔以前既未从事过与冤案相关的工作，也未上过法学院。他自认为对美国的刑事司法了如指掌——至少大体上是了解的，毕竟他是一名记者，并非不谙世事的人。韦策尔也知道并非每个人都是可以信赖的，然而当他翻阅案件的卷宗时，他看到的事实却恰恰相反：这个社会不是说没有坏人，而是坏人不常见。他认为，任何错误的判决结果都可以归咎于审判过程中的不当行为，比如：法官抱有偏见、律师玩忽职守，或者证人撒谎。这种看法有时候是站得住脚的，有时候却未必如此。

那些最令韦策尔不安的案件都经过了恰如其分的审判，但结果还是造成了冤案。只要有一个环节出现小错误，再加上运气不佳，被告就有可能被错误定罪，那些没钱没势的被告更是如此——他们请不起律师，只能接受州法院指派给他们的律师。现在，韦策尔发现，法院指派的律师大多工作量巨大，即使他们对案件认真负责（当然，绝大多数律师都很勤勉负责），如此大的工作量也让他们无法持续下去。更不用说事实上，还有一些律师本身就业务能力有限。

有一次，韦策尔打电话给一位律师，这位律师的当事人正在监狱里服无期徒刑。“我不太记得案子的细节了。”律师坦言，“那是我经手的第一桩案子。”还有一次，韦策尔问他是否可以复印某件案子的卷宗。“哦，我没有保存那些卷宗。”这位律师告诉他，“我从不保存卷宗。”类似的情形让韦策尔始料不及。现在，他已经被大量案件的卷宗所包围，这些资料塞满了教堂山法学院的箱子，堆满了杜克大学的会议桌，昭雪中心到处都是信封，就连他家里的地毯上也到处散落着文件。

为了筛查这些案子，昭雪中心需要法律专业的学生帮忙。但现在，韦策尔心想，是否可以招募新闻系的学生做这些工作？他找到教堂山法学院院长，主动提出开设一门与调查报告相关的课程，由他执教。院长很感兴趣，也提出了几个担心的问题。韦策尔斩钉截铁地说，他已经退休了，他打算免费教学，不需要院方支付任何薪水。院长的担忧顿时烟消云散。

第二个学期，在韦策尔的指导下，新闻专业的学生开始梳理昭雪中心接手的案件，并发现了詹姆斯·伯纳德·帕克（James Bernard Parker）的案子。当时，帕克因虐待儿童罪而在门罗服无期徒刑。门罗是夏洛特市的一处郊区，近年来规模不断扩大。大约 15 年前，即 1990 年，门罗一所小学的辅导员得知几名学生在他们的社区受到了“骚扰”。她报了警，并向警方做出了含混不清的描述，几名男学生也承认自己受到了虐待并指认帕克是犯罪嫌疑人。帕克住在学校附近的一个工地里，身材高大，皮肤黝黑，很容易被辨认出来。在法庭上，4 名原告对他的指控全部成立。

然而，韦策尔的学生认为此案有疑点。有四个以上的男孩声称受到了虐待，而为什么只有四个人提出指控？除了这些孩子的证词以外，还有哪些证据对帕克不利？他们驱车前往门罗，去警局索要帕克的档案。一名值班警察告诉他们，他认为警局没有保存帕克的档案，但他记得最初调查此案的警官的名字。那位警官已经退休，他在职时可能在他家附近的某个地方保存了一些档案。至于能否找到，就要看学生们的运气了。值班警察给了他们一个地址。

学生们来到退休警官的家门前，找到了他。“我没有保留档案。”他一边抓着下巴，一边说，“但我知道档案在哪里。要我帮你们拿过来吗？”他们一起开车回到警局，这位退休的警官走进去，几分钟后抱着一只大纸箱走了出来。那箱子实在太大了，他的胳膊几乎搂不住它。“拿去吧。”他说。

学生们把箱子带回学校，韦策尔的学生都来帮忙翻查档案。档案一共有 30 多斤重，最底下那份文件是小学辅导员的报案记录。根据报案记录，其中两名学生根本没有提及施虐者的种族，另外两名学生则称自己被“一个肤色较浅的黑人”虐待。报告称，有 6 名学生被一名白人虐待。

次年 12 月，《夏洛特观察家报》（*Charlotte Observer*）刊登了一篇标题为《是否有人蒙冤入狱》的文章。看了这篇文章后，当地的一位律师表示，他愿意为帕克提供无偿的法律服务。然而，地方检察官不想重新审理帕克的案件，因为原来负责审理帕克案的检察官已经晋升为首席巡回法官，一旦案件重审，将会造成极其恶劣的政治影响。于是，这位地方检察官提出了一项条件作为交换：如果帕克承认自己犯下另一项较轻的罪行，他就判处帕克缓刑。于是帕克认罪，然后被释放。尽管如此，里奇·罗森仍为这笔交易是不妥的。

罗森告诉《夏洛特观察家报》，帕克最终被释放是一个“伟大的成就”。“但我觉得，对詹姆斯·帕克来说，司法制度并未发挥应有的作用。”罗森补充道，“在案件的审理过程中，司法制度没有发挥作用，而且在被释放出狱之前，帕克还是被迫认罪了，事实上他并没有犯罪。坦白地讲，我们的司法制度毫无用处。”

韦策尔开始在教堂山法学院免费教授新闻课程。大约同一时期，在贝弗利·雷克手下担任法庭书记员的克莉丝·穆马对自己在最高法院的见闻深感失望，她打电话给罗森寻求指导。吃午饭的时候，克莉丝对罗森说，她对薪水的要求不高，只想从事一份有意义的，而且在做某些事情时有主导权的工作。对罗森来说，这些条件听上去很合理，因为他能提供的正是一份有意义的工作。昭雪中心需要一名律师，虽然纽曼、科尔曼和他自己都是律师，但他们还要担任教职，难以兼顾非营利组织的工作。

克莉丝同意加入他们的团队。

为了了解案件的最新进展，罗森、纽曼、科尔曼和韦策尔经常在韦瑟湾餐厅吃午饭。这家餐厅距离教堂山法学院北部只有几分钟的车程，以擅长美国南方菜而闻名。克莉丝加入后，他们五个人一边在餐厅里吃玉米粉炸鲶鱼、海虾和玉米渣粥，一边分享最近的案例，并设想中心下一步的发展方向。

对于克莉丝而言，这是一种陌生的感受。因为以前做书记员时，她觉得自己没有获得任何主导权；现在，她能够直接参与探讨案情，觉得非常满足。她仍然和韦策尔一样，惊讶于美国司法界居然存在类似的冤案。如果没有 DNA 检测技术，或者检察官不够合作，很多人就没有机会再次提起诉讼。如果被告蒙冤，他什么也做不了——这是最令人感到沮丧的。

亲历过罗纳德·科顿案的罗森认为，只要所有人同心协力，为蒙冤的囚犯洗脱冤屈是很容易的事情。但他也知道，这种情况非常罕见。检察官没有任何动力去重新审理一桩已经结案的案子，因为这种事情不仅费时费力，而且一旦发现他或他认识的某个同僚审错了案，那简直是自讨苦吃。重审科顿案的检察官平易近人，这种情况很罕见。罗森在这起案件中也起到了很大的作用，为了寻找真相，他不惜以当事人的命运作赌注。

在类似的案件中，他们要做的就是找到一种方法，不带任何党派立场地去寻找超乎法律之上的真相。但可以想象，这种模式很难成功。在他们认识的律师中，为了分辨冤案，有多少人愿意以自身的利益作赌注呢？为此，他们要与地方检察官、治安官和警察对话，而这些人也是利益相关的群体。除此之外，谁能够让各方坐下来心平气和地商谈呢？罗森、纽曼和科尔曼都是直言不讳的自由派人士，对于死刑持反对立场；而韦策尔是从外地来的新闻工作者。假如他们当中某个人在全州范围内组织一场关于如何解决冤狱问题的峰会，到场的必定只有辩护律师，其他人是不会来的，他们只会自说自话。

克莉丝放下叉子，仔细思考其他四个人的谈话，然后问道："你们真的考虑举办峰会吗？"

纽曼耸耸肩，然后说："我们真有这种想法，只要会议能开得成。"

克莉丝又问："如果请贝弗利·雷克这样的人出面组织呢？"她跟雷克的关系很好，如果她把他们的想法告诉雷克，是否有实现的可能？

其他四个人满脸狐疑地看着她。“贝弗利·雷克不是共和党人吗？他不是宣扬法治的守旧派吗？”

“没错。”克莉丝说。

雷克确实是守旧派，而克莉丝本人也是守旧派。但雷克为人正直公允，在为雷克担任书记员的3年时间里，克莉丝和他的关系变得越来越密切。另外，她碰巧知道此事关乎雷克的个人利益。

长期以来，雷克一直很关注公众对法院的信任问题，深知每一个错误判决都会使公众的信任变得更加脆弱。克莉丝确信雷克知道冤案的存在，并且她还在他的办公室里与他争论过那些冤案。当时，她希望雷克能够以一己之力去干预案子，但他拒绝了。这次不一样，他们不打算提议让雷克推翻任何判决，只是想借助他的名望组织一场会议。假如克莉丝能够说服雷克出面组织他们想象中的研讨会，岂不是美事一桩？

罗森、纽曼、科尔曼和韦策尔商量了一番，然后齐刷刷地朝克莉丝看过去：“好吧，那就试试看。”

# “我仍然相信您是无辜的”

## 第一次禁闭

囚犯们打发时间的方法只有几种，而且每个囚犯都会把这几种方法尝试一遍。在监狱里，工作的价值不在于酬劳，而在于它能够打发时间。除了吃饭、工作、看书、睡觉或锻炼以外，赌博是囚犯们最喜闻乐见的消遣。他们要么用扑克牌赌博，要么赌电视转播的足球赛、篮球赛或汽车赛，要么从操场抓来昆虫进行赛跑或决斗。严格来讲，监狱是禁止赌博的，但事务缠身的狱警才懒得管这种小打小闹的赌博。

德·托雷斯让格莱姆斯在狱中守规矩，况且围在一起的囚犯也让格莱姆斯感到不安，所以他很少参与赌博。就算碰巧赢了，他也会及时收手，以免惹祸上身；又或者，他会把赢来的钱还给对方。钱对他来说可有可无，他已经活了 41 年，从来没有富过，未来也不会成为富翁。再者，除了食堂和小卖部，监狱里也没有其他地方需要花钱。

作为厨师，格莱姆斯干得十分出色，而且表现得很合作。因此，在入狱后的第一个冬天，他的安全等级被提升为中等，可以在操场上多待几个小时。一周后，这个特权差点被取消。星期一，刚做完早餐，他和另外两名助理厨师发现了一罐酒，那是厨师长私下里用果汁和酵母酿成的。格莱姆斯从未喝过这种酒，厨房里只有他和另外两名厨师，而且厨师长也允许他们喝这罐酒，只要给他留一些就行。一小时后，狱警听到厨房里有人说话，想知道里面为什么如此嘈杂，然后他进来，看到了格莱姆斯。

“你平常不这样说话。”

格莱姆斯耸了耸肩说：“我感觉不错。”

“为什么感觉不错？”狱警说。

“我不知道。”格莱姆斯想到还有其他人，“我们刚才在喝酒。不管那是什么酒，我们都感觉挺不错的。”

狱警把他们带去见副队长，副队长建议把这3名囚犯送回牢房，等他们清醒过来再说。那天下午，一名狱警来到格莱姆斯面前，说格莱姆斯私藏物品，要关30天的禁闭。不过，在将格莱姆斯的违规行为写入档案的过程中，他注意到在10天前，格莱姆斯的安全级别刚刚升到中级，而且在中央监狱服刑的8个月里，他并没有制造任何麻烦。为了不降低格莱姆斯的安全级别，这名狱警决定网开一面，把30天的禁闭缩短到3天。

禁闭室与其他牢房差不多大，只是里面更脏，并且位于监狱的另一侧，远离人群。禁闭室的墙上装着一张低矮的钢床，马桶和洗手池用哑光的金属架子连在一起；大门上开了一个小口子，一日三餐由狱警通过这个小口子塞进来；狱警还会给他递进来笔纸，他可以写信给家人。每天，狱警会让他到外面放风一小时，但不是在大操场，而是一个6平方米的独立空间。在那里，他感觉不到一丝微风。禁闭期间，格莱姆斯不能工作，不能去食堂，不能听收音机，不能赌博，不能看电视或打牌。否则的话，就不是关禁闭了。

总而言之，禁闭期间，除了反思己过，格莱姆斯什么也做不了，只能胡思乱想。在昏暗的禁闭室里，他能想到的只有自己的案子，以及蒙受冤屈所带来的无边怒火。现在，格莱姆斯深信这是一场阴谋，而他也为此饱受折磨。他感到无比孤独。他知道布兰达正在寒冬里为了这件案子四处奔走，可他已经好几个星期没听到她的消息了。他很想念她，想念家人。

他想念托马斯·希尔（Thomas Hill）。托马斯是格莱姆斯的发小，也是一个腼腆害羞的男孩。跟格莱姆斯一样，托马斯共有兄弟姐妹八人，但没什么关系密切的朋友。他们一见如故。托马斯的父母也是佃农，要经常搬到不同的地方干农活，但只要他们的距离不超过 8 公里，他们的友情就不受影响，因为 8 公里完全可以靠步行解决。每当农闲时，托马斯就跟格莱姆斯一起玩跳棋或打扑克——他们只知道这两种游戏的规则。托马斯经常在格莱姆斯家里过夜。他与格莱姆斯同班，1964 年毕业于道格拉斯高中。高中毕业的 6 个月后，托马斯进入希科里镇的卡托巴技工学校学习汽车机械。美国空军的一位征兵专员向他许诺，他可以在军队接受同样的培训，不但不用交学费，还可以领到工资。6 个月后，托马斯应征入伍。

除了托马斯，格莱姆斯在学校里关系最好的朋友就是路易·罗斯（Louie Ross）。从表面上看，两人性格根本不搭，因为路易性格外向，脾气暴躁。毕业后，格莱姆斯靠着纺织厂工作的微薄收入和姐姐格拉迪丝的帮助，东拼西凑买了一辆二手车。周五或周六晚上，格莱姆斯会开着这辆车送路易前往 16 公里以外的谢尔比——路易的女朋友住在那里，然后格莱姆斯会在晚上 10 点半，再去接路易回家。路易觉得好奇：等自己的时候，格莱姆斯会做什么呢？他有其他安排吗？他要见自己的女朋友吗？答案都不是，格莱姆斯只是在附近的桌球室闲逛，他并不介意浪费这段时间。路易想给他汽油钱，但他拒绝了。路易觉得格莱姆斯肯定饿了，于是叫他开车经过一家快餐店，买了两份汉堡包。

那年夏天后，路易去了费耶特维尔州立大学（Fayetteville State）读书，他有个哥哥也在那里上学。每逢暑假，他会回家找些暑期工，他经常打工的地方是谢尔比镇上的匹兹堡平板玻璃公司，或是希科里镇的弹簧公司——他在这里装配椅子或床垫的内部弹簧。周末，他就打电话给格莱姆斯，相约玩一两天。路易在回学校之前会去见女友。“只要告诉我你想哪天去，什么时间出发，什么时间回来。”格莱姆斯向他保证说，“我就来接你。”

大学毕业后，眼看自己将被海军陆战队征召并派往越南，路易选择加入了空军。1987 年，也就是入伍将近 20 年后，路易退役，在罗利的一所高中当辅导员。那年秋天的一个晚上，路易在家中接到格莱姆斯表弟打来的电话，得知格莱姆斯因强奸罪被判终身监禁。路易惊得目瞪口呆，格莱姆斯坐牢了？犯了强奸罪？这不可能。他联系了道格拉斯高中的其他同学，每个人都觉得不可思议，他们认识的格莱姆斯不是这种人。路易顿时后悔此前没有跟格莱姆斯保持联系。他开车到中央监狱去探访格莱姆斯，让格莱姆斯知道他的老朋友信任他。

与此同时，曾经同在空军服役的托马斯·希尔于1969年退役，并在郎代尔的克利夫兰纺织厂找到一份工作。他还重新跟格莱姆斯建立起了联系，格莱姆斯当时就住在希科里镇。同年秋天，托马斯从格莱姆斯的侄子那里听说了格莱姆斯被捕的事情。和路易一样，托马斯确信格莱姆斯没有强奸任何人。他认为格莱姆斯只是在错误的时间出现在了错误的地点。托马斯认为一旦警察找到真凶，格莱姆斯就会被无罪释放。

但警方一直没有查明真相。

## 州检察长回信了！

格莱姆斯从禁闭室回到了自己的牢房，他开始投入全部精力研究如何离开监狱。他发现，如果缩短在操场散步的时间，他就可以去监狱图书馆查阅资料。监狱图书馆的开放时间在早餐和午餐之间，然后从下午1点到4点又重新开放。在研究了图书馆里的大量法律资料后，他再次向此前拒绝审阅他案子的北卡罗来纳州最高法院提出上诉，希望法官能重新考虑他的请求。可是，他一直没有等到回音。后来，他听说图书馆除了有书之外，还经常有一些比他更了解上诉程序的囚犯来看书，有些囚犯甚至还参加了监狱提供的法律课程。

一个叫特里（Terry）的囚犯被捕前在一所正规的法学院学习法律，他被判了600年的徒刑，但他靠自己的努力，把服刑时间减少了三分之二。格莱姆斯找到特里，问他是否愿意看看自己的卷宗。特里同意了。此时距离格莱姆斯的上诉期限只剩几天时间，管教说他很快就要转去另一个监狱。特里迅速起草了一份上诉书，格莱姆斯把它寄给德·托雷斯，后者也认为特里的这份上诉书写得很好。不过，由于德·托雷斯是注册律师，他不能把别人仓促写好的上诉书递交上去；相反，他要亲自起草上诉书，然后同时递交这两份文件。到了 3 月份，也就是格莱姆斯被定罪的 8 个月后，德·托雷斯向上诉法院提交了这两份上诉书。

一个月后，格莱姆斯收到州检察长寄来的一封信，他看来看去，也没看到里面有任何判决内容。信中写道："由于行政管理方面的疏忽，州法律顾问尚未收到所要求的完整审判程序记录，因此州法院无法在规定时间内完成辩诉状。"格莱姆斯不明白这番话的意思，于是再次写信给德·托雷斯："我这件案子的办案人员和法律援助者看过了所有相关档案，他们告诉我，州法院没有找到任何关押我的理由，您可以提出某种动议帮我离开这里。我想问您，您现在打算怎么做？希望能尽快收到您的回信。"

大约在同一时间，格莱姆斯的姐姐格拉迪丝也写信给德·托雷斯，这是因为格莱姆斯曾打电话告诉她，他对州检察长来信里的内容感到困惑。在写给德·托雷斯的信中，格拉迪丝问道："我想问一下您的想法。您觉得格莱姆斯的案子会重审吗？如果会的话，我们这些格莱姆斯的家人能否出席？我弟弟说，他不明白州法院为什么在拖延时间，他们似乎没有理由判他坐牢。请让他及时了解事情的进展。"

8 月底，即格莱姆斯寄出信件的 3 个月后，德·托雷斯终于回信说，他准备在下周四为格莱姆斯的上诉案出庭辩论。首先，德·托雷斯要在庭上作 30 分钟的口头陈述，然后法院有权进行提问。如果上诉通过，法院可以下令重新宣判或重审该案。德·托雷斯希望法院在 10 月份的某个时候做出判决："你问我现在进行到了哪一步，我想你已经得到了答案。"

在等待结果的过程中，格莱姆斯已经被转到了其他监狱。那年春天的某个周五，狱警命令 O 号牢房的几十名囚犯集合，宣布要把他们运到别的地方，然后把他们押上了一辆车身很长的深蓝灰色大巴，囚犯们称这辆大巴车为“灰鹅”。由于“灰鹅”每次要把囚犯送往四五所监狱，而且每次都会改变顺序和路线，所以行驶时间根本无法预测。囚犯只能待在车厢里，直到狱警告诉他们目的地到了。有人说，如果转狱是在天气凉快的下午进行便很幸运，因为这辆车没装空调，车窗也是封死的。车厢里坐着50人，到了7月份，车内的温度会不断升高，变得像煤窑一般热。

每到一所监狱，“灰鹅”就倒着开进一条由栅栏围起来的斜道，几名陌生的狱警走出来迎接。狱警点到谁的名字，谁就从车里出来。不过，很多人要走过一扇扇车门和焊在车厢壁上的板凳，才能走到车的后门。警长拿着一份规章清单，向到来的犯人宣读注意事项，狱警们则仔细清点存放在大巴行李舱里的囚犯个人物品，然后决定他们能保留哪些。有些监狱可能会允许囚犯保留铅笔、钢笔、书籍、杂志、照片或收音机，有些监狱则不然，这取决于目的地监狱的规章制度和警卫的心情，而非囚犯之前待过的那个监狱的规定。其他物品要么被没收，要么被扔掉。狱警把格莱姆斯带去护士那里。

护士问他：“你目前是否因健康问题而接受治疗？”

“除了偏头痛以外，我没有接受过任何治疗。”格莱姆斯说。

“你是否在服用什么药物？”

“没有。”

“你是否想自残？”

“我没想过。”格莱姆斯说。

他们把格莱姆斯带到更衣室，给他发了替换用的白色和棕色的囚服。几天后，监狱给格莱姆斯指派了一位新的管教，他向格莱姆斯重申警长宣读过的规定。格莱姆斯告诉这位新的管教，他曾在中央监狱的厨房工作，如果哈内特惩教所（Harnett Correctional）有同样的职位空缺，他也愿意重操旧业。虽然格莱姆斯这样说，但实际上，他最想到洗衣房上班。

格莱姆斯听说哈内特惩教所关押着将近1 000名中等安全级别的囚犯，他们同住在开放式的牢房中，没有自己的洗衣设施。距离该惩教所最近的洗衣设施在中央监狱。如果想洗衣服，要么去桑普森监狱，要么去蔡斯监狱。这两个地方距离哈内特惩教所都有将近1小时的车程，也就是说，在洗衣房工作的囚犯每天都要进行当日往返的短途旅行。而且洗衣房的工作跟其他工作一样也是有报酬的。惩教所将洗衣服务外包给了惩教公司，该公司根据洗衣设施位置的不同，每天给洗衣工发放40美分、70美分或1美元的工资。对于在监狱里服刑的人来说，这可是一大笔钱。

惩教公司在不同地方经营不同的业务：在约翰斯顿县，它管理着一家大型油漆厂，囚犯们在工厂里把一桶桶白色和黄色油漆混合起来，再由惩教公司把油漆卖给州政府，用来给道路做标记。在纳什县，惩教公司经营着一家印刷厂，囚犯们在那里为车管所、公立学校和邮局印制表格。在其他监狱，它还经营着缝纫厂、罐头厂或交通标志厂。该公司在哈内特惩教所有肥皂厂和肉类加工厂，但这两家工厂都不需要出差。格莱姆斯想到洗衣房工作。

在等待分配工作的同时，格莱姆斯还要等待德·托雷斯告知他上诉的结果。在这过程中，他又写了几封信。他在图书馆写了一份《适度救济申请》（*Motion for Appropriate Relief*），要求重审案件或驳回针对他的所有指控，但他依然没有收到回复。随后，他又写信给北卡罗来纳州的囚犯法律服务事务所（North Carolina Prisoner Legal Services）请求帮助。不到两周的时间，德·托雷斯收到了该事务所一位律师的回信。这位律师名叫菲利普·格里芬（Phillip Griffin），他看了关于格莱姆斯的调查问卷，对他的案子很感兴趣，但是在格莱姆斯的上诉被驳回前，他不想采取任何行动。他要求格莱姆斯请德·托雷斯给他寄一份审判记录和上诉状，格莱姆斯把他的要求告知了德·托雷斯，又过了6周，德·托雷斯才回复说，他还在等上诉法院的决定。

德·托雷斯并没有等太久。12月初，上诉状被驳回。上诉法院认为，在该案的庭审过程中，德·托雷斯已经对卡丽·埃利奥特的身份提出了各种反对意见，而法官当场做出了裁决；德·托雷斯曾提出驳回判决，法官也对此做出了裁决。上诉法院并不打算推翻这两项裁决。该案裁决结果认定：格莱姆斯已经被判有罪，而在被证明无罪之前，他不再是无辜之人。现在，举证责任颠倒过来了，上诉法院认定："证据更有利于州法院，问题的矛盾点和分歧由陪审团解决，且不得驳回。"其结论是："原判决无误。"

此时距离格莱姆斯被定罪已经过去了将近一年半的时间。

由于法院只将裁决书转交给了德·托雷斯，所以他写信给关押在哈内特惩教所的格莱姆斯，告知其结果：

尊敬的格莱姆斯先生：

我想告诉您，现在是时候重新联系北卡罗来纳州囚犯法律服务事务所的格里芬先生了，他可以提供定罪后的任何法律援助服务。如果他需要任何庭审记录或上诉状副本的话，请随时告知，或者让他联系我。如有要求，我很乐意把资料寄给他。

州法院指定我担任您的代理律师，而除了初步上诉权之外，法院没有赋予我其他权利，因此，我的代理律师资格至此结束。我衷心希望结果得以扭转，因我仍然相信您是无辜的。

祝您将来好运。

埃德·德·托雷斯

执业律师

1989 年 12 月 12 日

# 洗冤委员会成立

## 冤狱是全国性的问题

2001 年 11 月底的某天，天高气爽。这天正值周五，11 点过几分，人们把车停在克莉丝·穆马家门口。几天来，克莉丝家里来了不少陌生人，这让她感到有点难为情，但她不得不承认，人们来这里总比去其他地方更好些。她和贝弗利·雷克都想找个中立场地开会，因为他们无法要求检察官们到自由氛围浓厚的大学校园，也无法要求辩护律师去警局。

雷克想把开会地点定在一所私人住宅，但谁家能容纳下 15 个人呢？克莉丝有点不情愿地说，她家可以。米奇在风投行业取得突破后，她们就搬到了这里——她还坚称房子是米奇选的，而不是她。以前，他们一家五口住在一间简陋的金字塔形的房子里，而现在，他们拥有了一幢面积九百多平方米的乔治亚复兴风格的豪宅。房子的窗户全是木炭百叶窗，一条蜿蜒曲折的小路通往装有铁栏杆的前门；站在带廊柱的阳台上，可以眺望远处的高尔夫球场；在客房和广阔的园林草坪之间，有一条石子砌成的车道，足够他们请来的客人停车了。

克莉丝知道，除了昭雪中心的罗森、纽曼、科尔曼、韦策尔及雷克的一两名同事之外，没有人知道她是谁。他们之所以来这里，并不是因为他们认出了雷克邀请函上的地址，而是因为北卡罗来纳州最高法院的首席大法官邀请了他们。克莉丝担心自己给别人留下不好的印象，以为她和雷克在搞婚外情——以前她就被别人怀疑过有外遇，但那也是无中生有的事情，当时她还担任着北方电信公司的高管，青春靓丽，留着一头金发。她不止一次考虑过把头发剪短或者戴眼镜，不让自己显得那么花枝招展。最终她还是决定不这样做，因为她已经年近40，这个年纪足以受到上司重用了。

克莉丝知道，要想证明别人对你的看法是错的，最好的办法就是做好自己的工作，让别人无从质疑。在接下来的30分钟里，如果那几个警长和地方检察官误认为她是一个童年生活优渥，嫁人后不安分的“花瓶”主妇，并且以为前来赴这场午宴的都是业余人士，那他们就大错特错了。他们很快会见识到她的本事，要知道，这次会议就是她想出来的主意。

说服雷克并不难。克莉丝把他们在韦瑟湾餐厅想到的主意告诉了雷克。她知道，雷克认同他们正在做的事情。在担任书记员的时候，克莉丝和雷克看到过同样的案件，这些案件令她感到不安，她猜测雷克也同样如此。至于雷克和他的最高法院有多大的权力，两人持不同意见。

“我知道这些案件对你很重要。”克莉丝最终还是对雷克说，“我们应该做得更好，我知道这一点你也同意。”每桩冤案都会把一名真正的罪犯送回街头，也就是说，司法改革有助于抓到更多真正的罪犯，从而更加严厉地打击犯罪，而不是对犯罪行为更加宽容。除此之外，每当看到那些含冤服刑一段时间才获平反的人，克莉丝就仿佛听到了召唤，催促她立刻行动起来。克莉丝开始随身携带记事本，上面写着一些她认为是蒙冤入狱的囚犯的名字。要想帮助他们，光靠昭雪中心的力量是不够的，还需要像雷克这样的人参与进来，让交易的撮合者坐到谈判桌前。

雷克不想再回避这个问题，他认为冤狱问题是显而易见的。每当蒙冤者沉冤昭雪，公众对最高法院的信任便减少几分，而信任恰恰是法院得以正常运作的基石。几年前，克莉丝在担任法庭书记员时就怀疑某些案件有漏洞，为此她也找过雷克，但雷克没有做出任何表示。这并不是因为雷克对冤狱问题漠不关心，而是因为他是首席大法官，没有制定政策的权力，他的职责只是监督各地的法院。现在，雷克想到了一种方法，可以在不越权的情况下解决这个问题，即不直接下令改判案件，而是培养案件改判的条件。

在克莉丝的敦促下，雷克给 15 位同事写了信，其中包括两名法官、两名地区检察官、总检察长，以及北卡罗来纳州最大的警察局夏洛特 - 梅克伦堡警局的副局长。雷克在信中对他们说，近期无罪赦免的案件有所增多，他感到“越来越担心”，这些案件迫使他开始思考对策，以“尽量减少将来无辜者被定罪的可能性”。他还随信附上了一份大会受邀者名单。“这是一个由我们司法系统代表参加的论坛，”他解释道，“与会者包括警察、检察官、辩护律师和法官。”

现在，克莉丝领着参会者走进客厅。客厅里放置着硬木家具，地面铺设了大理石，屋顶挂着青铜吊灯。上个星期，她刚刚买了绣花沙发放在客厅里，并租来一张折叠式会议桌。米奇还在上班，三个孩子都在学校，她把家里养的伯尔尼山地长毛狗“宙斯”留在了院子里。她想，如果向客人提供饮食，他们逗留的时间也许会长一点，只要他们愿意留下来，彼此的交流就会增多。于是，她花了 400 多美元请来一名私人厨师做菜。走进客厅后，克莉丝环视四周，看到了她的新朋友特蕾莎·纽曼和吉姆·科尔曼。看见他们在场，她深深地吸了一口气，心想：“我总算把这些人都请来了，至于接下来要发生什么事情，就听天由命吧。”

参会者在会议桌旁就座。雷克首先感谢他们来参加论坛，会议开始前，他想先重申一些他之前说过的话：北卡罗来纳州的刑事司法体系在全美国无出其右，他本人非常确信这一点。然而，冤狱是一个全国性的问题，他认为这个问题涉及所有人，无论是共和党人还是民主党人，是原告还是被告，是死刑的支持者还是反对者，是警察还是学者，都应该关注这个问题。雷克认为，所有利益相关方都应该追求同样的目标，即在减少冤狱的同时不减少合法定罪案件的数量，甚至还要增加后者的数量。这个问题同他本人密切相关，因为他负责监督整个北卡罗来纳州的各级法院，深知一旦民众对法院失去信任，民主便无从谈起。

雷克指出，冤狱发生后再赦免囚犯，通常会导致两种相互矛盾的怪诞结果。一方面，被赦免者得以伸张正义；另一方面，它也暴露出最初的审判结果有误，从而损害了司法体系的权威性。尽管这种做法使司法系统变得更加公正，但民众对它的信心已经下降。蒙冤者入狱的时间越长，民众的信心受损程度就越严重，其反作用力就越大。

雷克发现，北卡罗来纳州已经多次出现这种现象，比如坐了10年牢，在7年前被无罪释放的罗纳德·科顿、莱斯利·吉恩（Lesly Jean）、特伦斯·加德纳（Terence Gardner）和查尔斯·芒西（Charles Munsey）等。严格来讲，芒西并未被赦免，但针对他的判决，建立在他对中央监狱的一位狱友的忏悔的基础上——后来的庭审记录表明，这个所谓的狱友从来没有被关在中央监狱。在等待检察官判决结果的过程中，芒西与世长辞。

在过去10年里，美国各地有500多名无辜者被赦免。20世纪90年代初，每年大约有30人被赦免；而在1997年，被赦免者多达50人。过去这一年，也就是2001年，几乎有90名囚犯被免除罪责。

“大家知道，”雷克最后说，“我是一个注重法治的人。我想，这方面我早已声名在外。但我们要尽全力消除冤案，以获得公众的信任。”他举手向参会者示意，“诸位之所以来到这里，是因为诸位都是司法系统各个部门中最受人尊敬的代表。我想知道诸位是否有兴趣参与到类似的行动中。我们要对冤狱问题进行如实的评估和研究，群策群力寻找解决方案并探讨如何改革。现在，我们还不能要求其他人承诺采取任何行动，但我想知道，我们是否可以就冤狱问题进行探讨。”

说到这里，雷克停顿了一下，看谁想发言。没人愿意主动发言，于是他朝罗森点头示意说：“现在请罗森讲几句话。”

“谢谢您，首席大法官先生。”罗森身体前倾，开始发言，“我想我有大约20分钟的时间来谈谈冤狱的问题，以及我们采取了哪些措施。”他稍微笑了笑，继续说道：“这不是一件容易的事情。如今摆在我们面前的主要有两个问题。第一个问题是，我们是否相信现有司法系统存在冤狱问题？第二个问题是，如果我们认为这样的问题确实存在，那么我们是否能够或应该采取一些措施来解决该问题？

“我想，如果在座所有人在15年前被问到这两个问题，肯定会说冤狱不是一个严重的问题。换成我，我也会这么说。当然，严格来讲，冤狱有可能会发生，尤其是在大城市里，因为那里腐败的现象比较常见。但我认为，过去我们所有人都对自己所做的工作感到相当满意，而如今，不仅我们，全国各地都对司法工作提出了更高的要求。现在我们知道，在一些难以定案的案件中，DNA技术可以用来检测是否存在冤狱。据我们所知，到目前为止，全国范围内蒙冤入狱者的数量至少有116人。”

说完，罗森停顿了一会儿，并观察同事们的反应。“这是一种全国性的现象。”他重复道，“北卡罗来纳州也不能幸免。本州最著名的冤案大概就是罗纳德·科顿案。我想，你们对该案的来龙去脉有所了解，这件案子让在座很多人都颇有感触。”他指着桌旁的三个人说：“罗布·约翰逊（Rob Johnson）当时是阿拉曼斯县（Alamance County）的助理检察官；麦克·高尔丁（Mike Gauldin）是负责调查此案件的警探；泰伊·亨特（Tye Hunter）是罗纳德的代理律师，最初几次上诉就是由他完成的。”

罗森继续说，他从科顿案中学到几点经验教训，其中之一便是：一个无辜的人即使没有做错任何事，他也有可能被错误定罪。高尔丁和约翰逊都是专业人士，拥有出色的工作能力，行为正直。受害人詹妮弗·汤普森也是如此，但她就是认定科顿是强奸她的人。当然，科顿本人一直声称自己是无辜的，那又怎样？很多被告都说自己是无辜的。

“的确，由于在这件案子上做了不少工作，我获得了很多人的赞赏。”罗森承认，“但真正的功劳归于麦克和罗布，他们才是那个案子最特别的地方。我们都知道，没有人喜欢重审旧案，尤其是检察官和警方，但麦克完全愿意跟我们合作。我请求罗布在DNA检测方面展开合作，我永远不会忘记他的回复：‘北卡罗来纳州根本不想把一个无辜的人关进监狱。’”回想起来，这也是罗森对那桩案件印象最深刻的地方：每个人都发挥出比平时更大的作用。“这正是罗纳德现在重获自由的原因。我们和罗布一起检测了 DNA ；麦克和我们一起在伯灵顿警局待了一整个下午。我们检查了原有的证据，最终找到了一个装有试管的信封。”当结果出来时，没有人想要争论。他们直接开车去了监狱，因为真正罪犯的 DNA 也在其中，后来这名犯人交代了事实。

“如果麦克没有保存这起强奸案的取证套盒，如果我们没有做 DNA 检测，罗纳德现在可能还在坐牢，并且在牢里度过余生。我们必须承认，我们不知道还有多少跟罗纳德·科顿一样的人正蒙受冤屈，被关在北卡罗来纳州的监狱。他们的案子找不到证据，或者不知道证据是在哪里丢失的。据我们所知，罗纳德·科顿案并不是唯一一起存在的冤案。”

接着，罗森提到了他们如今面临的第二个问题：参会者是否能够或应该采取某些措施？他向纽曼和科尔曼示意：“几年前，鉴于罗纳德·科顿案的影响和全国的趋势，杜克大学和北卡罗来纳州立大学联合成立了一个冤狱昭雪组织，由法律和新闻专业的学生调查囚犯的无罪主张。”他解释说，这项工作由昭雪中心协调进行。昭雪中心是一个非营利性组织，其法律顾问正是这幢房子的女主人：克莉丝·穆马。

“这是一个缓慢、充满挫折感和相当费力的过程。学生们整理了数百封信件，且每位参与者都是自愿地做着这件事。我们对技术细节不感兴趣，甚至都没有看程序性的无罪主张。我们要找的是那些真正的无辜者提出无罪主张的案件，仅此而已。”昭雪中心认为，有些案件他们要亲力亲为，而有些案件则需要通过律师进行上诉，或者直接呈交给州长，请求宽大处理。

“不过实话实说，这个问题不是法律专业学生或少数志愿者能够解决的。如果我们真的想解决问题，那么刑事司法系统的每一个环节都要参与进来。无辜者被判有罪，这不仅仅是辩护律师需要解决的问题，也是刑事司法系统中所有利益相关方需要解决的问题。最近的民意调查表明，民众开始认为如我们将无辜的人定罪，那么整个司法系统将会受此影响。每当有无辜者蒙冤入狱，那些真正的罪犯就会继续逍遥法外。”

罗森澄清说，他不是在要求任何人放弃他们在法庭内外所做的一切。“我们需要警察追查罪犯和破案，需要检察官提出检控，也需要法官指导陪审团和复查案件。但我们认为，现在是时候考虑一下，我们是否可以共同对冤狱问题采取一些对策？如果出现冤狱，我们该如何纠正这些错误？不是‘如果’，我们知道，冤狱问题确实存在。”

讲完这番话，罗森脸上又露出了笑容，是时候结束演讲了。他感谢雷克组织了这场会议，并感谢与会的其他人。“我希望诸位能参加此次讨论，讨论将继续进行。我来这里不是提出标准解决方案的，我们只是希望诸位研究冤狱问题，并思考能否做出改良。”

## 第一份议题清单

罗森一边发言，一边在会议桌旁寻找线索，比如观察参会者的肢体语言，尤其是那些检察官或警察，这些肢体语言有可能暗示他们的想法。虽然他以前也提出过这个观点，但他从未在政治立场相差如此之大或者全员从事法律工作的听众面前阐述过。罗森深知，会议室里的每个人都从自己的职业生涯中汲取了不少经验教训，也有其自身的偏见；对于法律的作用或法律应该发挥哪些作用，他们各持己见。他能感觉到，若想离间他们，那是相当危险的。他的意思是，他要打破传统的角色，而且愿意以身作则。他提出了完全公开展示证据的理念，即被告和检察官分享各自在备审过程中发现的所有证据。这种做法的潜在好处显而易见，但问题是，提出反对意见的人也很多。

罗森知道，辩护律师总想保持竞争优势，所以公开展示证据的做法是存在风险的。然而，为了得到更准确的结果，风险就不是应该考虑的问题。因此，他自己可以对公开显示证据持开放态度。罗森不知道他能否说服其他人也这样想，他在等待他们的反应。

罗森讲完后，唐·斯蒂芬斯（Don Stephens）开始发表自己的看法。作为会议室里为数不多的共和党人之一，斯蒂芬斯已经做了20多年的高级法院法官，此前，他是专门处理死刑案件的总检察长办公室的负责人，该部门也被罗森称为“杀人小队”。在罗森遇到的第一桩死刑案件中，他和斯蒂芬斯因立场不同而发生了冲突。“如果我们要做这件事，就不能引起争议。”斯蒂芬斯说。

这番话让罗森为之一振。

“我是一名法官。”斯蒂芬斯继续说，“我们经常会看到一些上诉案件，数不胜数。”他还说，定罪后的大量上诉申请对所有人来说都是一个难题。被定罪的重刑犯抱着“死马当活马医”的心态，可能会将任何上诉机会都尝试一番，而且很多重刑犯就是这样做的。结果，高等法院收到无数的上诉书，写这些上诉书的囚犯都声称自己无罪。

事实上，很多案件没有任何上诉价值，根本不存在翻案的可能性，而法官们却要耗费大量时间精力去处理这些上诉案件，地方检察官的工作量尤其大。“我不可能仔细去看每一份上诉书，以确定哪些案件有价值，哪些没有价值。”斯蒂芬斯转头对罗森说，“如果说，有些上诉案件确实事关重大，那么我需要帮助。我们需要在某种非对抗的环境下审理案情。如果案情较为严重，我们就不能利用司法程序和法律原则来隐瞒真相。”

罗森看着会议室另一头的亨特。亨特是罗森的朋友，曾负责罗纳德·科顿案的上诉工作，现在是北卡罗来纳州贫困人群辩护律师办公室的负责人。亨特睁大了双眼，罗森看着科尔曼，科尔曼也盯着他看，一脸惊讶的表情。这简直就是一番超越党派立场和法律的真话。罗森自己也倍感震惊，斯蒂芬斯的话，跟他自己在韦瑟湾餐厅对昭雪中心的同事说过的话相差无几。

特蕾莎·纽曼觉得自己的期望值突然上升了。她头一回听到像斯蒂芬斯这样的法官做类似的发言。她知道，从某种程度上说，法官和检察官比她要弱势得多，因为像她这样的教授无须参与选举，而被选举出来的人容易受到误解和党派攻伐的影响，所以她从未指望那些在诸多问题上持对立观点的人士也觉得司法体系没有发挥作用。现在，在这场闭门会议中，那些人终于表明了自己的观点。雷克和斯蒂芬斯都允许他们这样做。

DNA 检测技术重塑了公众对执法部门调查工作的看法，事实证明，执法部门并不喜欢这项技术。按道理讲，新技术应该使公众更认可执法部门的工作，因为它提供了一种全新且可靠的证据形式。然而，事实恰恰相反。由于 DNA 检测技术只应用于一部分案例，所以剩下的案件突然间就变成了众矢之的。一旦公众知道 DNA 是什么，就会对不采用 DNA 技术的案件产生不信任感。

更糟糕的是，事实有可能证明这种不信任感是正确的。在罗森提到的几起赦免案中，有些被赦免的囚犯已经认罪，因为检控方此前告知他们认罪有助于减轻刑期。现在，即使嫌犯已经认罪，或者案件有目击证人提供证词，嫌犯仍可能是无辜的。昨天还铁证如山，今天就会土崩瓦解。

和执法人员一样，检察官们敏锐地感受到了这一转变，一部分原因是他们也要用同样的证据审案，另一部分原因则是他们的工作也是为了找到愿意断案的陪审员。DNA 检测技术削弱的证据越多，陪审员们就越会觉得不安。DNA 技术有可能产生与人们预期相反的结果，即定罪数量不仅没有增加，反而会减少。除此之外，审判过程中发生的某些事情显然是不公平的。正如罗森所说，即使某个人没有做错事，也有可能被判有罪。控辩双方的资源可能是不对等的，某位律师可能知道一些事情，但他想方设法不让对手知道，因为他所从事的职业要求他必须赢得官司；又或者某位律师根本不够资格，甚至连他的对手也会意识到这一点。

雷克指出，另一个问题仍然存在。在过去的十年里，绝大多数赦免不是由法院主动改判的，而是迫于媒体的压力。例如，芒西和加纳的案子在当地报纸报道后才获得澄清。在媒体的敦促之下，法院才做了自我纠正。雷克知道，法院应该在新闻界施加压力之前就尽快这样做。如果公众对本国的法律体系缺乏信任是一件再糟糕不过的事情，那么公众认为这是理所当然的则更是雪上加霜了。

参会者在冤狱问题上达成了一致，这一点让克莉丝始料未及。她原以为需要游说参会者，让他们相信定罪后的审查流程没有起到作用。现在她意识到，他们早就知道该流程不管用。对很多参加此次会议的人来说，这种现象已成为他们日常生活的一部分。很快，每个人都开始发言，克莉丝必须加快打字速度，以便把会议内容记录下来。中午刚过，她便写下了一份议题清单，上面的议题都是参会者建议进行讨论的，包括：

减少 DNA 检测障碍 / 积压未办案件。

诬告 / 虚假供词。

辩护律师的能力。

修改目击者指认流程。

禁止告密者作证，或者至少需要确凿的证据。

取消或暂停采用“垃圾科学”，包括微观毛发比较、笔迹分析、纤维鉴定技术等。

避免视野过于狭隘。犯罪嫌疑人被定罪，要持续进行调查，实施无罪审查的非对抗性流程。

将近三小时后，谈话暂停，雷克宣布了一项提议。他想成立一个由在座所有人组成的特别委员会，每隔一两个月举行一次会议，以继续探讨今天开启的话题。他询问其他人愿不愿意加入这个委员会。

与会的 15 人都同意加入，他们很赞同这个想法。这个特别的论坛专门探讨一个异常重要的问题：把有罪者和无辜者区分开来，且该问题要比绝大多数人想象中的复杂许多。有人建议，应该给它起名为“洗冤委员会”（Actual Innocence Commission）。

他们商定在 2 月份再次碰面。

# 渐渐失去耐心

## 第 N 次申诉

上诉法院拒绝了格莱姆斯的请求。他可以选择的申诉方式越来越少，只好第三次向州最高法院提出申诉，希望法院能重新考虑他的案件。随后，格莱姆斯又写信给菲利普·格里芬，告知其上诉结果："当然，我预料到了这个结果，但我依旧认为自己遭受了不公正的审判。"

格里芬能再给他一次公正的审判吗？

三周后，格里芬的回复使他感到困惑。"我们办公室无法处理犯人的直接上诉。"格里芬在回信中写道，"所以我不能从德·托雷斯先生那里接手您的案子。请直接与您的上诉律师联系。"从逻辑上讲，这番话没有任何问题，可格莱姆斯却不明白格里芬是什么意思，因为后者已经表示过对他的案子很感兴趣，并且要求格莱姆斯让他知道上诉结果。

德·托雷斯既是他的上诉律师，也是他的庭审律师，可是德·托雷斯再也帮不上忙了，所以格莱姆斯不明白格里芬所说的"其他律师"指的是谁。如果格里芬不帮他，那还有谁可以指望呢？他又给格里芬写了一封信，并附上了德·托雷斯最后一封信件的副本："我再次恳请你接手我的案子。如您所见……他觉得我确实没有犯下被控的罪行，但我也不知道什么原因，他无法把我的案子推向司法系统的更高层面。"

收到格莱姆斯的第二封信后，格里芬转而写信给德·托雷斯，要求他提供格莱姆斯案的庭审记录和上诉书。“我不确定我们能否帮到他，但我很乐意重新审阅这些记录。”不到一周，德·托雷斯就回信了，并附上了所有的庭审记录、上诉书和他的意见书。

“希望我们能为这案子做点什么，因为我强烈感觉到这是一桩正义受到愚弄、无辜者蒙受冤屈的案件。”德·托雷斯向格里芬吐露心声，“万一您无法给格莱姆斯先生提供任何帮助，请务必将这些材料交给格莱姆斯先生，以备将来之需，本人将不胜感激。若需我提供任何协助，请随时联系我。”

然而他们都没有向格莱姆斯提及此事，格莱姆斯根本没有意识到格里芬和德·托雷斯已经交流过，所以他仍不知道这两位律师是否能帮助他。相反，他感到困惑和愤怒，整日失眠。他一个月犯好几次偏头痛，痛到无法自拔。他可能感冒了，一直没有痊愈。在此之前，护士们都是给他吃非处方的感冒药，但那年冬天，她们不再提供感冒药了。

“备注：该囚犯服用了太多感冒药。”格莱姆斯的病历本上写着，“建议停止所有药物，只提供止咳含片。”药物治疗似乎并没有发挥作用，于是他们建议他多喝水。不久，他觉得非常难受，便填了一份申请表，要求接受心理咨询。在“你为什么想看心理医生（具体原因）？”的问题项下，他说自己情绪低落、恶心、紧张、心烦意乱和失眠。然后他填写了一张调查问卷：

| 问题 | 是 | 否 |
|---|---|---|
| 1. 周围没人的时候，你是否听到脑子里有人说话？ | √ | |
| 2. 你的想象力很活跃吗？ | √ | |
| 3. 你心神恍惚吗？ | √ | |
| 4. 你很难集中注意力吗？ | √ | |
| 5. 你有时会感到困惑吗？ | √ | |

续表

| 问题 | 是 | 否 |
|---|---|---|
| 6. 你胡思乱想过吗？ | √ | |
| 7. 有人谈论过你吗？ | √ | |
| 8. 你是否感觉其他人都在针对你？ | √ | |
| 9. 有人在监视你吗？ | √ | |
| 10. 你是否感觉焦虑或紧张？ | √ | |
| 11. 你是否会失声痛哭一阵子？ | √ | |
| 12. 你是否会无缘无故感到兴奋或亢奋？ | √ | |
| 13. 你有没有想过伤害自己？ | | √ |
| 14. 你有什么特别能力吗？ | √ | |
| 15. 100 减 7 等于 92；93 减 7 等于 88 | √ | |

16. 苹果和橘子有何相似之处？两者都是圆的。

17. 收音机和报纸有何相似之处？报道新闻。

18. 今天几号？ 1990 年 1 月 28 日。

19. 你是哪一年出生的？ 1944 年。

20. 现任总统是谁？拉甘（Ragaun）。[1]

21. 现任副总统是谁？布什。

①此处格莱姆斯写了错别字，应为里根。

22. 你能说出北卡罗来纳州州长的名字吗？说不出来。

23. 北卡罗来纳州首府在哪里？夏洛特市。

24. 从这里到加州有多远？ 2000 英里[①]。

25. 假设你走在街上，看到人行道上有一个信封，信封上写着地址并贴着邮票，它是从别人口袋里掉出来的，你打算怎么办？打开看看里面有没有钱，然后把它扔掉。

26. 假设你坐在电影院的最后一排，看到有一处地方起火了，而其他人都没有发现险情，你会怎么做？离开电影院。

27. 请描述以下内容：

| | 不佳 | 一般 | 良好 |
|---|---|---|---|
| 食欲 | √ | ____ | ____ |
| 睡眠质量 | √ | ____ | ____ |
| 精力 | √ | ____ | ____ |
| 性欲 | ____ | ____ | √ |

威利·格莱姆斯

囚犯签名

不久，格莱姆斯去见了一位名叫巴克·托马斯（Buck Thomas）的心理医生。“格莱姆斯先生认为自己是无罪的。”托马斯在他的笔记中写道，“他认为自己是无辜的却还是被监禁了，这给他造成了相当大的痛苦。”然而，他没有找到任何依据表明格莱姆斯会对自己或其他人构成风险，于是得出一个结论：格莱姆斯只是在“适应他漫长的刑期”。托马斯诊断出格莱姆斯

① 1 英里约为 1.6 公里。

患上了“伴随混合情绪特征的适应障碍症”，并主动提出给格莱姆斯进行持续的心理咨询服务，但格莱姆斯拒绝了。然后，他把格莱姆斯介绍给一位精神科医生，该医生发现格莱姆斯“彬彬有礼且态度友好”“没有表现出明显的精神病迹象”，不过他也认为格莱姆斯“似乎有点沮丧”。他给格莱姆斯开了一种名叫“多虑平”（Sinequan）的抗抑郁药，让他睡前服用。

不久以后，格莱姆斯发现多虑平确实有用。它缓解了某种抑郁情绪，他不再表露出强烈的痛苦。以前，痛苦像火焰般活生生地吞没了他，而现在只是小火慢炖而已。他还是凌晨一两点都睡不着觉，于是医生加大了药物剂量。然而他的感冒变得更严重了，经常时睡时醒。最后，护士们动了怜悯之心，给他开了更多的止咳糖浆，但这也不太管用。由于格莱姆斯已经病了两个多月，护士对他做了各种重病检查，包括支气管炎、肺结核和肺炎，检查结果均呈阴性。接着，护士们又给他做了胸部X线检查，看是否有结核病的迹象，这种病有可能是血液检测测不出来的，结果也呈阴性。

## 重操旧业

9个孩子的母亲莫泽拉从小就患有风湿热病，这种病给她的心脏留下了后遗症，她一直没有完全恢复过来，后来还患了慢性支气管炎。这两种病丝毫没有好转。莫泽拉之前住在佐治亚州的贾斯珀斯县（Jaspers County），后来举家搬到郎代尔。第一任丈夫离去后，除了当佃农以外，她还在一个白人家庭当女佣。她尽量在孩子面前掩盖家庭的贫穷状况，每当孩子想买鞋，莫泽拉告诉他们家里并不是穷，只是暂时没钱而已，言外之意就是要节衣缩食。她的女儿们只有两条吊带裙，儿子们也只有几件替换的衣服，这便是哥哥们嘲笑格莱姆斯喜欢拱土的原因。

一整天漫长的劳作后，莫泽拉常在田野里找一只鸡或一颗土豆，弄来当晚餐。她还要给白人家庭打扫卫生、折被子、擦拭灰尘，由于活太多，她在家的时间很少，照顾格莱姆斯的担子就落在格拉迪丝肩上。格拉迪丝只比格莱姆斯大 5 岁，当时已经在读书了，她非常聪明，很早就意识到自己的未来不能靠种植棉花。她无法忍受农活的辛劳，觉得做佃农是无法出人头地的。格拉迪丝同母异父的姐姐罗伯塔（Roberta）住在匹兹堡，据说那里学校的教学质量更好，莫泽拉便安排格拉迪丝去匹兹堡读书。

格拉迪丝去匹兹堡读书时，格莱姆斯已经 9 岁了，他经常用潦草的笔迹给格拉迪丝写信，并在信封里放一些小礼物，比如一枚塑料戒指或者用 1 美元纸币折成的钱包。有次回家探望母亲时，格拉迪丝注意到公共饮水处白人和黑人是分开取水的，而她小时候对此毫无印象。

她向母亲提起这件事，莫泽拉点点头，神情悲伤地说："我从没说过这件事，因为我不想让你从小留下阴影，但黑人和白人之间确实存在种族隔离问题。"突然，格拉迪丝想起了一个从她孩提时代起就挥之不去的谜团：每当莫泽拉生病打电话叫医生时，医生总是姗姗来迟。不管电话打得多早，她似乎总是被安排在最后一个看病。格拉迪丝以前不明白原因，现在总算知道了。医生的其他病人都是白人，他要先去他们家看病。莫泽拉从未提及此事，所以格拉迪丝也从来没有问过。

高中毕业后，格拉迪丝考入纽约市立大学亨特学院（Hunter College），成为家族中第一个，也是唯一一个考上大学的人。为了支付学费，她在一家干洗店找了份工作，一周挣 35 美元。这点钱根本不够用，于是她又在一家银行里兼职。毕业后，她进入公共卫生服务部（Public Health Service）当护士。在接下来的几年里，她又被派驻到新英格兰各地工作。格拉迪丝经常对朋友们开玩笑，说她就像是"脱脂牛奶里的一只苍蝇"。后来，她被调往位于圣安东尼奥的布鲁克陆军医疗中心（Brooke Army Medical Center）。1987 年，当外甥女雪莉（Shirley）打电话告诉她说格莱姆斯惹上官司时，她依旧住在圣安东尼奥市。

从道格拉斯高中毕业后，格莱姆斯在希科里镇的一家工厂找了份工作，负责制作钢坯和橡胶模，同时还在一家纺织厂找了份兼职。后来，他应征入伍，大多数时候驻扎在费耶特维尔市的布拉格堡（Fort Bragg），平时也会被调往北卡罗来纳州的其他地方。两年后，部队将格莱姆斯调去越南战场。他还没出发，就传来了弟弟博比·刘易斯的死讯。

博比·刘易斯究竟是怎么死的，格莱姆斯不清楚具体细节。1966 年，刘易斯高中毕业后就自愿加入了美国空军，入伍时间比格莱姆斯晚两年。刘易斯驻扎在美军驻泰国的一个空军基地，当时正值休整期间，所以格莱姆斯知道他不是在战斗中阵亡的。但军方没有提供任何细节，只是在文件中称其“溺水身亡”。格莱姆斯回家参加弟弟的葬礼，口袋里揣着被征调去越南的命令。回到郎代尔后，格莱姆斯得知莫泽拉在某张表格上把他列为唯一一个未婚的儿子，既然博比·刘易斯已经去世，根据美国军方规定，格莱姆斯要留在国内照顾母亲。只要他愿意留在预备队，军方便同意让他退伍，而不是把他送往国外战场。

格莱姆斯又回到纺织厂和工厂上班。他的日常工作是操作一台液压机，给床栏杆打孔。某天下午，格莱姆斯在上班时走神，手指被机器夹住了。他感到钻心的疼痛，再看手掌时，发现中指和食指的指关节已经不见。

在希科里镇待了两年后，格莱姆斯去了匹兹堡，因为他听说那里有钢铁工人组成的工会，工作机会也多。他同母异父的姐姐罗伯塔也住在那里，晚上他就睡在姐姐家的沙发上。工会要求他出示一些文件，包括出生证、高中文凭和军队退役证明，以证明他是从军队光荣退役的。第二个和第三个文件都没有问题，但在他的出生证上，他发现自己的名字写错了，被写成了威利·詹姆斯·文森（Willie James Vinson），而他的高中文凭和退役证明上写的都是“威利·詹姆斯·格莱姆斯”。工会不接受前后矛盾的证明，拒绝给格莱姆斯推荐工作。

原来，在格莱姆斯出生前一个月，他的父亲埃德加·布鲁克斯就去世了。曾经克利夫·格莱姆斯从屋顶掉下来摔死了，莫泽拉痛不欲生；第三任丈夫埃德加·布鲁克斯死于另一场飞来横祸，更让她悲痛欲绝。她原以为自己会在悲伤中结束生命，如果真是这样的话，那格莱姆斯就会成为父母双亡、没有姓氏的孤儿。其实，格莱姆斯应该跟自己的亲生父亲姓布鲁克斯，但是布鲁克斯已在车祸中丧生；莫泽拉也不能让他成为格莱姆斯家的孩子，因为克利夫也死了。因此，在格莱姆斯的出生证上，莫泽拉填上了她第一任丈夫萨缪尔·文森的姓氏。萨缪尔10年前跟她离了婚，如果她真的死了，她并不指望萨缪尔会突然现身来照顾襁褓中的格莱姆斯。但是她的前五个孩子，也就是格莱姆斯同母异父的兄姐都姓文森，其中四个年纪大一点的都结婚了；如果她去世了，任何一个哥哥或姐姐都可以把格莱姆斯当成自己的孩子来抚养，这样他就不会成为孤儿。

但莫泽拉活下来了，也从未有人把出生证的事情告诉过格莱姆斯。无论读书、工作还是入伍服役，格莱姆斯一直都对自己的姓氏有着误解。他知道自己不是布鲁克斯家的孩子，因为他对父亲一无所知，但他自认为应该像格拉迪丝和小克利夫那样姓格莱姆斯。而实际上，他一直都姓"文森"。

在匹兹堡逗留了6个月并被工会拒之门外后，格莱姆斯又回到希科里镇的另一家纺织厂上班。他的日常工作就是把一桶桶棉花装到拉丝机的尖销上，拉丝机会把棉花拉成纱线。有天上班时，他弯下腰去取回一卷纱线，却忘记了旁边有机器。拉丝机的尖销插入他的胸膛，此后胸口的伤疤将伴随他的一生。除了纺织厂的工作，他还兼职搬运家具。后来，他到离家最近的社保局，把自己的姓氏改成了格莱姆斯。

那时候，莫泽拉按季节往返于郎代尔和纽约，格莱姆斯高中一毕业她就开始这样做了。她跟着格拉迪丝在北方住半年，然后在冬季到来前离开北方，因为她的支气管炎会随着天气变冷而恶化。回到郎代尔后，她通常轮流跟每个儿子住一到两周。可现在，她想跟格莱姆斯常住在一起，并问格莱姆斯是否介意。格莱姆斯一点也不介意，不过他注意到母亲之所以提出常住要求，是因为她的身体每况愈下。况且，由于他一人身兼两职，经常不在家，母亲大部分时间都要孤身一人。只要她一直身体健康且能照顾自己，自给自足，她肯定是喜欢独处的。可是现在，格莱姆斯发现母亲不仅身体不好，而且还无法照顾自己。格莱姆斯当时正在与一位名叫陶安娜（Towana）的女生谈恋爱，他突然想到，如果他们结婚了，陶安娜就可以搬过来，帮忙照顾母亲。格莱姆斯求婚成功后，他们便步入了婚姻的殿堂。一年后，莫泽拉去世了。

之后发生了一件奇怪的事：格莱姆斯爱上了他的妻子。格莱姆斯一直都很喜欢陶安娜，但由于一心只想着照顾母亲，他从来没有把陶安娜放在心上。现在母亲去世了，他认为自己结婚的出发点是错误的，幸运的是，他娶到了对的人。但他的两份工作又成为新的问题——在莫泽拉去世后，陶安娜整日整夜独守空房，她开始和其他男人约会。格莱姆斯心灰意冷，但他也记得母亲生病时陶安娜为他做出了不少牺牲。他很不情愿地告诉陶安娜，她随时可以离开自己。需要钱的话，他也会给。陶安娜告诉格莱姆斯，这正是她想要的结果。随后，她离开格莱姆斯，去了华盛顿特区。

没过几周，格莱姆斯就后悔自己做了让陶安娜离开的决定。他辞去了纺织厂和家具店的工作，追到华盛顿去找陶安娜，两人又重修旧好。格莱姆斯在华盛顿做了将近 3 个月的临时工。后来，他有整整一周时间找不到工作，只能独自驾车回到郎代尔。刚回到郎代尔不久，他的车就被偷了，然后他又接到了从华盛顿打来的一通电话，说有份工作等着他。然而，没有了车，格莱姆斯无法再去北方，他也没钱买新车，与陶安娜的恋情就此无疾而终。格莱姆斯又回到希科里镇，重拾旧业。

## 每个人都在戏弄他

在哈内特惩教所坐牢期间，格莱姆斯在希科里镇认识的女朋友布兰达给他寄来一封信，信中说她要搬到一所新公寓，到了那里就会把新地址和电话号码告诉他。但几个星期过去了，格莱姆斯没听到布兰达的任何消息。他希望两人能保持信件往来。格莱姆斯知道自己被关在哈内特惩教所的高墙内，如果布兰达忘记把新住址告诉他，他就很难再找到她了。或者还有另外一种可能：布兰达已经将信寄出，但邮政部门把信弄丢了；

或者更令人恼火的是，哈尼特惩教所拒绝送信或疏忽了。他知道狱警们经常拦截囚犯的信件，检查信封里是否夹带毒品或色情书刊。有时候，即使信件不包含上述两种物品，也会无缘无故地丢失。

为了不胡思乱想，格莱姆斯又请求狱方派自己去做洗衣工。精神科医生又一次给他增加了抗抑郁药物多虑平的剂量。后来，感冒药吃完了，他第二天就申请到护士值班室看病。“格莱姆斯说想单独待一段时间。”一名护士在他的病历本中写道，“他觉得每个人都在戏弄他，导致他无法入睡。该囚犯暂时待在手术室里，稍后将转交给心理医生治疗。心理医生又把他带回到精神科医生那里，后者怀疑，格莱姆斯同时服用感冒药和多虑平，这导致他身体机能紊乱，并认为监狱应给格莱姆斯安排不同的住所，这样会有利于病情的好转。”精神科医生建议狱方让格莱姆斯在较为安静的房间里住几夜，远离开放式牢房。“这样他也许可以好好休息，从人群压力中解脱出来。”医生再次增加了格莱姆斯的多虑平剂量。

格里芬曾承诺会看格莱姆斯的案子并给他回信，两个月过去了，格莱姆斯没听到任何消息。到了春天，他又给格里芬写了一封信，问对方是否收到德·托雷斯寄去的卷宗。“我知道，您的事务所有很多案件要调查，但我请求您理解一下我的处境。”他请格里芬告诉他是否收到了文件。“我向上天祈祷，希望您能找到一些有价值的线索，可以帮我洗脱冤屈。”

格里芬回信说，他已经收到了格莱姆斯案件的卷宗，不过他还没有腾出时间去看。格里芬保证，等看过卷宗之后，就会马上联系格莱姆斯。

然而，又过去了两个月——此时距离上诉失败已经有一年半的时间，格莱姆斯依旧没有收到任何回音。他认识了另一名擅长法律的囚犯，此人同意代表格莱姆斯给菲利普·格里芬写信。他在信中写道：“应囚犯格莱姆斯之邀，我将竭尽所能，为其上诉助一臂之力。”他说自己看了三遍格莱姆斯的卷宗，“每看一遍，我都倍感惊讶。坐在这台打字机前，看着卷宗上的内容，我不敢说这桩案子的误判有多么严重，也不敢说这名囚犯是清白的，但我敢肯定，他并没有得到太公正的审判。作为一名囚犯，我每天都会看到这类案件，我不会轻言放弃。”这名囚犯坦言自己不是律师，不过他曾在教堂山法学院学习并获得硕士学位。“我绝非愚钝之人，这人不该坐牢。”他想代表格莱姆斯向北卡罗来纳州最高法院提起上诉，但在卷宗发现的法律问题当中，他不确定哪个问题最为严重。再者，他也不想让格里芬觉得自己是个冒失鬼，竟然对一名专业律师指手画脚。“格莱姆斯只是想让我想办法帮帮忙，我告诉他，我会尽力而为。”

格里芬认为，这样做毫无裨益。他在回信中称，请狱友提起上诉的做法“有百害而无一利”，有可能使格莱姆斯丧失两个上诉的机会。根据上诉流程，格莱姆斯既可以向州法院提出上诉，也可以向联邦法院提出上诉；前者需提交《适当救助申请》，后者则需提交《人身保护申请》。“如果一份上诉申请没有提出任何论点，上诉人会被剥夺未来上诉的权利。”

格里芬警告说：“因此，一份不专业的请愿书可能会毁掉一个好论点。”格里芬打算亲自去一趟牛顿，格莱姆斯曾在那里受审，他还打算跟德·托雷斯见个面。等办完这两件事后，他会让格莱姆斯知道采取什么样的行动才是最明智的。“在此期间，请不要请任何非专业律师代表您提交任何文件。在我调查这件案子的过程中，请您务必保持耐心。万分感谢。”

但格莱姆斯没有耐心。格里芬究竟什么时候才会去牛顿？他希望在那里发现哪些格莱姆斯的卷宗中没有提到的证据？距离格里芬收到格莱姆斯的档案已经过去了4个月，从那时起，格莱姆斯就没看到格里芬做过什么事情。在监狱里，格莱姆斯目睹了其他囚犯向州最高法院提出上诉，他不明白自己的案子为何迟迟不上诉。“希望您知道，我并非有意为难您，我只是想做正确的事情。我感觉时间在流逝，有些该做的事情却没做。”他坚持认为，“虽然我一直很有耐心和耐性，但从今天起的三个星期内，我希望能听到您的回音。”

在等待回信期间，格莱姆斯再次看了精神科医生，并要求医生给他开了多虑平，他服用的剂量又增加了。格莱姆斯给格里芬的三周期限悄无声息地过去了。两个月后，他依旧没有听到任何消息，于是又写信给上诉法院、总检察长和德·托雷斯，所有这些信件都是在寻求帮助。第二天，他又给菲利普·格里芬和一个叫马文·斯帕罗（Marvin Sparrow）的人写信。格莱姆斯是在囚犯法律服务事务所的信笺上看到斯帕罗的名字的，后者名字下的头衔是“执行理事”。他认为，这个头衔表明斯帕罗是格里芬的上司。

尊敬的先生们：

这封信是写给你们二位的，希望能收到回复。从格里芬先生接手我的案件以来，我一直未能在离开监狱方面取得任何进展，对此我深感苦恼。我觉得现在已经过了该给出答案的时候了。我不是有罪之人，你们必须做点事情，向法庭证明这一点。

斯帕罗先生，我知道您的事务所工作量极大，而且绝大多数案件已经积压了好几个月时间。但是，我跟很多囚犯交谈过，得知您的事务所让他们的案件取得了不少进展。我感觉自己的余生很有可能要在监狱里度过。这话听起来虽然很刺耳，但这就是我的看法。格里芬先生一直有足够的时间为我准备辩护，也有足够的时间把他所取得的进展告知我。

先生们，我想让你们了解我的处境。我因为一些没有做过的事情而被判终身监禁，目前已经坐了9年牢。虽然贵事务所接手了我的案子，但事情并未有所好转。我想看到你们采取行动并给我一些答案。北卡罗来纳州把我关进监狱花的时间比贵事务所处理上诉事宜花的时间要少得多。

我想知道你们取得了哪些进展。我以前也问过同样的问题，但没有得到答复。所以，现在我向北卡罗来纳州囚犯法律服务事务所执行理事正式发出请求。如果您有任何问题，请告知我，也许我能帮上忙，或者至少让我变得更有耐心一些。

敬上

威利·詹姆斯·格莱姆斯

## 洗冤委员会宣言

2002 年元旦过后，洗冤委员会在克莉丝的家里再次碰面。此时，委员会已经增加了几名新成员，其中就有“北卡罗来纳州受害者援助网络”的理事、“罪案防治与公共安全协会”的秘书、州长办公室的员工、维克县警局的警员，以及北卡罗来纳州调查局的探员。

他们一进会议室就跟检察官和警察坐在一起，没有人坐在辩护律师旁边。

真像中学舞会，雷克心想。他对大家说：“伙计们，这可不行，我们得混着坐。”他耐心地指挥着大家调整座位。

每一位委员都知道，自上次会面以来，他们面临的将是政治风险。他们本以为北卡罗来纳州会掀起司法改革的狂潮，但没想到，率先掀起改革的却是伊利诺伊州。

早在 25 年前，也就是 1977 年，伊利诺伊州恢复了死刑。从那时到现在，伊利诺伊州一共有 12 名囚犯被处决。同时，伊利诺伊州的死刑犯名单上还有 13 个人在等待处决。但后来出现的新证据证明了他们的清白，这 13 名死囚得以无罪释放。冤案比例如此之高，使该州州长深感不安——这位共和党人不仅赞成死刑，而且曾为恢复死刑投过一票。他的立场并没有改变——他仍然赞成死刑，但认为死刑只适用于有罪之人，而不是无辜者。他开始怀疑伊利诺伊州的法院能否分清有罪与无罪的区别。所以，在一个寒冷且刮着大风的日子里，他派遣一个调查组调查冤案，而大约就在这个时候，克莉丝·穆马把装满卷宗的箱子拖进她的新办公室——杜克大学的一个地下室。

在一份新闻稿中，伊利诺伊州的州长宣称：“本州的冤案记录是可耻的，我对此深表关切。”他还说，“除非确定伊利诺伊州每个被判死刑的囚犯都是真正有罪的，否则我不会完全停止调查。”

接下来发生的事情，是坐在克莉丝家客厅里的每一名委员都希望能够避免的大规模机制障碍。伊利诺伊州调查组花了两年时间才公布报告。这份将近300页的报告全是关于政策方面的建议，报告的序言以这样一句话结尾：“想要提升民众对审判的信心，就必须在各个层面加大公共资金的投入。”然而，10个月后，伊利诺伊州的立法机构无动于衷，没有进行任何改革。所以，在任期结束的48个小时前，即2003年1月中旬，该州长为伊利诺伊州的171名死囚减刑，把死刑改为无期徒刑，此事恰好发生在洗冤委员会召开第二次会议前的一个月。

为死刑犯减刑的消息顿时传遍全国。《纽约时报》称，这是美国史上最大规模的死囚赦免事件，伊利诺伊州州长本人也承认这种做法可能会“招致嘲笑、鄙视和愤怒”。他承认，回到家中，就连妻子都对他感到失望。但除此之外，他还有什么办法呢？他目睹了伊利诺伊州“体制改革的巨大失败”。他哀叹道：“州议会不进行改革，立法者不废除死刑，而我无法容忍这种现象。我们的调查只会发现越来越多的问题。”

很快，事实就证明了他的看法是正确的——他果然招致了嘲笑和愤怒。继任的州长称大规模减刑是“一个大错误”。当地一名消防员的弟弟因谋杀罪而被判死刑，后受益于减刑计划而被判无期徒刑。消防员希望州法院起诉这位即将离任的州长，以腐败罪把他投入监狱。“一个人怎能如此滥用权力？”他问记者，“这是对我们法律制度的嘲弄和讽刺。”

现在，在克莉丝的家里，委员们准备讨论去年11月总结过的话题。在此之前，高等法院的法官唐·斯蒂芬斯认为，他们首先要拟订一份宣言。斯蒂芬斯认为委员会应谨慎行事，因为他们人数众多，很难迅速达成共识，他不希望在没有共识的情况下继续讨论。克莉丝从一个文件夹中抽出5张纸——包括一份程序规则清单和一份使命声明，都是她亲手写就，字迹工整。她大声宣读写在纸上的内容：“北卡罗来纳州洗冤委员会的使命是为减少或消除冤狱提供建议。”

斯蒂芬斯和其他人对此没有异议，他后悔自己小看克莉丝了。“真不敢相信，你真的把使命宣言写出来了。”克莉丝客气地朝他笑了笑。“看到了吗？”她心想，“我可不是中看不中用的家庭主妇。”

会议室那头的罗森也露齿而笑。

委员们一致认为，目击者指认是眼下首先要解决的问题。原因如下：首先，目击者指认是一种预防性措施，而非追溯性措施，针对的是对未来的判决。也就是说，它不对已过去的判决进行追溯，所以不会对已结案的案件构成风险，而翻旧账正是此前让某些委员感到不安的因素。显然，目击者指认是个大问题，会议室的每个人都会在这件事上达成一致。也就是说，克莉丝和雷克可以利用这个问题作为试金石，看看委员会的影响力有多大。其次，北卡罗来纳州有 475 个不同的执法机构，每个机构的刑事诉讼程序都要依赖于地方检察官、法官和州议会。克莉丝和雷克知道，这些执法机构不一定会听从志愿性质的洗冤委员会的建议，他们也可以借助目击者指认找到答案。为了向委员表明该问题所涵盖的范围，克莉丝邀请住在教堂山的詹妮弗·汤普森（Jennifer Thompson）参加会议。詹妮弗是一个金发碧眼、充满活力、性格鲜明的女人，她的身姿犹如体操运动员一般小巧，浑身散发着魅力，从高中开始就是万人迷。詹妮弗对目击者指认问题有切身体会，因为她曾是科顿强奸案中的受害者，并在 18 年前错误指认了罗纳德·科顿。

北卡罗来纳州律师协会的总部位于卡里（Cary），那是一幢带廊柱的砖混结构建筑。随着规模不断壮大，洗冤委员会把驻地从克莉丝的家换到律师协会的总部。3 月底，詹妮弗向委员们讲述了她的亲身经历和感受。1984 年 7 月的那个晚上，在距离卡里不到 1 小时车程的埃隆市，她在凌晨 3 点醒来，发现一个陌生男人出现在她的卧室里，用戴着手套的手捂住了她的嘴。詹妮弗恳求对方：只要不伤害她，他可以把她的车、信用卡和钱包里的所有东西都拿走，而且她不会报警。那人说：“我不要你的钱。”

詹妮弗顿时意识到接下来会发生什么事情。她流着眼泪，向委员讲她被强奸的过程。

“想想看，”那天晚上，斜躺在床上的詹妮弗告诉自己，“想想看，詹妮弗，你打算怎样熬过去？”她想起自己看过的一篇文章。文章里说，当遭遇袭击，只要保持冷静，就很有可能保住性命。如果她能活下来，就要向警方描述强奸犯的特征，比如强奸犯有多高？年纪有多大？“我尽量记住他脸上的一些重要特征。”

詹妮弗向委员们回忆遇袭的细节。他说话带口音吗？是否有断齿？“如果能活下来，我就去报警。”她心想，“然后把你的体貌特征告诉警方，让他们来抓你。”最后，她谎称口渴走进厨房，从后门逃了出去。她跑到一位邻居的家里，邻居打电话报了警。不久后，警察问她有没有看清楚强奸犯的模样。詹妮弗说她看得一清二楚：身高大约 1.8 米，年纪在 21 岁或 22 岁左右，最多不超过 24 岁；非洲裔美国人，肤色较浅，头发短，胡子如铅笔芯般粗细；下身穿着深色裤子，脚踏帆布鞋，上身穿一件海军衬衫，袖子上有白色的条纹。

詹妮弗的记忆力给警察留下了深刻的印象，在接下来几天里，他们找来几名嫌疑人供詹妮弗指认。“我一定要找到他。”她回忆道，“我做到了，他就是 5 号嫌疑人罗纳德·科顿，肯定是他。”能够成为警方的可靠证人，詹妮弗感到非常自豪。她对科顿恨之入骨，一定要让他锒铛入狱。“我每时每刻都在想这件事。”她告诉委员们，“我希望警察把他抓住，亲眼看他受审并被定罪，如果北卡罗来纳州会判强奸犯死刑，我真希望他去死。”

科顿被判终身监禁。

三年后，也就是 1987 年，一家上诉法院同意重审科顿案，理由是原来的陪审团未被告知两个事实：其一，在詹妮弗被强奸的当晚，还有另外一个女人也被强奸了，袭击者可能是同一个人；其二，那个女人没有认出科顿。这两件事可能会影响陪审团的看法。如果另一个女人不能确定科顿就是强奸犯，詹妮弗怎么可能如此肯定呢？詹妮弗对此表示不满。

受袭过程中，科顿的脸在她的脸部上方 12 厘米的地方晃动，距离如此之近，她甚至都能从他的瞳孔里看到自己的身影。如果强奸犯不是他，她还能去哪里找到真正的罪犯呢？她知道自己看到了什么。科顿再次受审，詹妮弗也再次出庭作证。这次，科顿的律师称，在科顿被囚禁的 3 年时间里，另一名囚犯曾夸耀说他犯过强奸罪，结果科顿成了他的替罪羊。律师们把这名囚犯带到法庭上，让詹妮弗仔细辨认。他叫博比·普尔（Bobby Poole），而詹妮弗说她从没见过这个人。

“你确定吗？”法官问她。

“我很确定。”詹妮弗告诉他。

科顿再次被判有罪。

接下来的几年里，詹妮弗嫁了人，还生了一对三胞胎。1995 年 3 月，即詹妮弗被强奸十多年后，当年负责该案的探员麦克·高尔丁（后来晋升为刑警队长）来到这里，听詹妮弗讲述她的经历，和他一起来的还有一名地方检察官。高尔丁和地方检察官告诉她，现在有一种 DNA 检测的新技术——可以识别真正的犯人，而科顿要求做 DNA 检测。为了证明自己的清白，科顿从未停止申诉。高尔丁、地方检察官和詹妮弗都认为他在撒谎。高尔丁认为，即使詹妮弗不想做任何测试，也不应该有抵触情绪。但是，警方保存的血液样本自 1984 年后已经变质，高尔丁告诉詹妮弗，法院可能会要求她提供更多的血液样本。

詹妮弗卷起袖子，伸出手臂说：“你们抽吧！”

她觉得没有必要等待法院下令。她一直确定强奸她的人就是科顿，科顿的那张脸仍然出现在她的梦魇里。假如 DNA 检测最终证明科顿就是她所知道的那个恶魔，她愿意立刻打电话给医生，然后开车去他的办公室抽血。“但从此以后，不要再在我面前提起罗纳德·科顿，”她警告高尔丁，“这事已经过去了 11 年，我现在是三个孩子的母亲，他们已经 5 岁了，你明白吗？我还要抚养孩子。”3 个月后，高尔丁又打来电话，说想上门拜访。“我们错了。”他站在厨房里，情绪低落地告诉詹妮弗，“强奸你的人不是罗纳德·科顿，而是博比·普尔。”高尔丁找到了正在坐牢的普尔，并带着 DNA 检测结果去跟普尔对质，普尔全部招供了。

“每个人都喜欢问我：‘哦，天哪，詹妮弗，你对这事做何感想？’”她对洗冤委员会的委员说，“‘得知真相的那一刻，你做了什么，说了什么？你尖叫了吗？你晕倒了吗？’”她摇摇头说：“没有。我只是感谢他告诉我这件事，并祝他万事如意。听到这种事，我还能做什么呢？”她觉得自己就像是雪花玻璃球里的小雕像，被人举起来猛烈摇晃。在会议室里，她把双手举过肩膀，然后晃动起来，以表明这句话的含义。“我坚信某些事情，所以把手放在《圣经》上，发誓说出全部真相。”詹妮弗又摇了摇头说，“我说了真话，结果却是错的。”

一直以来，詹妮弗从未有过有愧于人的感觉，但这一次呢？无意中，她剥夺了一个陌生人十年的生命，而时光一去不复返了。她把指尖聚拢在面前，然后突然张开，手掌伸得跟肩膀一样宽。“就这样一去不复返了。”詹妮弗重复说道，“我无法把失去的岁月还给他。”如果这个叫罗纳德·科顿的人不是强奸犯，那么他到底是谁呢？他现在肯定很恨她，想要报复。他已经出狱了，会来找她的麻烦，假如他要拿孩子出气，那就更糟糕了。两年多来，她一直生活在恐惧之中。后来，詹妮弗终于决定跟他见个面，这才是解决问题的唯一方式。

1997 年 2 月，詹妮弗的牧师帮她约了科顿，两人准备在牧师的书房见面。科顿停好车，走过教堂的窗户。詹妮弗看着他的侧影，心中大吃一惊：他比记忆中的强奸犯要高，她以前怎么没注意到这点呢？她本来打算站着迎接科顿的，但现在，她的四肢变得沉重，眼泪流了出来了。“我对你遭受的一切深感抱歉，就算我用余生的每一天、每一小时和每分每秒来忏悔，”詹妮弗向科顿恳求道，“也不足以表达我的愧疚之情。”

但科顿却跪下来，握住她的手，说他已经原谅了她。“我从来没有生你的气。”科顿告诉她，“你不必怕我。”

见面后，詹妮弗和科顿成了朋友——这倒是在詹妮弗意料之外。6 年后的今天，詹妮弗和科顿一起周游全国，把这桩冤案的来龙去脉告诉人们，并为司法改革奔走疾呼。

她主张法院应该在嫌疑人被定罪后多做一些 DNA 检测，并且需要在法医学和目击者指认方面做更多的工作。每次她发表类似的演讲时都会有人举手提问，他们不明白詹妮弗怎么会认错人。她不是坏人，怎么会犯这样的错误呢？她盯着强奸犯的脸看了 20 多分钟，并且记住了对方的鼻子、下巴、眉毛等面部特征。既然她记得那么清楚，又怎么会指认罗纳德·科顿是强奸犯呢？

詹妮弗的手臂指向会议室对面，这样回答提问者的问题："你们每个人都有母亲，对吧？"

一屋子的人都举起了手。

"你们有多少次看着自己母亲的脸？"詹妮弗又问，"几百万次，对吧？或者几十亿次。但是，如果你坐在警方的拼图师旁边，桌子上摆着用来确认罪犯身份的拼图，你不可能拼出自己母亲的画像，因为那些拼图里没有你母亲的鼻子！她的耳朵不在那里，她的发际线也不在那里。最终拼出来的图像有点接近你母亲的样子，但肯定不会一模一样。一旦有了相似图像，你就会把它当成母亲的新形象。你的记忆被污染了，而这种污染是无法消除的。"詹妮弗摇了摇头，继续说道："你不可能剥离那层错误的印象。"

目击证人所能做的，就是从一开始防止大脑形成错误印象。事实上，自从发现自身错误后，詹妮弗就意识到这是有可能做得到的，而她想说明的也正是这一点。"我们都知道，现在是 2003 年了。假设你到医院做心脏手术，有人告诉你：'我们有一种新的、更好的手术方法，能够使病人更快痊愈，手术过程更干净，不会造成感染并且康复时间更短。但我们认为，你的病情可能适合旧方法。'你会选择旧方法吗？不，你不会。这个道理同样也适用于法律。

"科学技术给我们提供了新的、更好的方法，能够降低无辜者蒙冤入狱的风险，那么我们为什么不采用新方法呢？"她指出，当她的朋友罗纳德·科顿坐牢时，博比·普尔强奸了其他女人。对无辜者定罪的做法根本无助于消灭犯罪。

除了参与过詹妮弗案的麦克·高尔丁以外，只有少数几位委员见过詹妮弗，其中包括今天邀请她前来的克莉丝·穆马和特蕾莎·纽曼。纽曼一直认为詹妮弗是一个精力充沛的人，她热情洋溢，不害怕眼神交流，是她见过的最引人注目的演讲者之一。凡是詹妮弗现身的演讲场合，纽曼习惯去观察听众的反应，而不是看詹妮弗演讲。今天，在律师协会，她看到听众们侧耳倾听詹妮弗的演讲，个个泪流满面、满脸通红或瞠目结舌。里奇·罗森也是听众之一。

在科顿的上诉案中，罗森是科顿的代表律师，所以他以前见过詹妮弗，却从未听她完整讲述过这个故事。现在他想："难怪科顿被定罪了，证人如此能言善辩，那个可怜的家伙根本没机会胜诉。"

和普通的警察一样，委员们的日常工作中也会经常接触罪案的受害者。可即便是他们，也从未听到过已平反案件的亲历者讲述案情。他们并不羡慕麦克·高尔丁，后者的职责是将这个错误告知詹妮弗。一想到这样做的后果，他们便畏缩了。

其他委员很少见到罪案的受害者，比如雷克在州高等法院的同事鲍勃·奥尔（Bob Orr）。这并不是出于个人喜好，只是因为委员们所从事的法律工作使他们无法接触到与案件相关的人员。

奥尔以前从未见过像詹妮弗这样的人。"哦，天哪。"奥尔想，"她就是我在报纸上看到的那个人。"他审理过的案件中的某个被告有一天可能会被证明是无辜的，一想到这一点，奥尔感到十分不安。他想："假如我已经判某人入狱，甚至判处其死刑，那会带来什么后果？"他不敢想象，但他也知道，从理论上讲，这完全是有可能的。奥尔认为，如果有措施能够防止詹妮弗或科顿的经历再度发生在其他人身上，那么委员会显然应立刻将这些措施付诸实施。

当然，这也正合克莉丝的心意。

## 目击者指认改革

2003 年 5 月，委员会再次召开会议。克莉丝找来心理学家和目击者指认问题专家加里·威尔斯（Gary Wells）。威尔斯用 PPT 解释了詹妮弗的经历：有数据表明，在跨种族的情况下，身份识别的准确性就会下降；如果犯罪现场出现武器，识别的准确性也会降低。众所周知，由老年人识别嫌疑人的做法是不可靠的，非常年轻的人也是如此。更多的问题出现在嫌疑人指认过程中，因为证人通常会同时看到 6 名或 8 名嫌疑人。在这种情况下，证人通常将嫌疑人跟她记忆中的形象进行对比，并选择那个看起来最接近的嫌疑人，这种方法叫作“相对判断法”。处于该场景下的证人回答了一个错误的问题，这个问题关注的不是某个特定的嫌疑人是否罪犯，而是他看上去是否与罪犯相似。为了避免这种冲动选择，最好的办法就是每次只展示一名嫌疑人，这样证人就可以将嫌疑人与她记忆中的罪犯做对比，而不是跟其他人做比较。

威尔斯解释说，嫌疑人指认工作的负责人也很重要。双盲法是最佳的嫌疑人指认方法，任何临床研究都采用该方法。有先入之见的官员可以用各种方法改变指认过程，甚至会在无意中这样做。当詹妮弗盯住罗纳德·科顿时，负责指认环节的警官告诉她：“我们也觉得他就是罪犯。”这番话对詹妮弗产生了明显的影响。

威尔斯最后总结道：“不过，我们有解决方法。”研究表明，所有这些问题都可以通过双盲指认法解决。双盲指认法指的是一个接一个展示嫌疑人，而不是同时展示，这样可以保证指认的准确性。这种方法简直是天才想出来的方法。只要证人能够指认出真正的嫌疑犯，这个方法就不会拖后腿。目击者指认改革将减少警方弄错嫌犯身份的概率，以去伪存真。

在会议室的另一边，两个看似不太合得来的人已经习惯于坐在一起了，这两个人正是辩护律师里奇·罗森和曾经专门执行死刑案件的保守派法官唐·斯蒂芬斯。斯蒂芬斯此前对死刑改革持开放态度，这给罗森留下了深刻的印象。尽管在职业生涯中，他们对诸多法律问题持对立立场，但随着时间的推移，两人逐渐变得惺惺相惜。在委员会早前举行的一次会议上，两人开玩笑说，如果他们在某个问题上达成一致，那肯定是哪里出了问题。现在，斯蒂芬斯朝罗森俯下身，无奈地摇了摇头。“的确。”他说，“没有人能反驳这个观点。”

威尔斯参加过洗冤委员会的会议后，克莉丝联系了新泽西州的副检察长，并邀请她也来参加会议。新泽西州是全美唯一一个实行目击者指认改革的州。然后，她把这两次演讲的录像、新泽西州的指导方针副本、计算机软件，以及司法部的一份报告打包好，转交给北卡罗来纳州各种由治安官、警方主管和警察局长组成的协会。与此同时，为了了解证人是如何指认嫌疑犯的，克莉丝向北卡罗来纳州各地的警局发了一份调查报告，并用甜言蜜语说服了其中三分之一的警官做出回复。所有警察都采用同步指认法，没人采用双盲指认法。只有半数不到的警察经常会提醒证人，嫌疑人可能根本不会出现在某个照片组里。该发现让克莉丝感到沮丧，因为与此相关的规则早已存在。

6 月份，委员会决定拟订改革草案。为了给委员们鼓劲，克莉丝继续自掏腰包，向他们提供私人餐饮服务，每顿餐食的费用往往高达 500 美元，菜式包括酱烤牛排、番茄、意大利干酪和鳄梨酥，以及意大利黑醋配凉拌蔬菜。到了 9 月份，酒足饭饱的委员会一致赞成改革。一个月后，克莉丝将改革方案提交给北卡罗来纳州的相关组织和人员——辩护律师协会、控方律师协会，以及她在 4 个月前联系过的警界人物。除了提建议，克莉丝还尽量以温和的口气做出解释：“虽然人们认为北卡罗来纳州发生冤狱的风险很小，但司法系统有义务查明无辜者被定罪的原因，并尽可能予以纠正。”

2004 年 1 月份，北卡罗来纳州的地区检察官协会、警方及律师协会都认可了改革方案。委员们以为他们在目击者指认问题上已大功告成，于是开始考虑下一个要解决的问题。

不过，他们还没迈出下一步，就收到了一封来自温斯顿 - 塞勒姆市

（Winston-Salem）的信。

早在 2003 年 10 月份，当温斯顿 - 塞勒姆市警察局收到洗冤委员会的提议时，便指派一个委员会去处理此事。该委员会由四人组成，包括两名侦探、一名警官和一名犯罪现场技术人员。他们带着怀疑的态度看完了这份提议,并给洗冤委员会寄去了他们的会议备忘录。他们担心的问题很多。温斯顿 - 塞勒姆市警察局注意到,洗冤委员会在很大程度上依赖于加里·威尔斯博士的研究成果，于是开始调查威尔斯的背景，并认定“他确实是一位备受尊敬的学者和教育家，可他并没有任何形式的实际执法经验”。威尔斯的研究基于可控的实验，而非实际的治安管理经历，温斯顿 - 塞勒姆市警察局怀疑这两者根本不相通。他们不明白，洗冤委员会的委员们为何会突然武断地把目击者指认作为其“全部关注点”。尤其是考虑到洗冤委员会的提议，他们提到:“没有提供相关统计数据，表明北卡罗来纳州发生过多少起类似的冤案——更具体地说，没有把第 21 检察区的冤案数量与正确定罪的案件数量进行对比。”

接下来，温斯顿 - 塞勒姆市警察局开始逐条辩驳洗冤委员会的 27 条建议。警察局的委员们一致同意其中 4 条建议；另外 7 条建议已经制定成政策，还有 3 条建议他们已经做了非正式跟进，现在一致同意编纂成法律条文；其中 1 条建议还没有形成决议；另有 11 条建议被驳回；至于最后 1 条建议，他们拒绝发表评论。

随后，温斯顿 - 塞勒姆市的警局委员会向局长提交了一份长达 24 页的答复函，局长在报告首页上潦草地写道:“同意！委员会做得很好！”

2004 年 1 月 30 日，温斯顿 - 塞勒姆市警察局向整个北卡罗来纳州的下属辖区分发了备忘录。洗冤委员会却没有收到该文件。直至 2 月底左右，洗冤委员会向警察局打听这事时，才听说备忘录已经分发下去了。

# 让我回家吧！

## 顺境与逆境

格莱姆斯刚刚被捕，就被关押在卡托巴县监狱。那时候，他每天晚上都要做祷告，祈祷能够回家，祈祷真相大白，祈祷上帝能让他获得内心的平静。但他的这些愿望都没有实现，于是他开始考虑各种可能性。也许问题出在他的祈祷词里，也许他没有以正确的方式祷告。莫泽拉把他培养成了浸礼教徒，但她很少带孩子去教堂做祷告，所以格莱姆斯开始担心自己从未学会正确的祷告方式，甚至连祷告动作都有一些笨拙。他紧握双手，跪在地上念念有词，即便是这么简单的动作，他也不确定是否正确。

小时候，格莱姆斯见过莫泽拉祷告时在房间里走来走去。他很着急，大声对母亲说上帝可能听不见她说的话，因为她没有采用正确的祷告姿势。莫泽拉笑着回答他："想想看，在开饭前的感恩祷告中，我们都是坐在桌子旁边，并没有跪下来，对吧？"格莱姆斯觉得这话很有道理，没有人跪在餐桌前做祷告。莫泽拉向他保证说，睡前跪着祷告是合理的，因为祷告完就要躺下睡觉了。"但是，只要你用正确的方式祷告，上帝就会听到你的声音。"莫泽拉所指的"正确"不是指祷告姿势，而是心态。

格莱姆斯在监狱里尝试了所有能想到的祷告方法，比如：在吃饭之前祷告，在操场里绕圈散步时祷告，睡前在床脚边祷告。他嘴里念着祷告词，可除了常说的那几句话之外，他也不知道该说些什么。

“让我回家吧！”格莱姆斯试着说点别的，“我没做错任何事情。”刚说完，他便意识到这话听起来是多么的自私。但这是他的真实想法。格莱姆斯真的很想回家，况且他也确实没做错任何事情。然而，祷告并没有起到作用，他仍然被关在监狱里。在来到哈内特惩教所之后，他看到一位牧师每周来监狱一次，带领囚犯做祷告。既然自己的方法不管用，格莱姆斯决定试试别人的。牧师告诉他，祷告意味着敞开心扉，把自己交给上帝。格莱姆斯不知道这话是什么意思。“祷告的方式不止一种。”牧师对他说，“只要以至诚之心面对上帝就行。”

但格莱姆斯明白，他已经以至诚之心向上帝祷告了。

牧师对他说：“一人难挑千斤担。”

至少这话说得没错。事实证明，格莱姆斯想亲自提出上诉就是他不可能做到的事情。他是无辜的，这就够了。他应该写封信，把这件事讲出来。格莱姆斯也试过这样做，但是没有任何结果。这位牧师说得对，一人难挑千斤担。凭一己之力什么也干不成，必须求助于他人。于是，格莱姆斯改变了祷告内容，祈祷上帝不要把他从监狱里救出来，而是指引他去找一个能够救他出来的人。就这样，格莱姆斯在监狱的图书馆里找到了法律专家，然而法院照样驳回了他们的信件。格莱姆斯需要的是监狱之外的援助，可是外面的人谁会听到他的声音？于是，他找到了囚犯法律服务事务所的菲利普・格里芬。

遗憾的是，格里芬拖了格莱姆斯的后腿，他不知道格里芬到底在做什么。格莱姆斯又开始怀疑问题可能出在自己的祷告方式上，也许他依旧没有找到正确的方式。监狱外面的一个牧师曾寄给格莱姆斯一本《圣经》，他开始研读经书，学习如何说服上帝帮助他。只要白天不去绕操场散步或干活，他就抽空看《圣经》。

有天下午，格莱姆斯正坐在操场的一张长凳上看书，另一名囚犯走过来，朝他膝上摊开着的《圣经》点了点头，然后问他：“你有没有想过自己死后会去哪里？”那人身材瘦削，肤色深黑，留着稀稀拉拉的胡子，长着一张长长的鹅蛋脸。格莱姆斯没有认出这个笑容满面的人到底是谁。

“呃，据我所知，人死后都要化为尘土。”格莱姆斯谨慎地回答。

“你觉得自己不会上天堂吗？”

“我对天堂还不太了解。”格莱姆斯承认说，他还有很多书要读，“我认为，能否上天堂要取决于你是怎样的人。”

但那名犯人指出，格莱姆斯现在身陷牢狱，他是犯了罪才会坐牢的。“那么，你觉得你以后会上天堂吗？”

“呃，《圣经》没有告诉我答案。”格莱姆斯答道。他又问那个犯人：“抛开坐牢不说，难道不是每个人都有罪吗？如果上帝不原谅我，恐怕我就要下地狱了。”

“假如我告诉你，地狱根本不存在，你会怎么想？”

“天堂和地狱一直都存在。”格莱姆斯举起手里的《圣经》，依然坚持自己的观点。

那位犯人摇摇头。“这是他们教你的。”他说，“你根本不知道到底有没有天堂和地狱。他们告诉你好人会上天堂，可与此同时，你要永远生活在地球上。”

“《圣经》说，人死后就会尘归尘、土归土。”格莱姆斯说，“所以我会化为尘土。”

那名犯人指了指监狱操场周围，“这里不到处都是尘土吗？”

格莱姆斯对他说：“我不想听这种屁话。”然后起身离开了。

在接下来的两周，那人每天都会来找他。格莱姆斯坐在长凳上，眯着眼睛看《圣经》，总能想到更多问题。有天晚上，格莱姆斯找到那个犯人，把自己在《圣经·诗篇》中看到的一段文字给他看：“作恶之人必入地狱。”

格莱姆斯指着那页对他说：“看到了吗？这里写的是‘有罪之人下地狱’。”

“那么地狱到底是什么？《圣经》上说了吗？”那位犯人说。

正当格莱姆斯思考这个问题时，那名犯人拿出了他自己的《圣经》，翻到《马太福音》的一页读道："死去之人已被免罪。"

然后，他看着格莱姆斯问道："如果一个人已经被免罪，那上帝为什么还要继续惩罚他？"这个问题，格莱姆斯答不上来。

那位囚犯叫布莱恩·加纳（Bryan Garner）。他是耶和华见证会（Jehovah's Witness）的会员，不同于每周来一趟监狱的浸礼会教徒。他并非一直都是现在这个样子。25年前，还未入狱的布莱恩和现在的他完全不一样，那时的他有吸毒的习惯，直至因超速行驶、殴打他人和持械抢劫而被捕。十多年后，他还是没有获得假释，反而整个人变得越来越沮丧。

在1985年夏季的某个早上，布莱恩趁着监狱警戒级别最低的时候袭击了狱警，成功越狱。接下来的3年里，他在监狱外面过上了正常人的生活。他先是改名换姓，然后结了婚，并第一次接触到耶和华见证会。事实证明，耶和华见证会会员身份是个问题。《圣经》只教了他一件事，那就是堂堂正正地做人，并且为真理献身。他是个逃犯，理应被关进监狱。布莱恩逐渐意识到自己是个伪君子，更糟糕的是，在耶和华的眼中，他也是个伪君子。除了自首以外，他别无选择。1989年3月，布莱恩走进一家律师事务所，然后来到中央监狱门前自首，准备服完剩下的刑期。在中央监狱短暂逗留后，他和格莱姆斯一样被转移到哈内特惩教所。

从那时起，布莱恩就跟着一位老师学习《圣经》。这位老师每周三都会来哈内特惩教所传教。认识格莱姆斯的第二周，布莱恩带着他去见自己的老师，他们送给格莱姆斯一本《圣经》（新世界译本）。布莱恩解释说，《圣经》的教义是信仰的前提，他鼓励格莱姆斯在经文中追溯他说过的话。布莱恩和他的老师经常翻阅《圣经》，寻找那些能够回答格莱姆斯问题的词句。布莱恩的老师自愿来到监狱，因为他觉得这里的囚犯需要他。"宣扬福音，"他引用提摩太[①]的话说，"无论在顺境还是逆境中，我都要做好这件事，尽传道人的职责。"

①公元1世纪的基督徒中的传道人。

格莱姆斯心存怀疑。他看到的每种宗教都有其自身版本的《圣经》。他也知道，任何人都可以按自己的需求解读《圣经》。他手上有两种版本的《圣经》，一本是“新世界译本”，另一本则是“詹姆斯国王钦定版”。他比较了这两个版本，发现两本书的内容绝大多数是一致的，但“新世界译本”的措辞更简单直接，而“詹姆斯国王钦定版”的概括性较强，用词较为晦涩和冷僻：

> 故吾挚爱之兄弟，宜多听少言，不易怒，因怒气无法成就上帝之公义。故应抛弃丑行与顽劣，善纳箴言，以拯救汝之灵魂。

在布莱恩给他的“新世界译本”中，他发现了同样的内容，但表述更为直白：

> 我亲爱的弟兄们，你们要知道：每个人都要善于聆听，少说话，不轻易动怒，因为人的怒气无法成就上帝的公义。所以，要去除身上的一切丑陋行为和不良作风，淡定平和地接受别人的建议，方可拯救你们的灵魂。

格莱姆斯认为，简单直白的语言更便于阅读。语言越隐晦，就越要依赖别人代为解读，这又反过来促使信徒更相信教友的解读，而不是去理解《圣经》本身的含义。实际上，信徒们的素质和对宗教的信仰程度参差不齐，而这也正是耶和华见证会自成一派的原因。每当格莱姆斯看到某个他不认识的词或短语时，布莱恩会建议他去查字典，亲自找到这个词或短语的含义。据格莱姆斯所知，其他牧师不会这样做，他们只是会告诉格莱姆斯一个答案，然后希望他别再问问题。

耶和华见证会没有等级制度，信徒之间没有神父、牧师或教士之分，布莱恩和他的导师同样接近上帝，而布莱恩与上帝的亲密程度也等同于格莱姆斯与上帝的亲密程度。从表面上看，耶和华见证会也有长老，这些人只是信教时间较长，地位并不比其他会众更神圣。任何人都可以从《圣经》中找到适合自己的真理，也可以跟其他不看《圣经》的人分享心得。他们可以代表耶和华，成为真理的见证者，这就是"耶和华见证会"的由来。

格莱姆斯并非对信仰不坚定，但他的祷告始终没有奏效，他看不出自己会失去什么。

## 没有律师愿意帮他

被关押在哈内特惩教所一年半后，秋天，格莱姆斯又被转移到桑普森监狱，那里有一份洗衣工的工作在等着他。洗衣房位于一个类似飞机机库的地方。整个监狱大约有 400 名囚犯，洗衣工每天要把大约 100 多名犯人的白色袜子、内衣和 T 恤从洗衣机拖到烘干机，或者从堆满衣服的塑料桶里抽出棕色的斜纹裤和衬衫式夹克。囚犯们把这种规模较小的监狱称为"营地"，仿佛他们在度假似的。

格莱姆斯来到桑普森监狱的一周后，格拉迪丝也给囚犯法律服务事务所写了一封信。相比于格莱姆斯在监狱图书馆找到的所谓的"法律专家"，她更信任正规的法律机构。在圣安东尼奥时，格拉迪丝曾咨询过一名律师，律师告诉她不必旁听格莱姆斯的审判，所以她对那里发生的事情知之甚少，她想请囚犯法律服务事务所的人帮她研究一下格莱姆斯的案子。

"我们是一母同胞，我弟弟没理由会犯这样的罪行，因为我们的母亲曾教导我们要尊重妇女，像对待自己母亲和姐妹那样对待妇女。"格拉迪丝在信中写道，"正因为家教甚严，我才非常担心我的弟弟可能是被冤枉的。除了你们，我不知道还可以向谁求助。"

作为回应，囚犯法律服务事务所向格莱姆斯寄去一份申请表。囚犯被定罪后，若要申请法律援助，需要先填写这张表格，而格莱姆斯早在一年多以前就填过了。

一周多以后，北卡罗来纳州最高法院驳回了格莱姆斯要求重审案件的上诉书。听到这个消息，格莱姆斯再次写信给菲利普·格里芬。此前，格莱姆斯一直向格里芬和他的上司投诉。这次一收到格莱姆斯的来信，格里芬便承诺在一周内做出答复，随后格莱姆斯依然没有听到任何消息。

“如果您能让我知道您为我的案件做了哪些努力，我会非常感激。”格莱姆斯恳求道，“顺便说一句，您似乎什么也没做。我期待尽快收到您的来信，若您能给我答复，我将感激之至。”万圣节的前一周，格莱姆斯终于收到了回音，结果是坏消息。

“谢谢您的不耐烦。”格里芬写道，“遗憾的是，我无法给您想要的答案。”格里芬已经看过“好几遍”格莱姆斯的笔录和上诉书，并查阅了关于目击者指认方面的法律，希望能找到上诉的先例，但他一无所获。“到目前为止，我还是没能解决您案件中的基本问题。”格里芬解释说，“根据现场发现的毛发，陪审团相信受害人对您的指认。尽管我个人认为您是无辜的，可是这并不意味着我能帮您重启审判。”格里芬向格莱姆斯建议说，如果格莱姆斯有经济能力聘请私人律师或私家侦探，或许可以坚持完成他没能完成的工作。“我相信您是无辜的，所以我并没有结案，而是继续探索各种途径。如果我放弃努力，我会告诉您的。”

格莱姆斯的高中好友路易·罗斯打听到了监狱电话的时间表，他给格莱姆斯寄了一点钱，并在自己公寓的电话旁等格莱姆斯打来长途电话——电话费由他自己支付。但是格莱姆斯的失眠症和感冒一直持续到冬天，每当他拿纸巾擦鼻涕的时候，纸巾都会变得血迹斑斑。护士给他开了泰诺、美敏伪麻和硫酸伪麻黄碱等药物，有时一次开双份剂量。她们还给他做了血液检查和X线检查，看他是否患了肺结核，结果全是阴性的。

感恩节后不久，桑普森监狱的首席心理医生找格莱姆斯谈话。“他说话时声音轻柔，一直喋喋不休地说自己被判无期徒刑，他觉得很绝望。”这位心理医生说道，“他还谈到很多关于已过世母亲的事情。”医生的结论是：“我认为格莱姆斯很健谈，与此同时，我觉得他正经历着持续的抑郁情绪。”

最高法院不断驳回格莱姆斯的案件重审申请，在难过之余，他又亲自向罗利附近的地区法院提出上诉。作为法院指派律师，德·托雷斯的任期已过，而格莱姆斯没钱聘请其他律师，囚犯法律服务事务所又拒绝提供援助，所以不再有任何律师帮他打官司。随后，他又写信给德·托雷斯，要求对方提供一些文件，以便发起另一项申请。格莱姆斯在信中恳求道："我希望你能在这件事上帮助我，因为我没有其他途径来获得这些急需的材料。"到了 1 月份，德·托雷斯还是没有回信，于是格莱姆斯在监狱里找到了另一名法律专家。他仍然需要完整的卷宗，于是他又给德·托雷斯写了一封信，然后给囚犯法律服务事务所的格里芬写信，提出了同样的请求。

格莱姆斯在同一天收到了两位律师的答复，他们都附上了格莱姆斯要求的上诉书复印件，德·托雷斯还附上了他认为格莱姆斯手上可能缺少的其他文件，他在回信中写道："希望这对你有帮助。"

格莱姆斯带着新计划再次与监狱精神病专家见面并接受检查。"他似乎精神很好。"精神病专家在档案中写道，"他说他要把注意力集中在案件重审上，并忘记自己被判无期徒刑这一事实。"医生怀疑进一步的上诉不会有任何结果，但私下里仍然认为上诉是很重要的，可以"作为转移注意力的一种手段"。他还注意到，格莱姆斯"把大量精力投入到宗教活动中，他觉得这很有帮助。他知道药物治疗有助于缓解抑郁症。他似乎很喜欢我们的谈话，也喜欢跟我接触"。

撇开沮丧情绪不谈，这位精神病专家觉得格莱姆斯身上的一些特质不像他见过的其他囚犯，但他说不出来这特质是什么。他指出："总的来说，格莱姆斯先生性格当中不太有其他囚犯的整体性格元素。"至于原因是什么，他不是很确定。

## 证据已被销毁

罗利地区法院驳回了格莱姆斯的上诉，理由是该法院对州最高法院的裁决没有司法管辖权。菲利普·格里芬来监狱探望格莱姆斯，但作用不大，因为格里芬本人能做的事情跟他在信中所说的差不多。他仍然相信，笔录表明格莱姆斯是无辜的，然而仅凭这一点还不足以提出上诉。运气好的话，也许另一位律师或花钱雇来的侦探会发现更多线索。可是格里芬本人为北卡罗来纳州工作，而囚犯法律服务事务所不做这种调查。他们每年都会收到12 000名囚犯的来信，他也束手无策。

格莱姆斯没钱请其他律师或者侦探。他要找一个能够免费帮自己打官司的人，而且此人要具备一定的影响力。他写信给奥普拉·温弗瑞(Oprah Winfrey)，把自己的身份和经历告诉她。他还写信给蒙特尔·威廉姆斯（Montel Williams）和全国有色人种协进会的法律援助基金（Legal Defense Fund)，并向卡托巴县的县政办公室询问证据。他不知道的是，德·托雷斯已经尝试过这些方法了。

几个月前，也就是在1月份，格莱姆斯向罗利地方法院寄出了上诉书。大约在同一时间，德·托雷斯打电话给县政办公室询问同样的问题。无论是医生从卡丽·埃利奥特身上提取的强奸案呈堂证据，还是警察从她的睡袍和床罩上找到的毛发，从她厨房的香蕉上提取的指纹，都没有进行过DNA检测。德·托雷斯知道，它们仍然是格莱姆斯成功上诉的最佳选择，也是唯一的选择。

然而，当县政办公室在第二天早晨10点30分给他打电话时，德·托雷斯已经离开了办公室，对方给他的秘书留了一个口信："证据已被销毁。"

虽然希科里镇距离郎代尔北部只有48公里，但它们的经济情况截然不同。到华盛顿特区闯荡了一番之后，格莱姆斯决定到希科里镇去碰碰运气。与郎代尔不同的是，在过去几十年里，希科里镇已经完成工业化进程，而且该镇的企业正在大量招工，家具厂、纺织厂、袜厂，甚至连光纤公司和电信公司也在招人，与之相比，郎代尔就没有这么多工作机会。

希科里镇的种植业曾带来了就业机会，但是随着种植业日渐式微，黑人和白人家庭也失去了唯一一个在同一片土地上谋生的动机。在废除学校的种族隔离方面，希科里镇也遇到了困难，或者说，该镇的行政人员并没有尽最大努力去做这事。

1954 年，“布朗诉教育局案”（Brown v. Board）做出裁决后，在贝弗利·雷克的父亲的敦促下，美国最高法院责令南方学校不必立刻废除种族隔离，而是要以“十分谨慎的速度”废除种族隔离。北卡罗来纳州把这个模棱两可的政令解释为，其下属城镇可以根据自身情况完成该项工作。希科里镇的教育局成立了一个委员会，专门研究布朗案的裁决结果是否在其管辖范围内适用。他们最后得出一个结论：该案的裁决结果不适用于本镇学校。

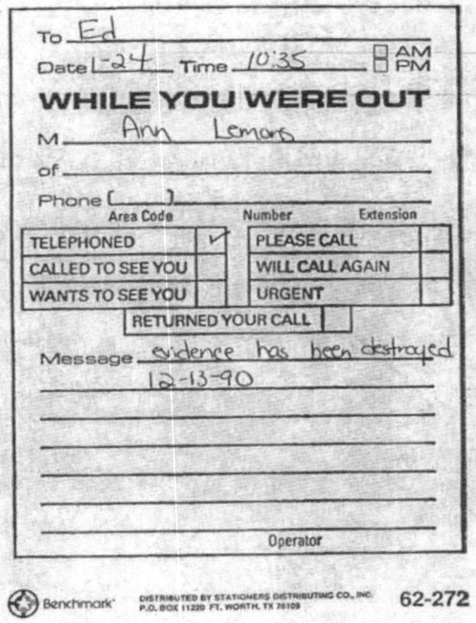

To Ed
Date 1-24 Time 10:35 AM PM
WHILE YOU WERE OUT
M Ann Lemons
of
Phone ( )
Area Code Number Extension

| | | | |
|---|---|---|---|
| TELEPHONED | ✓ | PLEASE CALL | |
| CALLED TO SEE YOU | | WILL CALL AGAIN | |
| WANTS TO SEE YOU | | URGENT | |

RETURNED YOUR CALL

Message evidence has been destroyed
12-13-90

Operator

Benchmark DISTRIBUTED BY STATIONERS DISTRIBUTING CO., INC. P.O. BOX 11220 FT. WORTH, TX 76109 62-272

秘书写给德·托雷斯的备忘录

在新学年开学的一次广播讲话中，北卡罗来纳州的州长敦促该州的黑人家庭“以自己的种族为荣，进入属于自己的学校”。他认为，根据法律，如果北卡罗来纳州不再实施种族隔离，那么学生和家长必须自己承担这一责任。为了以防万一，州长推动了两个法案——《学生分配法》（*Pupil*

*Assignment Act of 1955*）和《皮尔萨计划》（*Pearsall Plan*）的制定，这两个法案的目的都是为了推迟废除种族隔离制度。

在该州的参议员和众议员中，有8人共同签署了《宪法原则宣言》（*Declaration of Constitutional Principles*），即所谓的《南方宣言》（*Southern Manifesto*）。他们谴责布朗案"明显滥用司法权……没有任何法律依据"，他们预言这样做的后果"具有破坏性，而且非常危险"。宣言提出，废除种族隔离制度"必然会破坏某些州的公共教育体系"，或至少会引起"仇恨和猜忌，取代此前的友谊和相互理解"。再者，这种做法无论如何都是"违宪"的，因为宪法的种族隔离原则是"建立在最基本的人性和常识基础上的"，北卡罗来纳州可不敢拿宪法来开玩笑。

在接下来的9年里，希科里镇上仿佛什么事都没发生过似的。到了1964年，美国颁布《民权法》（*Civil Rights Act*），禁止联邦资金被用于任何带种族歧视目的的活动。次年，美国教育部扣留了计划拨给希科里镇公立学校的9万美元，理由是该校不遵守废除种族隔离的规定。很快，《学生分配法》和《皮尔萨计划》就成为引发大量法律诉讼和废除种族隔离制度的主因，北卡罗来纳州无法继续推行这两个法案。最终，希科里镇的教育局制订了一项计划，"旨在防止或消除任何可能产生种族歧视的行为"。该计划有如下规定：

> 关闭两所黑人学校，不久还要关闭另外四所；在全镇范围内重新划分区域；不再把种族、肤色或血统作为雇用或委派……教师和其他专业人员的考虑因素。

这个解决方案存在缺陷。事实上，好几所黑人学校是它们所在社区的骄傲和身份象征，特别是里奇维尤高中。这所高中只有250名学生，但他们仍有其自豪的资本，因为该校组建的橄榄球队35年来只输了11场比赛，当地家庭给这支球队冠以"所向披靡"的称号。该校很多毕业生已经成为职业球员，为布法罗比尔队（Buffalo Bills）、华盛顿红人队（Washington Redskins）及几支NBA球队效力。

里奇维尤高中被关闭后，所有这一切都消失了。“学校搬到了贫民区，没有交通工具的人就看不到比赛了。”10年后，曾在学校关闭前担任了14年橄榄球队教练的山姆·戴维斯（Sam Davis）回忆说，“冬天天气太冷，步行不方便。学校搬到那么远的地方，有些人就没兴趣去看球了。”希科里镇高中刚刚废除种族隔离制度，学校管理者一想到校橄榄球队的教练是一名黑人，心里便感到不安，于是任命戴维斯担任附近一所中学的新生球队的助理教练。戴维斯的助手也拥有30多年执教经验，却被安排担任8年级球队的教练。

与此同时，希科里镇上的白人家庭对于黑人孩子和白人孩子一起上课深感不满，他们开始把孩子从希科里镇高中转到北方州立学院。北方州立学院是一所私立学校，只招收白人学生。《民权法》颁布一年后，这所学校便成立了，吸引了不少人的眼球。到1976年年底，希科里镇上的很多白人学生都转学了，这导致州教育局减少了给该校的工资拨款。10年后，该镇公立学校的入学人数比之前减少了近300人。

黑人家庭也离开了希科里镇。那些曾经是明星运动员、啦啦队长或学生会成员的黑人学生现在却发现自己是希科里镇高中的局外人。对于一直以学校和教堂为中心的希科里镇来说，人与人之间的疏远感逐渐滋生。就像白人家庭一样，有经济能力的黑人家庭也完全从镇上消失了，同样情形也发生在郎代尔，只是原因不同：在希科里，人们逃离的原因是白人和黑人无法和谐共存；而在郎代尔，则是因为失业。

富裕家庭离去后，它们所在的社区逐渐衰落。1978年7月，牛顿一家名为《企业观察家新闻报》（*Observer-News-Enterprise*）的报纸在他们的头版上刊登了一篇名为《本县暴力犯罪案件激增67%》（*Violent Crimes Increase 67% in County*）的文章。牛顿距离希科里镇东南方仅19公里——1988年后，格莱姆斯就是在那里受审的。

1981年2月，该报纸刊登的一篇文章称："调查报告显示，牛顿的犯罪率不断飙升……1980年，牛顿的犯罪率增长了22.7%，令人难以置信；光是严重伤害案件就增加了80%，而入室盗窃、破坏和非法侵入等案件数量则增加了52%。"为了改善最衰败的社区，希科里镇打造了好几个低收入住宅小区，其中一个小区便建在里奇维尤高中的原址上。新小区的官方名称是"山麓花园"（Hillside Gardens），不过当地居民称之为"小柏林"，卡丽·埃利奥特的公寓就在那里。

1978年，格莱姆斯来到希科里镇，结识了一位名叫雷切尔·威尔逊的朋友。雷切尔有兄弟姐妹四人，他们分别是贝蒂·舒福德、卡罗琳·舒福德、艾伦·舒福德，以及琳达·麦克道尔，他们大多数人都有自己的孩子，由于舒福德家比格莱姆斯还穷，所以他们全家都住在同一栋两居室的房子里。这套房子只能容纳8～10个人，所以家里人不能同时回家。格莱姆斯在第三大道租了一间公寓，贝蒂和他开始谈恋爱后，便和两个孩子搬过去与格莱姆斯住在一起。

到了1986年，格莱姆斯和贝蒂的恋情已经降温，不过两人关系一直很好，他们也没有理由离开这间公寓。后来，贝蒂遇到了另外一个她非常喜欢的男人。格莱姆斯发现她的新男友没有落脚之处，他觉得自己如果继续留在公寓，很可能会妨碍贝蒂。作为好朋友，他想给贝蒂和她的孩子留个地方，于是自愿搬出了公寓。

后来，格莱姆斯遇到了一个名叫布兰达·史密斯的女人，开始跟她约会。布兰达和贝蒂相处得甚为融洽，因为贝蒂现在也在和别人约会，所以布兰达不介意格莱姆斯把贝蒂当作朋友并照顾她的孩子。如果他有时候搭不到便车，就会在贝蒂的公寓里过夜，只不过睡在沙发上。布兰达对此也不介意，毕竟那里是格莱姆斯曾经住过的地方。格莱姆斯在公寓临时住了一段时间后，应布兰达之邀搬去和她同住。

格莱姆斯和布兰达谈了一年左右的恋爱。然后，希科里镇警察局的史蒂夫·亨特敲开了布兰达家的大门。

# 各持己见

## 化敌为友

克莉丝获悉温斯顿 - 塞勒姆市警方的备忘录后，顿时变得怒不可遏。她在家中的办公室里打印了一份长达 8 页的回复函。回复函采用单倍行距，分为十大节、九小节，以斜体和粗体字打印，每段提出一个抗辩观点。虽然备忘录的实际收件人并不是洗冤委员会，但她觉得“必须做出回复”。克莉丝怒气冲冲地写道：“我希望这份回复函能尽量分发给已收到警方委员会备忘录副本的机构。”

温斯顿 - 塞勒姆市警方的备忘录让克莉丝感到不满的地方是，他们暗指克莉丝或洗冤委员会在目击者指认问题上仅靠一种消息来源就做出判断。事实上，委员会咨询了五位获得国家机构认证的专家，并查阅了来自伊利诺伊州和新泽西州的国家司法研究所（National Institute of Justice）的出版物或材料，他们还征求了北卡罗来纳州主要执法机构和协会的意见。克莉丝用一大段文字列出了这些资料。有人提出异议，说洗冤委员会没有提供任何数据，对此她回复说：“我敢肯定，委员会并没有暗示过冤案存在可接受的比例。”另一个意见她觉得很有“戏剧性”；第三个意见她则驳斥为“太滑稽”。她说：“既然温斯顿 - 塞勒姆不知道如何解读和运用这一建议，那么他们采取‘行不通’的态度也就不足为奇了。”

不过，克莉丝也知道，就算她在电脑上把回复函写出来，也绝不可能把它发出去，因为这样只会使她跟警方之间的关系更疏远，而她所追求的改革恰恰需要警方的支持。于是，她将这封长达 8 页的信件束之高阁，另外起草了一份只有 3 页的总结书。她将这份总结提交给洗冤委员会讨论，并安排委员会与温斯顿 - 塞勒姆市的警方在 5 月的最后一周碰面。

与此同时，克莉丝开始在洗冤委员会内部寻求支持。她首先从负责罗纳德·科顿案的探员麦克·高尔丁入手。高尔丁为人实事求是，体格魁梧，下巴厚实，外表像个摔跤教练。罗纳德·科顿彻底改变了高尔丁的生活。“我从未想过自己会参与这种案件。”他接受罗利的采访时说，“它让我不断拷问自己的内心。”高尔丁很快就意识到，他永远无法帮助科顿找回在监狱里浪费的 10 年光阴，他只能亡羊补牢，使自己和位于伯灵顿的警局站在司法改革的最前沿。有时候，其他警察并不认同高尔丁的看法，但高尔丁毫不在乎，因为他觉得自己的同事并没有经历过科顿案这种案子。

接着，克莉丝赢得了汤姆·罗斯的支持。那时候，罗斯正管理着北卡罗来纳州最大的非营利组织：Z. 史密斯·雷诺兹基金会（Z. Smith Reynolds Foundation）。在此之前，罗斯曾是高等法院的一名法官，领导着量刑政策咨询委员会（Sentencing Policy Advisory Commission），该机构的职责是向州议会提供量刑方面的指导原则。罗斯既在共和党，也在民主党的首席大法官手下任过职，以不带任何政治立场而著称。罗斯身材高大，眼神犀利，像商人一样精明。跟贝弗利·雷克一样，他以前也是鹰级童子军的一员。不过，罗斯和雷克的关系偶尔有些紧张。罗斯一直是亨利·弗莱（Henry Frye）的挚友，而后者是北卡罗来纳州历史上第一位黑人首席大法官。罗斯被任命为法官后，他选择让弗莱主持他的宣誓就职仪式。贝弗利·雷克曾与弗莱竞争过首席大法官一职，罗斯对雷克本人并没有什么不满，但对于雷克竞选首席大法官的决定，他觉得不以为然。

和雷克一样，罗斯对法院的公信力感到担忧。作为一名负责复查定罪后案件的法官，罗斯曾经撤销了法庭对查尔斯·芒西的判决。事实证明，有人伪造了芒西的供词。据罗斯所知，这是该州历史上第一次以囚犯无罪为由推翻了法庭此前的死刑判决。人们对芒西案的看法两极分化，所以罗斯决定亲自写下案件的重审判决，而不是把这件事托付给手下的书记员完成。罗斯亲自起草重新判决的文件，然后在法庭上将其大声念出来——这种做法就更加罕见了，但他决心把这件事做好。多年后，罗斯仍然记得那天的情形：他走出办公室，沿着长长的走廊走进法庭，走廊里的警察都知道他将要做出裁决。"法官，你得把他关在监狱里。"他们对经过的罗斯说，"我敢打赌，就算他没有杀那个女人，也肯定杀了别的人。"在走廊尽头，罗斯快步走进法庭。他坐到法官席上，宣布芒西案应该重审。

芒西案结束后，罗斯赢得了威廉·H. 伦奎斯特奖（William H.Rehnquist Prize），这是由美国最高法院颁发的一项国家级荣誉，每年颁发一次。罗斯在华盛顿发表了演讲，并认为这番演讲将引发公众对法院公信力的关注。大概两年后，罗斯收到了贝弗利·雷克写的一封信，后者在信中表达了同样的担忧。参加洗冤委员会第一次会议时，罗斯还在怀疑这次会议是否能起到积极作用。据他所知，雷克不是一个改革主义者，而且他从未听说过这个叫克莉丝·穆马的女人。罗斯知道，就政治层面而言，改革是有风险的。在北卡罗来纳州，但凡提及刑事司法制度改革，所有人都知道指的是死刑改革。一个人对于死刑改革持什么观点，就决定了这个人的政治立场，而罗斯不确定雷克到底持何立场。

不过，有件事给罗斯留下了深刻印象：克莉丝认识雷克时只是一名书记员，也就是说，雷克可以轻轻地拍着克莉丝的头，毫不在意地跟她说："哦，克莉丝，我知道你坚信司法改革的重要性，但你刚从法学院毕业不久，还不够老练，很多事情你是不知道的。"然而，雷克并没有否定克莉丝的看法。与罗斯不同，雷克已经通过两年前的演讲见识到了罗斯的本事。克莉丝提出的问题是值得考虑的，他们需要一个可靠的人来解决这个问题，而此人要冒着身败名裂的风险。罗斯意识到，这正是雷克想要做的事情。他保证自己将竭尽所能提供帮助。

巧合的是，罗斯现在领导的非营利组织的总部就设在温斯顿 - 塞勒姆市，克莉丝认为他的办公室将是理想的开会地点。

2004 年 5 月，温斯顿 - 塞勒姆市的地区检察官和警察局长来到罗斯的办公室。他们在几个月前就提出了担忧：刑事司法制度改革将使罪犯的逮捕工作变得更加困难，把罪犯关进监狱则是难上加难。他们怀疑洗冤委员会是否知道这两件事。

“瞧！”寒暄过后，克莉丝提出了自己的观点，“我们的委员会里有 5 位来自执法部门的代表，高尔丁警长就是其中之一。此外，我们还有 9 位检察官——我们并不缺乏有实际工作经验的人。”

高尔丁补充说，洗冤委员会并非只关注目击者指认问题，他们只是选择先解决这个问题，研究表明，这个问题最容易导致冤案发生。洗冤委员会并非像他们指控的那样只专注目击者指认问题，只是优先考虑这个问题。

罗斯认可温斯顿 - 塞勒姆市警察局在备忘录中提出的一些合理担忧，其中一个与人员配置有关。没错，双盲指认法通常需要更多警察参与嫌疑人的指认过程。他知道，对于管辖权较小的警察部门来说，这一点很难做到。但是新泽西州警方也采用双盲法，他们面对同样的挑战，却找到了解决该难题的方法，比如使用特殊软件，在相邻县之间共享资源等。罗斯表示，如果说这些方法还不够的话，洗冤委员会也能理解。也许在一些特殊情况下，双盲法确实行不通，因为缺少必要的人手。但只要其他改革措施能够落实，例如每次只让一名嫌疑人站出来供证人指认，罗斯认为也可以接受。洗冤委员会提出的建议不是法律，而是行之有效的做法。他们的想法就是像警方一样尽可能密切跟踪案件的进展。

克莉丝补充说，该方法也是为了提高警方抓到坏人的概率，这才是重点所在。研究证明，目击者指认改革将有助于温斯顿 - 塞勒姆市的警局抓住真正的罪犯，而非“疑似”罪犯。如此一来，嫌疑犯指认结果在法庭上也更能站得住脚，不会引发太多法律上的争议。这一点很关键，因为无论温斯顿 - 塞勒姆市的警方喜不喜欢这个方法，它都会普及开来。只要警方继续采用过时的流程，任何聪明的辩护律师都会在庭审时对他们发起抨击。难道警方不想在法庭辩论中占上风吗？

听完罗斯和克莉丝的话，检察官和探长默不作声。这个办法似乎很合理，虽然他们依旧觉得使用软件的成本较高，但听完洗冤委员会的改革方案后，他们觉得这个方案总比书面报告好了许多。他们同意把该方案带回警局研究。温斯顿 - 塞勒姆市的警局局长帕特 · 诺里斯（Pat Norris）承诺将实施这些措施。诺里斯很喜欢这个方案，它既能找到真正的嫌犯，又能减少警方在法庭上遇到的阻力。她提出，如果洗冤委员会致力于做好此事的话，她非常有兴趣提供帮助。

一个月后，温斯顿 - 塞勒姆市的警察局局长帕特 · 诺里斯加入洗冤委员会。

带着温斯顿 - 塞勒姆市警察局局长的认可，克莉丝到北卡罗来纳州各个城市游说相关的人员。首先，她与 20 多名警察局局长会面，然后又在司法学院举行了一次会议。越来越多的警察局写信给她，请求她提供培训材料。于是克莉丝寄给他们一年前打包整理好的文件。随后，她又拜访了警察局长协会（Police Chiefs Association）、警察行政人员协会（Police Executives Association），以及刑事司法教育与标准委员会（Criminal Justice Education & Standards Commission）。

一年后，即 2005 年，洗冤委员会的改革措施终于被北卡罗来纳州的基本执法培训项目（Basic Law Enforcement Training）采纳。

## 《第 972 号法案》

正当克莉丝为目击者指认改革争论不休时，整个洗冤委员会的改革步伐已经向前大步迈进了——或者说它正在尝试着这样做。最开始，洗冤委员会的委员们达成一致不讨论死刑问题，显然，他们没有信心让各方在这个问题上达成共识。因此，为了不影响大局，委员们承诺不去触碰这个敏感的话题。从委员会创立开始，死刑问题就被束之高阁。这个问题就像暴风雨来临前的乌云，而且时不时有“风”吹来。

掀起这股“风”的人是吉姆·科尔曼。早在受雷克之邀加入委员会之前，科尔曼一直在美国律师协会（American Bar Association）负责呼吁暂停死刑的工作。同时，他还是北卡罗来纳州死刑诉讼中心（Center for Death Penalty Litigation）的董事会成员。现在，科尔曼要在州议会面前就死刑问题作证。科尔曼认为，他所参与的这两项法律改革相互之间没有关联，但洗冤委员会的检察官不这么看，他们觉得自己被科尔曼拖入了一场争论，而且他们此前已经达成一致要回避死刑问题。地方检察官抱怨说，他们从来没有想过要加入一个反对死刑的团体，并且不希望在这个问题上抛头露面。随后，州参议院通过了《第972号法案》。该法案规定，北卡罗来纳州将暂停执行死刑，为期两年。这个法案的序言中还特别提到了洗冤委员会。

事实上，科尔曼根本没有参与这项法案的拟定工作，但旁人不这么认为。科尔曼知道，地方检察官要他放弃在死刑改革方面的工作，他们还威胁科尔曼，如果他不这样做，他们就退出洗冤委员会。因此，科尔曼找到贝弗利·雷克，并提请辞职。科尔曼向雷克坦言，地方检察官对于委员会的正常运作至关重要，而他本人可有可无。假如一定要有人退出的话，那么这个人应该是他。

雷克拒绝了科尔曼的请求。他告诉科尔曼，他自己也支持死刑，但他很欣赏科尔曼。虽然他们在政治立场上有冲突，但雷克觉得科尔曼对委员会的作用非常大。“听着，我认为你正在做的事情会影响我们的事业。”雷克安慰他说，由于公众关注度高，人们可能会把洗冤委员会和死刑改革混在一起谈论。这是事实，但与科尔曼无关，所以他不会让科尔曼辞职。

相反，雷克起草了一封公开信，并寄给两位支持暂停死刑禁令的州参议员。“洗冤委员会中既有支持死刑的成员，也有不支持死刑的成员。”

他澄清道，“对于执行死刑和暂停死刑，他们的个人观点截然不同。”雷克承认，虽然《第972号法案》没有明确提到洗冤委员会支持该法案，但法案的序言中提到了洗冤委员会，这有可能会被其他人曲解，他对此表示不满。“为了避免有人误认为洗冤委员会赞同暂停死刑或该法案，并出于对洗冤委员会工作重要性的尊重，我谨在此请求参议院将《第972号法案》中任何提及北卡罗来纳州洗冤委员会的条款删除。”

修订后的法案并没有完全消除地方检察官对科尔曼的不满，但很快，另一件事让他们对科尔曼另眼相看。在杜克大学的一堂课上，科尔曼的一名学生讲述了他在去年夏天的一段经历。这名学生回忆说，当时他正跟随威尔明顿的地方检察官本·大卫（Ben David）实习，在实习过程中，大卫接手了两宗死刑案件。其中一宗案件的被告是一个黑人；另一宗案件的被告则是一个鲁姆比印第安人（Lumbee Indian）——他的肤色较浅，不认识他的人往往都以为他是白人。

在办公室，本·大卫向实习生描述美国南部地方检察官所面对的政治现实。他不假思索地说道，假如他判处其中一名被告死刑，而没有判处另一名被告死刑（反之亦然），外界就会评论他有种族主义倾向。大卫之所以讲这番话，并不是想表明他的裁决会受到这些因素的影响，而是说他在这方面经验丰富，知道他的工作中有诸多不便。

起初，科尔曼对这个故事不以为意。那个周末，他和妻子一起去度假，而他的一位同事则在办公室里加班。这位同事也是杜克大学的职员，科尔曼走后，她写了一份宣誓证词，声称大卫的言论证明他是基于种族原因而判被告死刑的，她希望法院撤销一项定罪和死刑判决。

得知同事的所作所为后，科尔曼既困惑又愤怒。科尔曼从来没见过本·大卫。据他所知，他的这位同事也没有见过大卫。但是，他记得自己的学生讲述的实习经历完全跟种族歧视扯不上关系。他给全班学生发了一封电子邮件，命令他们除非有律师在场，否则不要乱说话。然后，他亲自给本·大卫打了一个电话，表明了自己的身份。“我当时在场。”他坚称，“事实并非如此，我的学生在课堂上不是这么说的。”科尔曼主动提出要为大卫写一份证词，以证明大卫的清白。

大卫被判无罪，而科尔曼的同事则被解雇了。这个结果让死刑诉讼中心的其他人感到不快，他们觉得科尔曼虽然依旧是董事会成员，但已经背叛了他们的事业。科尔曼则压根不在乎别人的看法，他只知道自己说的是实话。“确实有很多种族问题会影响死刑判决。”他安慰本·大卫，“但我们无须编造任何谎言。”

科尔曼是一名黑人辩护律师，却主动帮助一名白人检察官，尤其是在种族问题上提供帮助，这给北卡罗来纳州的地方检察官留下了深刻的印象，他们都听说了这件事的来龙去脉。在洗冤委员会接下来的会议上，委员们带着尊重又有些嫉妒的全新眼光看待科尔曼，其中一名委员说：“我知道你刚刚帮助过一个好人。”

科尔曼耸了耸肩。他是一个坚决反对死刑的保守派嬉皮士。他知道委员们对死刑有自己的想法，但他也有自己的原则。

现在，洗冤委员会的委员们已经解决了目击者指认问题。虽然他们在死刑问题上还没有达成一致，但也在一定程度上达成了和解。他们开始关注另一个问题。从最早在克莉丝家里召开的第一次会议开始，一个明显的问题已经盖过其他问题显露出来，即使在他们推行目击者指认改革时，这个问题仍旧非常显眼。委员们习惯将目击者指认问题称为“前端解决方案”，但从逻辑上讲，一个术语会带来另一个术语。既然有“前端解决方案”，那就有“后端解决方案”。防止今后再次发生冤案本身没有问题，但那些已经发生的冤案呢？他们又该怎么对待呢？

尽管人们对如此明显的问题视而不见，但鲍勃·奥尔已经思考好几个月了。

# 我们只能相信自己

## 除了自己的思想，他一无所有

对格莱姆斯来说，终身监禁意味着与人生前41年的一切保持距离，包括朋友、兄弟姐妹、郎代尔家中的篱笆桩和杂草丛生的土地、在纺织厂和家具店的工作，甚至是他的旧公寓和衣服，所有这一切都随风而去。每过去一周，他对往事的记忆就变得越发模糊，脑海中的事物也变得越发灰白，声音越来越轻柔，直到他几乎记不起来。另一方面，监狱里的下午越来越漫长而懒散，日子长得看不到头。陷入如此境地的囚犯只能控制自己所能控制的一切。

每天早上，格莱姆斯都会在同样的时间转动淋浴器的旋钮，把牙刷放到同一个储物柜架子上；在操场上，他会把一只杠铃举起好几次；在餐厅里，他吃的是同样的食物——或者故意连续几天吃不同食物，只为了证明他可以做点不同的事情。他把面包屑塞进口袋，然后偷偷地带进牢房，将老鼠招引出来当宠物养。他收集书籍、照片、信件或收音机，他将这些东西视若珍宝，有时候会不惜一切保护这些宝贝。在缝纫厂工作时，他会趁狱警不注意，为自己量身定做几件衣服，或者在衣服上缝上自己名字的首字母。现在他再也不用借衣服穿了，那些衣服已经归他所有。

长期服刑的囚犯也许会完全脱离或尽可能逃离自己的感官意识，把每天、每月、每年甚至每十年严格划分，过着机器人般的生活。格莱姆斯会在固定时间起床，从事固定的体力活动，在固定时间休息，就像一台怠速运转的发动机。所有假期都不复存在，他会忽略掉圣诞节、逾越节、生日、新年及刚过去的一年。这样的囚犯不再对生活抱有任何希望，所以也不会感到失望。格莱姆斯没事就打盹，如果幸运的话，一觉醒来已是下午 4 点，上午就在不知不觉中混过去了。

囚犯也可以充分利用自己的时间。如果他是一个爱交际的人，可以和其他囚犯打扑克牌、玩跳棋和骨牌。如果他有钱，还可以赌上几把，甚至还可以帮狱警跑腿，去做咖喱饭或者加入某个帮派。

囚犯还可以在狱中继续自己的学业，在图书馆或课堂上打发时间。他可以看恐怖小说、推理小说，以及文学或哲学方面的书籍。如果生性乐观或有进取心的话，他还可以看点法律相关的书籍。

格莱姆斯已经在狱中度过了令人窒息的 3 年，他身陷愤怒之中无法自拔，奔涌的怒火几乎让他无法喘息。现在，他的心情暂时平复下来了一些，开始承认某些事实。显然，他开始认识到自己是否犯罪这一点根本不重要。从警察逮捕他的那一刻起，他就说自己是无辜的，但无济于事。这正是他的上诉被驳回的原因，也就是说，他可能永远无法出狱。格莱姆斯原以为出狱是迟早的事，只不过时间拖得长一点而已，现在他发现，这种想法可能是错误的。他们给他定的罪名也许不是后续可以纠正过来的程序性错误，而是实际的结果。也许入狱不是他人生的插曲，而是最终命运。

这个念头让格莱姆斯感到崩溃。换句话说，他错信了希科里镇的警察、牛顿区的法官，以及他现在看到的那些正在巡逻的狱警。从长远来看，这些人都不是能够帮助他洗脱冤屈的人，他们不是专业人士，而且根本没有什么所谓的“专业人士”。狱警们衣着光鲜，衣服上缝着铭牌和徽章。他们或坐在办公室，或拿着枪在瞭望塔上巡逻，或用“灰鹅”巴士运送囚犯。他们不是凭权力而是凭想象力做事，身上散发出一股虚伪的气息。

格莱姆斯发现，狱警们制定的每一条规则都会有囚犯藐视；北卡罗来纳州的每一条法律都有例外，他本人就是例外。任何狱警、法官或法庭里的律师都是微不足道的，他们认为自己所拥有的权力根本一文不值。那种所谓的“权力”是原始、野蛮且视情况而定的，既微不足道又空洞，只是一种幻觉。一直以来，他居然没有意识到这一点，真是愚蠢至极。不同的监狱之间根本没有什么区别，无论它们是用砖块、水泥还是铁丝网建造的。

在这样一个世界，没有什么是可以依赖的，一切皆是偶然。格莱姆斯曾以为某个有影响力的人可以帮到他，现在他明白这种想法是错误的。根本不存在救世主，没有人拥有这样大的影响力，他能相信的只有自己。

监狱让他一无所有，他知道只有自己的大脑不会欺骗自己。他认识到其中的讽刺之处。囚犯们都抱怨自己拥有的东西太少，事实上，他们从未拥有过太多东西，而监狱只是把他们一直以来的状况暴露出来罢了。监狱把他们从幻觉中解放了出来。其实，一个人的命运不是由他所处的环境决定的。格莱姆斯发现，除了自己的思想，他已经一无所有。这并不意味着他缺少权力，而是缺少值得拥有权力。他在《罗马书》（*Romans*）中看到：“不要再被现有体系所影响，要改变你的思想，让自己脱胎换骨。”

每当不工作的时候，格莱姆斯就看随身带着的两本《圣经》，一本是他童年时期就看过的“詹姆斯国王钦定版”，另一本是耶和华见证会送给他的“新世界译本”。耶和华见证会告诉他，和其他人一样，上帝也有一个名字，这个名字就出现在最早的《希伯来圣经》（*Hebrew Scripture*）中。但是古希伯来语没有元音，所以耶和华的名字被拼写成了“YHWH”，后来又被翻译成希腊语和拉丁语，使这个问题变得复杂化。拉丁语没有字母 W，而 Y 的发音更接近美式英语里的 J。就这样，YHWH 就变成了 JHVH，最后演变成 Jehovah，即“耶和华”。

不过，不是所有人都用这个词。有些人保留了希伯来文的 Y 和 W，并读成“雅伟”（Yahweh）；有些人则为了避讳上帝的名字，在他们的译文中用另一个不同的希伯来单词“阿多奈”（Adonai，即“主”或“我主”之意）来取代 YHWH，以此遵守《摩西十诫》中“不可妄称上帝之名”的规定。

就这样，《圣经》的读者就不必大声说出上帝的名字，对上帝保持尊重。

耶和华见证会认为，这是一个重大错误。“主”是耶和华的头衔，而不是他的名字，删改名字的做法会使上帝变得有距离感和缺乏人情味。《圣经》劝诫人们与上帝发展亲密的关系，《诗篇》中便有发展“与耶和华的亲密友谊”之说。直呼朋友之名，这是合情合理的做法。耶和华曾告诉摩西：“这是我永恒的名字，一代又一代的人将通过我的名字记住我。”上帝希望人们直呼其名。

就这样，格莱姆斯读完了《约伯记》，并惊讶于居然有人能承受如此深重的磨难。之后，他又读了《耶利米书》（*Jeremiah*）和约瑟的故事。《圣经》里有这样的记录：约瑟被兄弟出卖，并被贩卖到埃及，但耶和华与约瑟同在。在埃及，约瑟再次遭遇背叛，有人诬告他犯下了强奸罪，他被关进了监狱。《圣经》还记录道：但约瑟仍与耶和华同在，并一直向他表达忠诚的爱心。约瑟的话传到了法老耳里。法老认为约瑟是一位智者，便将他释放，请他当导师。此前想谋害约瑟的那几个人现在来乞求约瑟的帮助了。约瑟对他们说：“我是你们的兄弟约瑟，你们把我卖到了埃及。”尽管如此，他还是答应了这些人的请求。“不要因为你们把我卖到这里而感到难过，也不要互相责备。”约瑟告诉他们，“因为不是你们把我卖到埃及，而是上帝让我先你们一步来到这里。”

和约瑟一样，格莱姆斯也在经受考验。他的首要任务是保持自己的信仰，因为信仰比黄金还要珍贵，黄金遇火则化，而信仰可以抵御烈火。通过阅读《圣经》，格莱姆斯知道耶和华眷顾着他，只要他敢于反抗魔鬼，耶和华就会帮他承受痛苦。魔鬼“如咆哮的狮子般四处游弋，伺机吞食人们”。他和这头狮子一样愤怒。“坚定信念，反抗恶魔，”他在《彼得书》（*Peter*）中读到，“只要你能承受一段时间的苦难，厚爱世人、召唤世人共享永恒荣耀的上帝将结束对你的考验。”格莱姆斯心想，虽然他身陷牢狱，但内心最终会获得自由，无论牛顿法院的审判还是囚犯法律服务事务所，都只是假象。“因耶和华爱正义。”《诗篇》里写道，“不会抛弃对他忠诚的人。”

## 监狱生活

一般说来，监狱越小，狱警越宽仁。当然，在监狱里，宽仁是相对而言的。在一座有数百名甚至上千名囚犯的大监狱里，每名狱警负责看管的犯人数量很多，根本不可能给个别囚犯提供特殊待遇。相比之下，规模较小的监狱较容易管理，里面的人际关系更和谐，狱警的心态也会比较放松。西部的大部分监狱都比较麻烦，据说是因为山区的狱警可能是乡下人，对囚犯充满敌意。此外，新近建造或翻修过的监狱比较干净，通常也较为安全；而那些破旧的老建筑则会令人情绪低落。

囚犯对这些监狱的重要性不言而喻；反过来，监狱也会影响囚犯的行为。能够提供工作机会或学习机会的监狱对某种类型的囚犯更有吸引力，而这样的监狱也更容易混日子。较小规模的监狱也是如此。倘若一个牢房里的囚犯大多有工作或学习的机会，那么这个牢房的安全系数通常要高于没有这些机会的牢房。在这种牢房里，囚犯动粗和吸毒的现象较少，但也不是完全没有。

囚犯们可以选择用夹带的方式将毒品带进监狱，这种方法成功的概率不高。还有一些囚犯将毒品藏在身体里，这种方法更不管用。通过狱警把毒品带进监狱则要容易得多，而且更普遍。格莱姆斯在监狱里看到了他这辈子以前从未见过的毒品，如大麻、可卡因、海洛因、吗啡、盐酸氢吗啡酮、杜冷丁等。狱警靠夹带或贩卖毒品赚取额外的收入，并在囚犯当中树立威信。对囚犯来说，毒品只是用来打发时间的，跟在惩教公司里干活没有什么区别。假如有得选的话，囚犯宁愿用毒品换一间单人牢房，因为狱警无法观察到他们在单人牢房里的一举一动。

不过，在操场或狱警看不到的地方吸毒也不是什么难事。就算狱警能看得到，只要跟狱友商量好了，也照样能够吸毒。囚犯们通常要接受毒品测试，如果测试结果呈阳性，囚犯的记录上就会被扣分。测试不通过的惩罚就是留下不良记录，或者被关禁闭一段时间，又或者两者兼而有之，这要取决于狱警的心情和是否忠于职守。遇到这种情况，聪明的囚犯会拒绝提供小便样品，而这种行为会被视为违抗命令。与毒品测试呈阳性所带来的后果相比，违抗命令扣的分数较少。后来，即使是再笨的囚犯也懂得如何取舍，所以监狱改变了政策。现在，毒品测试呈阳性和违抗命令都要扣同样的分数。

犯罪团伙是由一群囚犯组成的团体，也有可能是一个帮派，人数有多有少，但不是所有囚犯都有暴力倾向，这取决于监狱、狱警和看管级别。犯罪团伙通常与某个狱警关系不错，并依靠该狱警获取毒品或帮忙。敌对团伙之间的争端有可能引发危险，但要视团伙作风和环境而定。目前的情况是，最高安保级别的囚犯最有可能发生暴力事件；在一个充满敌对情绪的监狱或狱警特别容易妥协的监狱，中等安保级别的囚犯也有可能诉诸暴力。

如果运气不好，囚犯也有可能随时会遇到暴力事件。有些暴力事件是有针对性的，比如针对穷苦的白人、黑人或同性恋。这样的监狱有可能成为恐怖事件的源头，犯人几乎可以用任何东西制造武器，而且他们经常这样做。有人从食堂买来密码锁，把它装到袜子里就是一件武器；有人把马桶刷的木柄用锉子磨尖，也是一件武器；还有人从操场捡回坏了的割草机的刀片，在木工车间的磨床上磨锋利后，再用布织绷带裹住一端，同样是一件趁手的武器。

“如果你是我们的一员，我们就有办法证明给别人看。”格莱姆斯一进监狱，就有囚犯向他承诺说，“我们会让你在监狱里站稳脚跟。”格莱姆斯并没有加入这些团伙，反而极力躲避他们。他为人内向，并且感觉他们不怀好意。加入团伙就意味着效忠，而他不想效忠黑帮；受人恩惠就要欠人人情，他不想无功受禄。

为了消磨时间，格莱姆斯开始发放小额贷款。厨房和洗衣房的工作让他有了收入，但他并不看重钱。他既不吸毒，也很少从食堂里买东西，所以他不知道该把钱花向哪里。如果他一周赚了 2.5 美元，就会借给另一名犯人，收取 50 美分利息。对方把钱连本带利还给他之后，他再把这 3

美元借给另一个人，收取 1 美元利息。虽然有的囚犯经常不还钱给他，他也觉得无所谓。他并不是在实践某种商业，只是通过贷款打发无聊烦人的时间。他学会不得罪那些黑帮团伙，因为他们也靠放贷赚钱，不希望有人来抢生意，尤其是在他收取的利率较低的情况下。黑帮团伙发现格莱姆斯只是在单干，不是在为他们的竞争对手工作，所以放了他一马。放贷的危险就在于这会不经意地抢走别人的生意。他尽量不借钱给那些欠别人钱的人，如果他注意到敌对的黑帮之间争夺客户，就会暂停放贷一段时间。

有些时候，格莱姆斯会因为病重而停止放贷。有一次他得了感冒，后来加重为流感，他申请去看医生。但因为他刚刚补过牙，所以护士误以为是他的牙齿出了问题，把他送到了牙医那里。一天后，她们意识到自己犯了错。第 3 天，医生给他开了更多的美敏伪麻片和硫酸伪麻黄碱，还给他开了一种叫“提欧多”的药，这种药专治支气管炎，可谁也不确定他是否患上了支气管炎。为了以防万一，他们还给他开了抗生素。

接下来这一周，格莱姆斯要接受羁押审查，这是监狱管理人员对囚犯进行的一项评估。“主管对他的工作表现给予了‘优秀’评级，”他的管教写道，“格莱姆斯与其他囚犯及工作人员相处得很好，他没有给桑普森监狱的管理层制造麻烦。”

接受审查的那一周，格莱姆斯又去见了一位精神科医生。医生认为他“很友好”“很健谈”。他在格莱姆斯的病历表的“评语 / 进展 / 说明”一栏中写下几个字：“（他）否认自己有罪”。

经过一个多月的安稳睡眠后，格莱姆斯的睡眠问题又卷土重来。他担心自己服用的药物不仅没有缓解作用，反而加重了失眠症状，于是他要求停止服用抗抑郁的药物。在坐牢之前，格莱姆斯从未服用过任何一种抗抑郁药物，况且他也听说过囚犯对药物越来越上瘾的故事。他甚至怀疑那些药物是让他晚上做噩梦的罪魁祸首，可是除了吃药，他不知道还有什么办法可以缓解感冒。他的精神科医生用曲唑酮取代了多虑平。

## “我们只接有可能成功的案子”

格莱姆斯再次提出人身保护申请，这次是向地区法院提出申请，而不是向州最高法院，因为州最高法院已经驳回了他的申请。

几周之后，格莱姆斯收到了菲利普·格里芬的上司马文·斯帕罗寄来的一封信，这让他颇感意外。斯帕罗也看过所有与格莱姆斯相关的档案，并得出了跟格里芬一模一样的结论。他承认说：“很遗憾，我自认为没有任何办法推翻法院对您的定罪，我们根本没有胜诉的机会。”去年，斯帕罗和格里芬谈过好几次格莱姆斯的案子。斯帕罗继续说：“他说您是清白的，并且会想办法证明这一点。”他们两人一致认为，卡丽·埃利奥特在法庭上对格莱姆斯的身份指认过程疑点重重，他们起初想对卡丽提出质疑。

“问题是，受害者确信是您袭击了她，至少在庭审时她是这样认为的。而且令人难以置信的是，陪审团相信了她的证词。”斯帕罗不得不同意格里芬的意见，但他内心还是隐隐感到不安。假如没有新的证据，囚犯法律服务事务所根本没有任何理由推翻格莱姆斯的罪名。“作为因遭到错误指认而入狱的囚犯，您自然会对我们的失败感到愤怒，因为无论这种尝试的成功机会多么渺茫，也有可能洗脱您的罪名。但是我们必须运用自己的判断力，只接那些有可能成功的案件。我发现，由于帮您翻案的可能性不高，格里芬先生没有代表您提出任何上诉或动议，这个做法是正确的。据我所知，你现在要求我们归还档案并打算亲自提出申请。祝您好运！我们事务所准备结束您的案子。”

到了夏末，格莱姆斯被转到弗吉尼亚州边境附近的万斯惩教中心(Vance Correctional)，并在那里找到了一份助理厨师的工作。秋天到来时，他再次接受羁押审查。“格莱姆斯目前在厨房工作，上司对他的评价不错。”他的管教写道，“自从转到本中心以来，他没有制造过任何麻烦。”

距离格莱姆斯向法院申请人身保护令又过去了三个月。他开始担心法院可能根本不会回复他。在这种情况下，他需要重新向另一个法院提出申请。他写信给夏洛特的一名律师，后者同意帮他起草请愿书，收费 4000 美元。格莱姆斯写信给住在郎代尔的一位表兄，表兄给他另找了一名律师，这名律师同样也要收 4000 美元的费用。格莱姆斯意识到，即使他找到了愿意免费提供帮助的人，他手上也没有可以填写申请的表格了。于是他写信给司法部的律师，询问对方是否能寄一份申请表给他。在等待回信的期间，格莱姆斯在监狱里打电话给他的侄女雪莉，希望家人的声音能让他得到些许慰藉。“我本来不想跟您说这件事的。”雪莉告诉他，“但我又不能不说。布兰达两周前去世了，她妈妈也在上周去世了。”

这个消息让格莱姆斯惊呆了，他很久才回过神来。“你说什么？”他结结巴巴地问道。他和布兰达一直保持通信，后来她搬到另一处公寓，格莱姆斯便跟她失去了联系。之前双方写信的频率不高，庭审结束后布兰达也没来看过他，他知道监狱很远，况且她的工作经常要加班加点。在被捕之前，格莱姆斯只跟布兰达谈了一年时间的恋爱，他没有指望布兰达会等他一辈子。尽管如此，他还是把她当作朋友。他不明白布兰达怎么会突然去世，她才 41 岁啊！他甚至都没听到过布兰达生病的消息。

雪莉告诉他，布兰达和她的母亲都患有乳腺癌，但没人知道这件事。

布兰达居然没把她患乳腺癌的事情告诉他，这让他感到很难过。她是不是故意隐瞒的？还是说她的病情恶化得太快，根本没有机会告诉他？格莱姆斯对癌症的发病机理几乎一无所知，或许她已经看过好几个月的医生了，因为布兰达曾开车送他去谢尔比取回税款。现在听到她去世的消息，孤寂感顿时涌上他的心头。这种感觉不再是暂时的，而是永恒的。

格莱姆斯对管教说，他想转到离郎代尔较近的一座监狱。他想，如果当初他离家近一点的话，布兰达也许能经常来探望他。管教把他的请求提交给了上级，上级批准了。两个月后，他并没有被转到那座监狱，而是去了中央监狱，一周后又转回万斯惩教中心。没人告诉他原因。格莱姆斯很不情愿地再次写信给菲利普·格里芬，并附上一份他向地区法院提交过、迄今为止未收到任何回复的人身保护令申请表的副本。一个月后，格里芬回信说他爱莫能助，至于原因，他和马文·斯帕罗之前已经解释过了。

那年冬天的某个晚上，格莱姆斯睡得很香，足足睡了五个小时，中间几乎没有醒过。在他的病历本上，医生写下“抑郁症已完全缓解”的判断，精神科医生则把“已完全缓解”划掉，代之以“部分缓解”。

囚犯之所以能在不同监狱之间调动，原因有很多，包括看管级别的变化、工作的调动、课程变化或参与某个监狱特有的身体康复项目。如果一个囚犯在某座监狱惹是生非，他就有可能被转到别的监狱；如果囚犯觉得自己处境危险，或者在其他监狱可能跟别人相处得更好，也可以亲自提出转狱申请。反之亦然，如果管教注意到某个囚犯跟狱警的关系过于亲密，很有可能会把那个囚犯调走。因为两者关系越友好，狱警就越有可能给囚犯提供便利或违反监狱规定，防止这种情况发生的最简单的办法就是调走其中一个人。

如果一名囚犯被送到离家很远的地方坐牢，他可以要求转到离家较近的监狱服刑，以便家人探视。有时候狱方会批准这种请求，有时却不会。又或者，囚犯可能仅仅因为监狱要清理床位而被调往别处。对于每一批从中央监狱O号牢房转运来的新囚犯，监狱都要先清理床位才能接收他们，这意味着其他囚犯必须要转移到另一座监狱或同一座监狱的不同床位。在万斯惩教中心，管教不断地让格莱姆斯换新牢房，这种情形与他在哈内特惩教所和桑普森监狱的遭遇一模一样。这也是他睡不着觉的原因之一。每次换牢房，他都身处在另一个陌生的环境，身边被陌生人包围。

有一次在厨房值班时，格莱姆斯向一位监督工作的警长提到了他调动未果的事情。格莱姆斯坚称他一定要回到克利夫兰县惩教所，那里是唯一一个他的亲朋好友可以探视他的地方。监狱已经答应把他转到那里，结果他又被送回到万斯惩教中心，他不明白为什么会这样。

警长承认，就个人而言，她很高兴看到格莱姆斯没有转狱成功，因为他是一个好工人，很难有人可以取代他。不过，她也知道格莱姆斯有多难过。

第二天，她把格莱姆斯拉到一旁。“如果你真想调走，我会告诉你去那里的最佳办法。”她先是环顾四周，然后轻声地说，“但这可能会影响你的记录。”

格莱姆斯根本不在乎记录受影响。

于是警长向他面授机宜。

那个周日的晚上，格莱姆斯很早就回到自己的床上睡觉，此时其他人还没有回到牢房。几小时后，他突然醒来，发现一群囚犯正盯着他看，其中一名囚犯说：“我们要好好修理你一顿。”

他大叫起来，一名狱警出现了。“他们要打我！”他指着人群喊道，“他们随时都会打我！”

狱警环顾四周，没看见任何人。格莱姆斯独自一人躺在床上。

狱警又问他发生了什么，格莱姆斯再次指向空旷的地方。他的眼睛飞速扫视周围，露出惊恐的神情。他搓着手掌，仿佛在洗手似的。“我要先下手为强。”他警告说。

狱警不明白他在说什么。

“放我出去！”格莱姆斯压低嗓门说道，“让我离他们远点！”

狱警立刻把格莱姆斯带到护士值班室。护士把他关在一个观察室里，并在病历上写道：“这是为他的安全着想。”第二天早上，她们把他转到中央监狱的心理健康诊所，对其心理状况进行评估。格莱姆斯解释了前一天晚上发生的事情。精神科医生说：“他患上了妄想症，觉得其他人要害他，为了自保，他想先动手伤害别人。”除了听到人声，格莱姆斯“显得提心吊胆，非常紧张”，而且“身体颤抖，有明显的焦虑感……囚犯格莱姆斯说他已经准备动手了”。从格莱姆斯的病历表中，这位精神科医生发现格莱姆斯正在接受抑郁症的治疗。根据格莱姆斯的档案，他每月看一次监狱里的精神科医生，而且都是看门诊，对医生的治疗反应良好。在“与其他囚犯的关系”一栏中，某个医生写道：“没有问题，他大部分时间都是独处。”

在搞清楚格莱姆斯到底出了什么问题之前，这位精神科医生不敢轻举妄动。为了防止格莱姆斯自杀，并“保护工作人员和其他囚犯免受伤害”，他把格莱姆斯安置在另一间牢房里作进一步的观察。

到了第二天早上，格莱姆斯再回来看医生时，曾经发生的事情似乎都结束了。他看上去很正常，医生在他的病历上写道：“病人很快就从急性精神病发作中恢复过来，坦然接受药物治疗。”除了惊恐，格莱姆斯没有表现出任何问题。现在，他说感觉好多了，不需要继续接受治疗，并且想回到万斯惩教中心。医生同意了他的请求，在病历上写道：“这次住院治疗的效果并不显著。”他还在格莱姆斯的病历表上增添了“分裂型人格障碍”的诊断，但后面标注的一句话表明他不太确定该诊断结果是否正确：“精神病患者？（似乎不太像）”除了百忧解和曲唑酮之外，他还给格莱姆斯开了另一种抗抑郁药阿米替林，然后让人把格莱姆斯送回万斯惩教中心。

刚回到惩教中心，格莱姆斯再次申请转狱。警长告诉过他，如果他想被转到某个特定的监狱，诀窍就在于不要主动提出去那里。监狱管理者是不愿意满足囚犯如此具体的要求的，因为他们不想让犯人觉得自己有话语权。她告诉格莱姆斯，如果他想要转狱，必须反其道而行之，找一所距离自己想去的监狱最近的监狱，并要求调到那里。这样一来，监狱管理者反而有可能会把他转到他真正想去的监狱。由于此前他已经被克利夫兰县惩教所拒绝，所以格莱姆斯这次选择了距离克利夫兰惩教所东北部 20 公里远的林肯惩教所。他对管教说，他怀疑最近发生的事件与他离家太远，没有任何人来探视他有关。这一次，监狱同意了他的转狱申请。但管理人员告诉格莱姆斯，他们只是批准转狱，并没有批准把他转往林肯惩教所。

到了 6 月份，格莱姆斯被转到了克利夫兰县惩教所。

这是格莱姆斯第一次离家如此之近，亲朋好友终于可以来探望他了。那一年，他的姐姐格拉迪丝两次从银泉市驱车来看他，而他的两个哥哥萨缪尔·李（Samuel Lee）和小克利夫则专程从郎代尔赶来。他高中时的一位朋友也来看望他了。虽然被捕以后兜兜转转花了将近五年时间才离家近一些，但他现在才觉得找回了自己，晚上也终于能睡一个安稳觉了。他告诉监狱的精神科医生，他觉得自己不再需要每月接受治疗了。在他的病历表上，诊断结果从“抑郁”变成了“心境障碍”。“态度友好，很合作，相当顺从。”医生在格莱姆斯的病历上写道，“他说这是因为现在这所监狱离他家人很近，他感觉好多了。”

## A 级无期徒刑

一个月后，格莱姆斯得知地区法院最终驳回了他的人身保护申请，此时距离他提交申请已经过去了 20 个月。

不久，格莱姆斯的感冒复发。护士给他开了美敏伪麻片，但这个药对他不起作用，于是又给他开了阿莫西林和茶碱，以防止他患的是支气管炎。后来，他们给他服用治疗感冒和流感的药物，然后是缓解充血症状的碘化甘油，再后来还给他开了伪麻黄碱，以防止他过敏。到了 5 月份，他们给格莱姆斯做了 X 线透视，结果显示正常。这种莫名其妙的病一直持续到冬天，最后，克利夫兰县惩教所给他做了医疗观察。28 小时后，他的病情既没有好转也没有恶化，于是护士们把他送回了牢房。格莱姆斯请求护士给他两件备用的保暖内衣，因为他当下只有一件保暖内衣，每次把它拿去洗衣房洗时，他会觉得浑身发冷，还会因咳嗽而感到不适。他问护士能否给他另外申请一件。

尽管有病在身，格莱姆斯还是找了一份图书馆管理员的工作。工作时间是从早上 8 点到 11 点，午饭后，他要重新整理书籍，登记借出和归还的书籍，然后把书架和书桌打扫干净。他发现，当图书馆管理员比在厨房里做早餐有意思多了，因为图书馆非常安静。他经常一个人待在图书馆里，这也是他喜欢这份工作的原因之一。除了医疗观察和有一次因喝酒而被关禁闭之外，他从来没有像在图书馆里那样远离其他的囚犯。在监狱里，再没有哪个地方能比图书馆更安静和令人平静了。

鉴于他所知道的每一家法院都拒绝了他的人身保护申请，格莱姆斯把注意力转到了别处。如果没有人同意他的请求，他想退而求其次——获得最低看管级别。他知道，一旦被评为最低看管级别，他很有可能得到假释资格。独自一人在图书馆时，格莱姆斯重读了他的判决词，意识到其中有一项罪名是错误的。

他被判一级强奸罪，相当于B级无期徒刑。但不知为何，法官却判了他A级无期徒刑，该罪名通常只适用重大谋杀案。A级无期徒刑使他永远无法获得假释资格。格莱姆斯写信给他曾经受审的牛顿法院，想了解原因及能否更改判决，但牛顿法院回信说判决结果不可更改。

格莱姆斯更觉得奇怪了，于是他又写信给假释委员会。“既然不是A级无期徒刑，法庭为什么不能更改判决呢？”他想向委员会讨个说法，“监狱里的人告诉我，法院书记官应该能够更改判决，因为这案子无论如何都应判B级无期徒刑。”假释委员会答复说，他们没有权力改变或减轻对他的判决。这让格莱姆斯恼怒不已，他找到另一位法律专家，后者告诉他，修改判决的唯一办法是州长出面。然后，他又问管教该怎么办，后者建议他写信给德·托雷斯。和格莱姆斯一样，管教也不太明白A级无期徒刑和B级无期徒刑之间的区别，但他同意格莱姆斯被错判的说法。他帮格莱姆斯写信给州长，并把信夹在给德·托雷斯的一封短信里。

德·托雷斯收到格莱姆斯的来信后，重新查阅了他的卷宗，发现格莱姆斯的看法是正确的。在1988年，肯尼思·格里芬法官把格莱姆斯的两项罪名合并判决时犯了一个笔误。现在，格里芬已经不再担任法官，所以德·托雷斯打电话给法院书记官，想知道如何修正错误。书记官告诉他，他需要一份由卡托巴县高等法院法官签字的《修订判决及承诺申请书》（*Motion to Amend the Judgement and Commitment Order*），且该法官不一定是犯笔误的那名法官。

于是，德·托雷斯起草了申请书，并将这份申请书连同一份解释函、一个盖了章并带地址的信封寄了出去，这样法官签字后就可以立刻把申请书寄回来。德·托雷斯向格莱姆斯保证，一旦法官签了字，他会立刻将申请提交给州惩教署，惩教署更新记录后，格莱姆斯就能重新获得假释的机会。德·托雷斯说:“这件事我不收你的钱。如果需要我帮你继续上诉的话，请告诉我。祝你好运。”

1994 年 1 月初，就在护士结束格莱姆斯医疗观察的同一天，州高等法院的一名法官批准了德·托雷斯的申请，并下令修改对格莱姆斯的判决。

与此同时，格莱姆斯写信给州长，请求州长考虑赦免他。“我没有犯下这些罪行。”他说，“罪犯指纹和我的指纹不匹配……州长先生，《正当程序条例》要求法官不得靠虚假或不可靠的信息做出判决。”在信封内，德·托雷斯附上了 1988 年他从贝蒂·舒福德、卡罗琳·舒福德、雷切尔·威尔逊、理查德·威尔逊，莱斯·罗宾逊和布兰达·史密斯那里获得的宣誓口供。

为了给格莱姆斯助势，德·托雷斯同意代表格莱姆斯再写一封信，并把这封信跟格莱姆斯写的信一起寄了出去，同样没有收取任何费用。

> 尊敬的亨特州长：
>
> 我是格莱姆斯先生的代表律师。在整个案件的审判过程中，格莱姆斯先生坚称他是清白的，没有犯下相关的罪行。我相信格莱姆斯先生是无罪的，而他之所以被定罪，仅仅是因为强奸罪的性质恶劣及人们对一位老年受害者的同情。
>
> 格莱姆斯先生是一个温文尔雅、彬彬有礼、言语温和的年长男性，他的性格足以说明他不是一个会犯强奸罪的人。所有认识他的人都清楚，他不可能犯下这一罪行，况且他以前也没有暴力犯罪记录。

事实上，“庭审中披露的所有物证都没有将格莱姆斯先生与这一罪行直接联系起来。”德·托雷斯指出，“且庭审过程中证人的口供和证词清楚地表明，在案发的那一个小时里，格莱姆斯先生在雷切尔·威尔逊的家里。”

> 这桩案件的判罚没有彰显正义和公平，一个无辜的人被错

判有罪。自 1987 年 10 月 28 日以来，威利·詹姆斯·格莱姆斯先生被囚禁在监狱中，我代表格莱姆斯先生恳请您仔细研究本案案情，并批准其赦免请求，以维护司法公正。我由衷地认为，北卡罗来纳州不必担心释放格莱姆斯先生会带来的影响。格莱姆斯已经坐了 7 年冤狱，通过纠正这种不公正的现象，反而会让北卡罗来纳州获益。

谨上

埃德·德·托雷斯

执业律师

到了夏天，格莱姆斯的赦免申请被驳回了。格莱姆斯又写信给美国公民自由协会（ACLU），问他们是否能做点什么帮助他。“遗憾的是，隶属于北卡罗来纳州法律基金会的美国公民自由协会无法在这件事上给您提供帮助。”他们在回信里写道，“我们只有一名律师和一名法律助理。”由于“预算非常少”，美国公民自由协会只考虑那些律师或其他组织转交过来的案件，而不是囚犯本人。该协会建议格莱姆斯尝试找囚犯法律服务事务所帮忙，该机构有更多工作人员，而且其“根本宗旨是代表囚犯提出法律主张”。他们希望格莱姆斯能在那里遇到好运。

# 偏见

没人知道“后端解决方案”会是什么样子。说服有关当局实施目击者指认改革就已经困难重重，遑论重审已定罪案件？那简直是难上加难。洗冤委员会的一名委员开玩笑说，至少他们还有空调——要知道，在 2004 年 5 月的某个周五早上，刚到 11 点钟，律师协会外面的温度就已经飙升至 80 华氏度（26.67 摄氏度）左右。

囚犯想出狱，不同的州有不同的流程。北卡罗来纳州有四种方法，但每种方法都存在问题。第一种方法是不考虑新的证据直接上诉，即使用这种方法上诉成功，也只是让犯人获得一次重审的机会而已；第二种方法是向联邦法院申请人身保护令，该方法也不需要新的证据，因为它是专为违宪案件设计的；第三种方法则是申请州长特赦，出于政治原因，这种申请很少能获得批准；第四种方法用得最为频繁，即提出《适当救助申请》（*Motion for Appropriate Relief*）。

《适当救助申请》适用的条件比任何其他上诉方式都要广泛，这些条件包括某些官僚主义错误（例如“审判法院缺乏管辖权”）及新证据的发现。该方法还提供了更广泛的潜在结果，比如新的判决、新的审判和撤销控罪，但所有这些结果都会产生不同的问题。几乎所有北卡罗来纳州的囚犯都会提交一次《适当救助申请》，所以法院里堆满了囚犯的申请书。即使是一位心存善意的法官，当他看了那么多申请之后，难免也会产生疑虑并草率地处理这些申请。尽管法官们会考虑各种各样的冤情，但绝大多数申请他们都很容易驳回，因为验证任何一项申请都要付出艰苦的努力。例如，要将某个事实作为新的证据，该事实就必须“在庭审时不为被告所获知”。

如果一项事实在庭审时可以获知，那就不能作为证据，即使陪审员从未见过该证据。就算越过这道障碍，囚犯还是要证明新证据“因证据优势……而带有偏见”，或者他的主张遭驳回后将“导致重大误判”。也就是说，在这种情形下，“任何理性的陪审员都不会判被告有罪”。这是一个很高的标准。2002 年，特伦斯·加纳提交了 3 次《适当救助申请》，最终被无罪释放；而查尔斯·芒西则在 1999 年去世之前提交过 4 次；另一个被赦免的囚犯达里尔·亨特（Darryl Hunt）从 2005 年开始共提交了 11 次申请。

另一位委员提到，即使一项申请通过，最多也就是一名囚犯被无罪释放。法院会这样说：“虽然我们曾判你犯下某项罪行，但现在我们认为你无罪了。”如果委员们认为囚犯可能是被冤枉的，那法院的说法岂不是一种无关痛痒的姿态？囚犯所犯的罪行是做出法律裁决的依据，现在光说他无罪是不够的，同时应该还他清白。无论从法律意义还是道德原则上讲，“无罪”和“清白”都是两码事。

也就是说，《适当救助申请》的规则需要修改。几乎所有人都赞同这一点，但到底需要怎样修改呢？他们只是说问题有两方面：一方面是《适当救助申请》的标准太狭隘了，没有把很多情况考虑在内；另一方面则是其范围过于宽泛，允许囚犯提出太多毫无意义的主张。这个过程必须加快，但也必须更加细致入微，至于该如何落到实处，没有人知道。如何才能更快更周密地对申请做出裁决？

一名委员提出一个问题：我们是不是弄错了策略方向？

事实上，《适当救助申请》是程序性文件，而非专门为无罪辩护设计的。也许他们正在尝试做的事情是不可能实现的，也许他们需要的是某种独立的新程序，这种新程序不是为了取代《适当救助申请》，而是与其一起发挥作用，只处理无罪主张。

6月，为了研究这些方案的可能性，克莉丝邀请大卫·凯尔（David Kyle）加入在律师协会办公的洗冤委员会。对于家住在英格兰的凯尔来说，这段旅程可一点也不近。凯尔曾是英国的一名检察官，现在在一个名为“刑事案件复查委员会”（Criminal Cases Review Commission）的机构工作，该委员会是英国的一个独立机构，专门审核和调查潜在的冤案。

10年前，英国议会成立了刑事案件复查委员会。如今，该委员会有了自己的财政预算和14名带薪成员，且每名成员都是由首相推荐、女王亲自任命的，任期3年。在案件出现新证据或律师打算提出新论点的情况下，委员会成员可以调用警方或检方的档案。假如有足够的证据，委员会可以将有效的无罪主张转交至附近的上诉法院，并有可能推翻之前的判决。

凯尔与洗冤委员会的成员做了交流。到目前为止，洗冤委员会的成员已经增加到30多人，所有成员都了解凯尔的提议，即成立一个独立于《适当救助申请》之外，以非对抗性审查为基础的机构，并采用一种协作而非竞争性的运作模式。这一理念在欧洲更为普遍。

然而，在北卡罗来纳州，该模式如何才能运作起来呢？当天，洗冤委员会花了4个多小时列出了他们能想到的每一个顾虑和问题，然后在8月份又花了3个小时继续罗列问题。《适当救助申请》流程充满了毫无意义的主张。既然如此，人们又凭什么相信新的流程不会重蹈覆辙呢？美国版的刑事案件复查委员会由哪些人组成？谁来任命他们？任职时间多长？谁能保证这种任命过程是公平的？

有人建议，每个选区都可以任命自己的代表。

但是通过这种方法任命的人，进入委员会后会如何表现呢？难道他不会觉得自己欠任命者的人情吗？检控方代表会不会感到有压力，觉得自己必须维持原判呢？辩方律师代表是否也同样有压力，觉得必须要推翻原判呢？

洗冤委员会的另一名委员提出，“代表”这个词完全是错误的。这个职位的人上任后要忠于事实，而不是忠于他的同事。如果他不能凭实践经验评估一项裁决，那就没有资格担任该职务。另一位委员建议说，复查委员会成员也许可以由独立的第三方任命，而不是由选区选出。那么谁有资格成为“独立第三方”？是州长还是众议院议长？

委员被任命以后，怎样的案件才符合复查资格？调查人员如何复查案件？以错误的方式复查案件是一种浪费资源的行为，同时也带来另一个问题：上诉是重要的，结案也同样重要。法院不可能无休止地处理上诉案件，某个节点的判决结果必须是最终的。

“司法制度就是用来解决争端的。”曾担任高等法院法官的汤姆·罗斯指出，“如果这些争端没有结束，那就表明我们没有尽职尽责。”有人把上述问题和其他难题罗列出来，打印成一份长达 12 页的报告，报告中间还夹杂了一句评语：“真是够了！”

洗冤委员会最终认定，为了认真对待刑事案件复查委员会模式，委员们需要做两件事。首先，他们要提高可信主张的门槛。重刑犯不仅要在庭审时提供个人证词，还要提供庭审以外的更多证据。其次，重刑犯的无罪主张必须是完整和真实的，而不仅仅是为了减轻罪责或获得较轻的刑罚。

为了确保做好这两件事，洗冤委员会提出了两项新的要求。第一，在向这个新机构提出申请之前，囚犯必须同意保持绝对的透明度。换句话说，囚犯要放弃宪法赋予他的每一项保护权和特权，包括宪法关于反对自证其罪[①]特权的《第五修正案》（*Fifth Amendment*）、律师与委托人之间的特权，以及囚犯曾经告诉过私人医生、牧师或配偶的任何相关隐私。第二，一旦调查人员发现证据，无论该证据证明了什么，或者与什么案件有关，他们都有权对证据采取行动。只要他做了上述两件事中的一件，调查人员就会知道，并作为新的证据转交给警方。

①自证其罪是指刑事案件中被告做出不利于自身或有可能导致自身受刑事起诉的证言，美国宪法认定此种证言不能作为合法证据。

尽管辩护律师一致认为这两项要求是必要的，但他们并没有为此而感到兴奋。“听着，我们正在创造新事物。”罗森告诉那些打电话向他抱怨的同事，“全新的事物。既然如此，我们就不能因循守旧。我们只需要再制订一份《适当救助申请》。”此外，洗冤委员会成立的初衷并不是为有罪的当事人打官司，而罗森的工作也不是保护有罪的当事人，至少在洗冤委员会开会期间他不会这样做。罗森、纽曼和科尔曼都专注于为清白无罪的当事人服务。

委员们决定，一旦调查人员接受囚犯的无罪主张，他们将是唯一获得授权对案件进行复查的人。如果案件有必要重审，他们需要拥有以下权利：保护证人和证据、主导法医的检验和搜查、申请口供和法庭指令，以及本人进行宣誓。做完这些事情后，如果调查人员仍然认为囚犯是可信的，那么他们将针对此案召开听证会，做出一些必要的判决，然后提交给一个由法官组成的小组，对整个案件和所有新证据重新展开辩论，并由法官们做出最后决定。

没有人确切地知道一桩案件是如何从听证会递交到法官小组那里的。显然，这需要满足某种条件，但委员们无法就此达成意见一致。囚犯“更有可能无辜还是有罪”？他的清白符合“无可置疑原则”吗？法官要满足什么条件才能加入法官小组？法官小组需要多少名成员？做出判断至少需要多少名成员达成一致，是所有人还是大部分人？他们以公开投票还是秘密投票的方式做出判断？

委员们无法就这些问题达成一致，于是将它们推迟到以后再作讨论。然而，“后端解决方案”已经讨论了整整一年，却没有取得太大进展，此时委员们的心里都犯了嘀咕。他们已经创造了一种全新的模式，只要再开几次会就大功告成了。委员们认为，与他们已经取得的成就相比，这件事没有那么难。他们觉得最具挑战性的难题已被攻克，剩下的只是细节问题。

他们想错了。

两年前，就在贝弗利·雷克召集15位同事参加临时委员会的第一次会议后不久，克莉丝给北卡罗来纳州受害者援助网络的唐娜·皮戈特（Donna Pygott）打了一个电话。受害者援助网络是该州最大的罪案受害者宣传组织，在当地政坛有较大的影响力，长期以来一直反对任何导致抓捕或惩治罪犯难度加大的司法改革。不难想象，受害者援助网络将会如何看待洗冤委员会关于复查已定罪案件的建议，所以克莉丝想在皮戈特从其他地方听说该计划之前做些铺垫。

克莉丝邀请皮戈特共进午餐。巧合的是，这两位女士都有相似的会计工作背景。克莉丝曾在北方电信公司当过财务，而皮戈特则在各种非营利组织从事过会计工作。她们两人花了几分钟时间聊了聊会计界的趣闻逸事，然后克莉丝便谈起了她打电话给皮戈特的原因，并询问她："你认为受害者援助网络将会如何回应洗冤委员会的做法？"

皮戈特的回答是他们肯定会很不满。她所代表的人群是犯罪行为的受害者，其中一些罪行简直无法用语言来形容。她一想到那些人的罪行便感到心惊胆战。成立受害者援助网络的目的就是为了给类似的受害者提供援助，指导他们在悲剧发生之后如何走法律程序，并帮助他们治愈内心的创伤。

通常，受害者觉得法庭是他们唯一能依靠的地方，而受害者援助网络往往是受害者能够接触到知音的唯一渠道，也是他们获取律师、警方或立法机构支持的唯一渠道。在某些司法管辖区，甚至没有人会把审判罪犯的最新进展告知给受害者。

皮戈特问克莉丝："这听上去是不是很荒谬？"她担心某些立法将践踏受害者的权利，或者使给罪犯定刑变得更加困难。作奸犯科者逍遥法外，这是罪案受害者最不想听到的消息。"你说的这些我都理解，"克莉丝点点头，对皮戈特说，"但我想请你考虑另外一件事。我们不妨想想那些死刑犯，这些人到了一定时间就会被处决，而其中某些人可能是无辜的，你相信吗？"皮戈特对这个话题不是很感兴趣。

克莉丝对皮戈特说，她不是在诘问对方，而是真的很想知道答案：“有这种可能性吗？”

皮戈特计算重刑犯在被定罪之前要经历的每一个阶段，这些阶段包括警方调查、正式指控、预审、起诉、有律师参与的陪审团审判、上诉等。经历所有这些阶段后，犯人却仍然是无辜的？“这几乎是不可能的事情。”她告诉克莉丝。

“请解释‘几乎不可能’的含义。”克莉丝说道，“因为‘几乎不可能’意味着某个死囚有可能是无辜的。我们知道，假如死囚都不是无辜的，那这种情况就完全不可能发生。”

皮戈特陷入了沉思。“嗯，你说得对。”她终于承认了克莉丝的说法。她无法斩钉截铁地说，这种情况完全不可能发生。

克莉丝又点了点头：“这就是我们要讨论的问题。”

午餐结束后，皮戈特打电话给受害者援助网络的董事会，把刚才她和克莉丝的谈话内容告诉他们。该董事会的成员都对此表示不满。他们一直反对雷克领导的洗冤委员会，因为这表明北卡罗来纳州的刑事司法系统是存在缺陷的，而他们的选民恰恰要依赖这个系统！

皮戈特为什么要相信克莉丝·穆马的话？她为什么同意跟克莉丝共进午餐？吃午餐倒也罢了，她为什么不否定克莉丝的观点？死刑犯不可能是无辜的，法院不可能仓促做出判决，受害者援助网络董事会的很多董事都亲身体验过法院拖拖拉拉的官僚作风。他们觉得经历过这一整套司法流程后，被判死刑的囚犯不可能是无辜的。这些人之所以被判处死刑，正是因为他们有罪。

# 死不认罪

## 戴着镣铐参加葬礼

1995 年 2 月的一天下午，在克利夫兰县惩教所的操场上，一名狱警向格莱姆斯走去。这天天气温暖，但到了傍晚，温度开始下降。狱警后面跟着 3 名囚犯，格莱姆斯突然想起来这 3 名囚犯各欠他一笔贷款未还。他们为什么跟着奥斯基（Orsky）警官走过来？格莱姆斯从不一次性收回多笔贷款，这样做的风险太大，因为监狱规定，囚犯不得持有 30 美元以上的资金，而且一次性借出多笔贷款会让他破产。

现在，奥斯基命令这 3 名囚犯还钱给他。他们每个人都不情愿地给了格莱姆斯 25 美元。然后奥斯基看着格莱姆斯，说必须搜他的身。除了 3 位犯人还给他的 75 美元外，狱警还在格莱姆斯的口袋里找到了 88 美分的零钱。他还搜查了格莱姆斯的储物柜。在储物柜里，奥斯基又找到了 3.23 美元。

“囚犯威利·格莱姆斯违反了监狱的政策，未经许可私藏资金。”他在格莱姆斯的档案中写道，“鉴于被查金额数量较大，狱方认为应暂停该囚犯的工作，等候纪律处分。”因为违反了监狱的“未经许可私藏资金”规定，监狱管理人员剥夺了格莱姆斯在图书馆的工作。然后，他们把格莱姆斯调到了位于阿什维尔县（Asheville）的克雷吉惩教所（Craggy Correctional），那里在克利夫兰县惩教所西部 128 公里之外。

一个月后，在没有得到任何解释的情况下，格莱姆斯被转到中央监狱。3 天后，他又被转回克雷吉惩教所。在那里，他的耳朵出现了感染的症状，这是他第一次耳朵感染，后来还被感染了一次。他整个头骨的右半部分都在抽痛，吃东西都有困难。“我的耳朵感染非常严重，痛得不行。”他在一张病假单上写道，尽管他尝试用耳塞和抗生素，但他的症状没有任何缓解。现在他已经放弃这两种方法了，“我要看医生！我的身体很难受。”

在克雷吉惩教所的第一年夏末，格莱姆斯自愿参加了“毒品和酒精康复治疗”项目。他从未服用过毒品，但管教告诉他，完成的治疗项目越多，他的看管级别就越有可能被提升到最宽松级。格莱姆斯在一本宣传手册中看到，该项目旨在“使犯人承认和正视毒品和酒精问题”，并且“通过治疗达到身体康复的目的”。格莱姆斯报了名。

第二年，即 1996 年秋天，康复治疗结束，康复顾问在格莱姆斯的报告中称他“完成得很好”，并问他将来是否有兴趣当顾问。格莱姆斯拒绝了他，因为 3 天前，他调回到谢尔比的申请被批准了，所以他觉得自己不会在克雷吉待太久，他没有时间在这里做顾问的工作。事实证明他想错了。在被调走之前，他还得在克雷吉待一年多时间。在此期间，他又在洗衣房里找了一份工作，然后当了一名宿舍管理员。

1997 年春天，格莱姆斯被提拔为食堂经理。无论在哪座监狱，食堂经理和主厨都是最重要的职位之一。克雷吉的食堂一半是超市，一半是药店，只有一名囚犯负责卖食物和药物。也就是说，其他人都要从他那里买面条、止咳药水或无糖可乐。那年 6 月份，正当格莱姆斯值班时，扩音器里传来声音，要他去狱警办公室报到。来到办公室后，警官告诉格莱姆斯，他的家中遭遇不幸，让他打电话给格拉迪丝。原来，格莱姆斯同母异父的哥哥，也就是莫泽拉第一段婚姻生下的孩子约翰·托马斯去世了。

约翰·托马斯享年 71 岁。格拉迪丝在电话里告诉格莱姆斯，哥哥的葬礼计划于本周三早上在郎代尔的教堂举行。这个教堂位于克雷吉惩教所东边，开车过去只需要1小时20分钟，所以格拉迪丝请求监狱管理人员给格莱姆斯批6个小时的临时假，从当天早上开始算起。管理人员在假条上签了字，同时写下了请假条件："两名武装狱警将随犯人同往；在安全车外，任何时候都要有一名狱警陪在犯人左右。"

教堂坐落在郎代尔的一处黑人聚居区，而克雷吉惩教所派去的两名狱警都是白人。为了方便运送，他们给格莱姆斯戴上手铐和脚镣，还在他的腰上系了一根沉重的铁链，与手铐和脚镣相连。格莱姆斯穿了一套不合身的海军服，脚上是一双黑色平底的便鞋——这些衣物都是监狱从外界捐赠物品中找出来借给他的。停好巡逻车后，狱警用胳膊肘护送格莱姆斯进入教堂，坐在后排的长椅上。格莱姆斯身前站着他的兄弟姐妹，他们分别是罗伯特·李、萨缪尔·李、格拉迪丝和小克利夫，他们尽量走近格莱姆斯，跟他打招呼。

除了来自郎代尔的熟人以外，格莱姆斯还看到了托马斯·希尔，但狱警只允许他跟家人说话，其他人不得靠近。看到所有人在场，格莱姆斯觉得这比监狱探视舒服多了。与这么多亲朋好友的身体距离如此之近，而心理却如此之远，这又比监狱探视的感觉更糟糕。葬礼一结束，狱警就把他带回巡逻车上，返回克雷吉惩教所。

## 规矩是死的，人是活的

几天后，食堂下班，正当格莱姆斯关上窗口时，克雷吉的一名管理人员，也是监狱的首席计划官来到柜台前。

"帮我拿点吃的好吗？"计划官一边打开钱包，一边问道。

格莱姆斯抱歉地摇摇头说："食堂已经关门了，所以我不能再卖东西给别人。"

"规矩是死的，人是活的。"计划官说。

"抱歉。"格莱姆斯再次说道。他的上司刚刚告诉他，一旦售货窗口关上，就不能再卖东西了。他不能坏规矩。

计划官用难以置信的眼光盯着他看，然后转身走开了。

那周晚些时候，狱警彻底搜查了格莱姆斯的床位——狱警通常以寻找毒品或武器为借口，把囚犯的所有财物都翻个底朝天，但他们很少能找到证据。通常情况下，狱警们只能搜出回形针、橡皮筋或精装书等物品。至于这些物品是否违规，则由狱警说了算。一名警卫在格莱姆斯的床位上发现了一台他随身携带的收音机和另一台备用的收音机。备用收音机是他从克利夫兰县带来的，那里允许囚犯拥有两台收音机。狱警宣布，在克雷吉惩教所，囚犯只允许拥有一台收音机，保留备用收音机是违规行为。接着，他翻开收音机的电池盖，从里面拿出一沓钞票。

“这是什么？”狱警厉声问道，“你藏了50美元？”

格莱姆斯吓了一跳，然后摇了摇头，他不知道这些钱是从哪来的。

狱警又问他：“你一直在藏钱？”

“我之前没见过这50美元。”格莱姆斯坚持说。

狱警命令他把手张开，然后把他浑身上下搜了个遍，结果发现他的口袋里还有8块钱。

格莱姆斯说这8块钱确实是他的，身上带8块钱不算违规。

但他从没把任何东西放进自己的收音机里。

狱警斥责他说，囚犯不可以藏钱；只要私自藏钱，就等于失去特权。之后，狱警把那58块美金装进自己的口袋，又拿走了备用收音机，把格莱姆斯的其他物品扔到地上，然后罚格莱姆斯两周不得打电话，并分配给他15小时的额外工作，格莱姆斯可以用洗碗抵消这15小时的工作时间。

格莱姆斯的职务从食堂经理降为助理厨师，然后又降为面包师。当他再次接受监管审查时，管教注意到上次的违规行为让他的记录里加了5分，因此格莱姆斯失去了获得最宽松看管级别的资格，就算他距离获释只有60个月也不行，更不用说他距离获释远不止60个月。

完成额外的15小时工作时间后，格莱姆斯再次要求转到距离郎代尔较近的监狱。此时距离他提出第一次申请已经过去了一年多，但他的请求一直未获批复。感恩节前两周，他的转狱请求获得批准。那天早上，正当格莱姆斯收拾仅剩的几件物品，准备把这些东西带上转狱大巴时，首席计划官突然出现在他的床位前。他一边四下打量格莱姆斯的牢房，一边说道："事情太多，只有一个人手。"然后还加了一句："这太糟糕了。"

"让他们做点疯狂的事情。"他盯着格莱姆斯看了看，然后转身离去。

那天下午，格莱姆斯被送到马里恩惩教所（Marion Correctional），位于克雷吉东部将近 64 公里的一所监狱。

"我去过的每座监狱都提供秋衣秋裤，以防止我生病。"抵达马里恩惩教所 5 天后，他在一份病假申请中写道，"另外，我在这里没有夹克衫或帽子，它们全都被人拿走了。"在接下来的 6 周里，狱警让他在 5 个不同的床位间来回调动。然后，新年的前一天，也就是在来到新监狱不到两个月后，格莱姆斯又被调回克雷吉惩教所。

自从在哈内特惩教所的操场上遇见布莱恩·加纳后，格莱姆斯每从一座监狱转到另一座监狱，上一座监狱的耶和华见证会教友就提前打电话给下一座监狱，这样只要格莱姆斯一到新监狱，就会有一位教《圣经》的新老师来看他。由于频繁转狱，他跟布莱恩失去了联系，只听说他因行为良好而提前获得了假释。

不过，无论在桑普森监狱、万斯惩教中心，还是后来的克利夫兰县惩教所、克雷吉惩教所和马里恩惩教所，除了自己看《圣经》之外，总是有新的耶和华见证会教友来教格莱姆斯读《圣经》。格莱姆斯发现，狱警和其他囚犯总是有些怀疑他。他们说他信的是邪教，并试图说服他退出耶和华见证会。他们听说耶和华见证会的教众从不向国旗敬礼，这表示他们是共产党人；他们还听说耶和华见证会的教众从来不过圣诞节。

格莱姆斯见过的耶和华见证会教众都不是共产党人，他们不过圣诞节倒是真的，但事出有因。根据《圣经》教义，人们把圣诞节这天定为耶稣的诞生日。这种做法是错误的。《圣经》上虽然没有明确说耶稣诞生的日期，但确实提到“在同一季节，同一地区，也有牧羊人住在户外，夜里守护着他们的羊群”。在伯利恒寒冷的冬季里，这样做有什么意义吗？没有。所以耶和华见证会选择忽略它。

然而，即便对格莱姆斯如此随和的人来说，耶和华见证会的教众也很难相处，其中的原因让他感到难过。他们认为将耶和华的名字从《圣经》中删掉，这是歪曲解读《圣经》的例子之一，而且极为介意这一点。他们认为其他宗教已经迷失了方向，匡谬正俗是耶和华见证会的职责。他们反对“牧师”“拉比”“僧侣”等人类自主发明的一切宗教头衔，因为这些人使广大教众无法更加亲近上帝。他们还反对类似路德教（Lutheranism）这样的宗教，因为它是以一个人的名字命名的。路德教教徒究竟在崇拜谁？耶和华曾在《摩西十诫》的第一诫中说：“除了信奉我以外，不可信别的神。”

出于上述原因，从某种程度上来说，耶和华见证会教徒的信仰就是反对其他人的看法。这一原则理论上适用于任何人，但与普罗大众相比，它更适用于耶和华见证会的教徒。耶和华见证会的教徒甚至用该原则判断一个陌生人是否拥有和他们一样的宗教信仰，比如，他们不会问对方：“你是耶和华见证会的教徒吗？”而是会问：“你了解《圣经》的真理吗？”采用这种做法时，不同的教徒有着不同的谦逊态度和技巧。格莱姆斯知道，假如方法和态度结合得不好，可能会使陌生人对耶和华见证会敬而远之。

私下里，格莱姆斯对老师所讲的一两堂课持怀疑态度。绝大多数耶和华见证会的教徒都拒绝与本宗教以外的人建立亲密的友谊关系，但格莱姆斯觉得这种做法没有任何意义。耶和华要求信徒把他的教义与别人分享，如果日常生活中不与本教以外的人来往，又怎么能做到这一点呢？耶稣本人尚且善待妓女和罪犯，因此轻视他人的做法与耶和华的教义是互相矛盾的。格莱姆斯认为，越少对他人加以评判，就越忠实于耶稣。他这辈子遇到过很多好人，其中包括道格拉斯高中的朋友和舒福德家族的朋友，他们中的大多数人都不是耶和华见证会的教徒，他的母亲莫泽拉和他的兄弟姐妹也不是教徒。

格莱姆斯认为，耶和华见证会误解了这部分人。好人就是好人，不管他怎么称呼耶和华。《圣经》上就是这么说的，没有人能改变他的看法。

## 《适当救助申请》被驳回

格莱姆斯的排尿出现了困难。他经常想小便，却站了10分钟都尿不出来。护士检查了他的前列腺，发现他的前列腺变得软化和肿大，但前列腺癌筛查结果呈阴性。在几周后的定期复查中，一名医生认定他患上了前列腺炎。这是一种炎症，于是他给格莱姆斯开了抗生素和一种叫高特灵的药物。短短两周，格莱姆斯的体重减少了10磅[①]。之后，护士又给他开了另外一种抗生素。到了夏末，克雷吉惩教所把格莱姆斯转到中央监狱作进一步的身体检查，那时候他又瘦了15磅。

秋天到来的前一周，格莱姆斯被转回克雷吉惩教所。到了10月份，他的体重完全恢复过来了。他的健康状况有所好转，也有时间思考了，却又面临一个问题：他被允许在操场上散步的时间减少了，而多出来的几个小时里，他难免要反复思考自己的案子。他不知道还能做什么，只觉得忧心忡忡。假如他的上诉额度被用尽，而看管级别没有提升到最宽松级，也未获得工作或假释机会，那他肯定会死在监狱里。虽然他的兄弟姐妹和几个亲密的朋友知道真相，可一旦他死了，真相也将随之湮灭，根本没有人会记得他。就算记得，也只记得他是一个强奸犯。

格莱姆斯的睡眠时断时续，然后变成彻夜无眠。他每周至少会有一次感到精疲力竭和意志消沉，并且会无缘无故地掉眼泪。有天下午，一名囚犯想借用格莱姆斯从食堂买来的耳机，格莱姆斯同意借给他。那名囚犯拿了耳机转身便跑。当格莱姆斯追上他时，他坚称说耳机是他自己的。

格莱姆斯抗议道："我只是把那耳机借给你用。"

"不。"那囚犯回答说，"这副耳机一直都是我的。"格莱姆斯向狱警

① 1磅=0.4535公斤。

投诉，狱警把耳机拿回来还给了他。第二天下午，另一名狱警出现在格莱姆斯面前，又把耳机从他手里夺走了。他对格莱姆斯说："我听说你想偷别人的耳机。"

他再次申请转到离郎代尔近一点的监狱，但申请被驳回了。为了不让自己闲下来无所事事，他自愿在食堂里两班倒地工作。自从在马里恩惩教所短暂停留一段时间并回到克雷吉惩教所之后，监狱就重新安排他在食堂工作了。现在，这份工作比他记忆中的要困难得多。到食堂吃饭的囚犯往往粗鲁无礼，过去他从未被这个问题困扰过，现在的他很容易发火。有时候，他甚至没弄清楚事情的来龙去脉就大动肝火，发完火之后又觉得内疚。他投入了很多精力去改造自己，而现在他感觉自己就像是被抽离线轴的纱线。格莱姆斯知道，在耶和华的眼里，他是一个失败者。他向监狱申请辞去食堂的工作，并要求去仓库后面装卸货物——在那里，他无须与其他囚犯交流。随后，他填写了一份申请表，要求监狱对自己进行心理健康评估。

监狱的心理医生发现格莱姆斯"没有太多眼神交流"，似乎保持着一种"谦卑的自我形象"。医生认为，格莱姆斯之所以有睡眠问题，是"因为他的牢房位于监狱宿舍正中央而感到焦虑。他告诉我，监狱里最令他舒服的地方就是单独的牢房或者监狱宿舍的角落，且周围一定不要有其他囚犯。他曾申请换一个靠近角落的床位……他感到焦虑还有另外一个因素。他的体重一直在下降，护士们却找不到任何医学方面的原因"。他让格莱姆斯去看精神科医生。

"格莱姆斯的言行依旧缓慢和谨慎，眼神交流很少。"感恩节过后，这位精神科医生注意到，"我怀疑他是一个寡言少语和腼腆的人，他的表现也证实了这一点，我也察觉到他有一种沮丧的情绪。"格莱姆斯的睡眠质量仍然不好，医生给他开了一种叫帕罗西汀的新药，他服用了这种药后情绪稳定了不少。"总的来说，他的病情似乎有所好转。他已经决定辞去食堂的工作，因为他觉得仓库的工作压力要小一些。"

格莱姆斯被转到克利夫兰县惩教所，从一大堆积压未办的事情中解脱出来。他在那里停留了不到一周时间，然后就被送到距离克利夫兰东北方 32 公里的林肯惩教所。他没弄明白一点：他是最后一个来到克利夫兰县惩教所的，却是第一个离开那里的。他问自己的新管教，为什么会发生这种情况？管教也不知道原因。不过，对格莱姆斯来说，来到林肯惩教所已经是一大进步了，那里距离郎代尔只有 30 分钟车程。他申请在食堂后方或厨房工作。管教在他的档案中写道："他看上去很随和，态度也很好。"

格莱姆斯去见了一位心理医生，后者认为他现在离家更近，可以接受亲朋的探视，心情也变得更好了。"他表现出良好的精神状态，脸上带着发自内心的微笑。"

他的姐姐格拉迪丝在格林斯伯勒（Greensboro）找到一名律师，1997 年的时候这位律师曾同意以 1400 美元的费用审阅格莱姆斯的案件。于是她付了钱，并把弟弟的档案转交给这位律师。律师看了之后，认为需要另外收取 2800 美元才能接手该案件，于是她又付了一笔钱。现在，每当她打电话给律师事务所的前台接待员，接待员都告诉她，律师不能跟除格莱姆斯以外的任何人谈论这桩案子，因为现在格莱姆斯才是他的当事人。然而，格拉迪丝从格莱姆斯的来信中得知，那位律师也没有跟他讨论过案情。他们等了好几个月时间，直到第二年，格拉迪丝收到一封律师事务所的来信，称那位律师被吊销了执照，事务所的另一位合伙人愿意接手格莱姆斯的案子，但费用需要另算。格拉迪丝拒绝了。那位律师收了钱却不办事，所以她不想付钱给他的合伙人，她不知道后者会不会如法炮制。弟弟的案子还是没有任何进展，4000 多美元就这样打了水漂。

事实并非完全如格拉迪丝想象的那样。在被吊销执照之前，那位律师曾代表格莱姆斯以"律师协助无效"为由提交了一份《适当救助申请》。他从未对格莱姆斯或格拉迪丝说过这件事。事实证明，他的疏忽无关大局。1998 年 7 月，这份《适当救助申请》被驳回了。

至此，格莱姆斯已经坐了整整 10 年牢。

管教再次询问格莱姆斯是否愿意在“毒品和酒精康复治疗”项目中担任顾问，这次他同意了。现在，他离郎代尔近了许多，他希望能尽量在林肯惩教所停留长一些时间，而且他想用耶和华曾经帮助过他的方法劝其他囚犯戒毒和戒酒。康复治疗项目的教室可容纳20多名学生，另外还有两名教师和两名囚犯顾问，后者的职责是分发讲义和分享他们自己的经验。他想，老师从外面走进教室之前，囚犯们可能会听他的，所以他尽其所能向囚犯们讲解毒品如何对一个人的身体造成伤害，以及他是如何学会远离毒品的。

课程结束后，他再次见了管教。管教认为格莱姆斯出色地完成了这个项目，于是把另一个项目介绍给他。这个项目是专门针对性犯罪者的。要想提升到最宽松的看管级别并获得假释，格莱姆斯首先需要加入这个项目。然而，想获得报名资格，格莱姆斯需要证明他已经为自己的罪行负责。他可以在一张表格上签字，对所犯的强奸罪表示悔恨。格莱姆斯拒绝了，他说他自己没有犯强奸罪。于是，心理医生填写了一份表格，不批准格莱姆斯报名参加该项目。

性犯罪者问责及责任项目临床评估报告

说明：本报告应由转送地区/机构心理健康团队指定人员在与被转送犯人面谈后填写。

囚犯姓名：威利·格莱姆斯

囚犯编号：0158046

监禁地点：林肯惩教所

报告填写日期：1998年5月29日

报告填写人：梅拉尼·摩根（Melanie Morgan），硕士

参与评估积极程度：✓低 ____中 ____高

智力水平：✓迟钝 ____临界水平

______正常水平　______高于正常水平

是否有精神病史：______是　__√__否

是否承认犯罪：______是　__√__否

是否接受由犯罪行为产生的个人责任：______是　__√__否

对受害者的同情程度：__√__低　______中　______高

过去是否曾因性犯罪而接受过治疗？

______是　__√__否　评语：____________

目前是否正参与性犯罪方面的治疗？

______是　__√__否　评语：____________

过去是否接受过心理健康治疗或咨询？

______是　__√__否　评语：____________

此人情绪是否稳定，能够应对密集且充满对抗性的治疗项目？

__√__是　______否

你推荐该犯人参加SOAR项目吗？

__√__不推荐　______有些担忧

______推荐　______强烈推荐

评语：犯人不承认自己的罪行

注：目前我不想接受该项目的治疗。我明白，若将来对该项目感兴趣的话，我可以同任何一名心理健康康复人员联系。

囚犯签名：威利·格莱姆斯　日期：1998年5月29日

# 寻找
# 法律之上的真相

Ghost
of the
Innocent Man

第 3 章

A True Story
of Trial and Redemption

# 上诉模式改革受阻

除了开会以外，克莉丝在死刑诉讼中心和她的家庭办公室之间来回奔波。她利用空余时间起草了一份立法草案初稿，希望洗冤委员会在接下来的几个月里对初稿进行修改。2005 年 1 月，克莉丝用电子邮件把初稿发给其他委员之后，便提着装有初稿副本的公文包，带着乐观的心态来到律师协会。

然而，克莉丝没能找到机会把这些文件从包里拿出来，因为柯龙·威洛比（Colon Willoughby）一直在发言。威洛比是一名共和党人，在维克县当了 20 多年的地方检察官。在担任地方检察官之前，威洛比曾先后担任过当地的刑事审判律师学会(Academy of Criminal Trial Lawyers)的主席、全州地方检察官大会（Conference of DAs）的主席，以及全国地方检察官协会董事会（Board of Directors of the National DAs Association）的董事。

从洗冤委员会在克莉丝家里开会那时起，威洛比就是该委员会的委员。威洛比指出，法律已经提供了防止冤案出现的安全防范措施。他赞同其他人的观点，也认为《适当救助申请》存在缺陷，但他不明白他们为什么要因此完全放弃适当救助流程？如果所有人都认为洗冤委员会应该尝试改进该流程，那它为什么不尝试一下呢？这个主意不是更好吗？

威洛比补充说，委员们从来没有就此投过票。他们最初只是投票决定是否要讨论这个问题，而不是讨论这种破坏了整个抗辩制度性质的新模式。他提醒委员们，抗辩制度从一开始就是美国法学的基础。威洛比建议委员们思考这个新模式的意义，说不定他们会拉个横幅，抗议美国司法制度不值得信任。

梅尔·奇尔顿（Mel Chilton）赞同威洛比的观点。奇尔顿已经取代唐娜·皮戈特，成为北卡罗来纳州受害者援助网络的新董事长。奇尔顿称，复查陪审团已有的判决只会使民众怀疑司法体系的权威性，从而严重削弱司法体系，最终导致法庭无法将任何人定罪。

很多委员低声说，威洛比和奇尔顿的观点是正确的。事实上，他们的新模式也许行不通。他们为什么没有更深入地讨论适当救助流程呢？他们都知道，复查陪审团的判决会引发混乱，而委员会正想这样做。究竟是谁想到要制定一套完全不同的流程？他们到底是怎么想的？

克莉丝目瞪口呆。他们是怎么得出这个结论的？她心想："请看看会议纪要吧。"每次会议她都亲自写下了会议纪要，并在会后通过电子邮件发给所有与会人员。两个月前，就在同一间会议室里，坐在同样的会议桌旁，他们曾经探讨过这个问题。"如果你们反对复查陪审团的判决，"克莉丝心想，"那我们就没有必要看会议纪要了。"

威洛比的发言让克莉丝感到无比愤怒，她认为威洛比从一开始就反对复查陪审团的判决，而且他的理由与大多数检察官的一样。地方检察官的工作是引导法庭给被告定罪，对检察官来说，法庭判决是他自己、他的同事或者前任检察官的工作成果，倘若推翻原来的判决，显然会对自身的名誉造成伤害。

除此之外，与经常上诉的辩护律师不同，地方检察官的职业特点决定了他们更服从陪审团的决定。在庭审中，如果由12名男人和女人组成的陪审团根据呈堂证供认定某个人有罪，那么是否存在能够推翻他们决定的人呢？一想到这点，地方检察官便感到不安。同样，陪审团裁定某个人无辜之后，也会遇到类似的情况。法学院根本没有教他们"无辜"这个词，它也没有出现在地方检察官的词汇表中。庭审只会判一个人有罪或无罪，而不会判他无辜。

不过，克莉丝认为，上述都是保护冤案的蹩脚借口。在地方检察官当中，威洛比从始至终都是最心直口快的人，她觉得威洛比正在策划一场突然袭击。

正当克莉丝怒不可遏时，她的同事站出来说话了。纽曼坚持说，这个模式不是匆忙间拼凑起来的。洗冤委员会已经探讨了好几个月，会议室里的每个人都参与了讨论，他们对此了如指掌。

科尔曼补充说，适当救助流程并没有将无辜主张孤立出来。它们已经变成官僚主义的克星，洗冤委员会的委员们可以用一生的时间来理顺该流程，或者制定更合理的流程。

罗森说，如果其他人愿意的话，可以先把道德层面的争论搁置在一旁。既然道德问题不是最迫切需要解决的问题（但他也承认，现实情况可能并非如此，他的希望也许会落空），那么财政问题呢？冤案和低效的上诉程序是轻率的道德政策和法律政策带来的后果，但轻率的财政政策也脱离不了干系。不必要的监禁时间，不必要的上诉，以及囚犯被赦免后得到的不必要补偿，与他们提出的复查模式相比，这三者都更花纳税人的钱。

贝弗利·雷克终于按捺不住了。通常情况下，雷克在委员会会议上旁听就觉得很满足，有时候，他甚至让克莉丝主导会议。但现在，他实在听不下去了，于是对威洛比说："你不是会议的主持人。"然后起身发言。

雷克称，公众的信任并非他们不作为的理由。这种信任感已经受到损害，人们都知道问题出在哪里。公众对法院的信任度降低，他不知道法律要负多少责任。

雷克继续说道，这个问题要从两个方面来考虑。他成立洗冤委员会的目的并不仅仅是为了释放那些被错误定罪的人，还是为了将真正的罪犯绳之以法。任何一起冤案都意味着有一名罪犯逍遥法外；上诉未果，也就意味着罪犯可以继续自由自在。这种现状需要改变，但适当救助流程无法改变现状，这就是案件复审模式得以推动的原因，也是他们在这里开会的原因。

自从洗冤委员会成立以来，雷克私下里一直在应对威洛比的批评，这些批评不仅针对上诉模式，也针对他本人；不仅来自委员们，甚至也来自他最亲密的朋友。那些了解他的人曾以为他是一位可靠的保守派，而现在，那些人觉得他背叛了他们。雷克现在在做什么？领导一群自由主义者？几个月来，他趁着开会的空隙给那些带抵触情绪的委员打电话，想说服他们不要半途而废。雷克从来没有要求别人改变立场，他知道这样做可能会导致会议期间发生摩擦，但他也知道，摩擦和冲突才是会议继续下去的唯一途径。

雷克和柯龙·威洛比相处得特别不好。两人彼此认识，但交情很浅。几乎从委员会成立那时起，雷克就觉得威洛比会从中捣乱，阻碍委员会每一次达成共识的机会。即使最终达成共识，威洛比也拖延了这一过程，这就是他的策略。现在，雷克自己也感受到了时间带来的压力。根据北卡罗来纳州的法律，72 岁是法官的强制退休年龄，他已经 71 岁，再过 11 个月就年满 72 岁了。如果他想让这种全新的上诉模式获得立法机构的通过，就必须在 11 个月内完成提议。

雷克承认，有一件事威洛比说得没错：委员们从来没有投过票。现在是时候让委员们投票了，至少可以看看他们是否赞同这个理念。如果委员们一致认为这个模式可行，他们就知道自己该做些什么；如若不然，他们可以另辟蹊径。

一名来自总检察长办公室的委员投了反对票，另外还有三人弃权，其中包括来自北卡罗来纳州受害者援助网络的梅尔·奇尔顿。

其他人都投了赞成票，柯龙·威洛比也在赞成者之列。

1 月份的投票正是克莉丝所希望的转折点。在 2 月份总共长达 7 个多小时的两场会议上，委员们开始商谈最后细节。这是他们首次在同一个月内开两次会。他们一致认定，由于复查机构本质上属于司法机构，所以其成员将由首席大法官任命。该机构将由 7 个职位组成，每个职位代表他们能想到的法律职能，他们分别是一名检察官、一名被告辩护律师、一名警官、一名受害者辩护律师，以及一名普通公民。该机构将通过闭门聆讯的方式决定某件案子是否包含“事实无罪的充分证据，值得做司法审查”。

如果某个案件值得审查的话，那么这个案件将会被转交给一个法官小组，由他们决定是否存在“明确和令人信服的无罪证据”。这个流程将是公开化的，几乎相当于重新做一次审判，除了两个重要的不同之处：首先，审判过程中，举证责任在于北卡罗来纳州，因为在被证明有罪之前，被告是无罪的；而在法官小组会议上，情况恰恰相反——在被证明无罪之前，犯人是有罪的。其次，审判过程中，被告是有罪还是无罪的决定显然是由陪审团做出的；而在法官小组会议上，该决定由 3 名法官亲自做出。

委员们花了几周时间才在用词上达成一致，比如“事实无罪的充分证据，值得做司法审查”“明确和令人信服的无罪证据”，并且给复查机构定了名称，即“北卡罗来纳州无罪调查委员会”（North Carolina Innocence Inquiry Commission）。它的使命则较容易提炼出来，拟议的条例上写道：“本条例规定了一项特别程序，用于调查和确定可信的无罪证据主张。”

很快，大家就达成了更多的妥协意见。将案件提交给 3 人法官小组审理之前，无罪调查委员会的 7 名成员中，要有 5 名成员需在听证会上以这种方式投票；而且必须要 3 位法官达成一致才能判囚犯无罪。

3 月份，洗冤委员会终于进行了表决，以决定是否向州议会递交提案。其中有两名委员弃权，12 名委员投了反对票。贝弗利·雷克、克莉丝·穆马、里奇·罗森、特蕾莎·纽曼、吉姆·科尔曼、詹妮弗·汤普森、麦克·高尔丁、汤姆·罗斯、唐·斯特芬斯、鲍勃·奥尔和其他 6 人投了赞成票。

“我认为，我们递交给州议会的提案没有获得受害者、执法部门或地方检察官的广泛支持。”那年春天，柯龙·威洛比接受罗利《新闻与观察家报》的采访时说，“在这件事请上，我们应该追求速战速决，还是应该追求万无一失呢？”

不愿透露姓名的“执法官员”告诉《新闻与观察家报》：“显然，没有人反对为那些蒙受冤屈的人伸张正义，他们只是担心没有足够的时间探讨案情。当我们提出这项议案时，要确保能得到所需要的支持。”北卡罗来纳州调查局的一位代表提醒说：“恐怕现阶段我们还没有获得这种支持。”

其他警官的反响则较为热烈，麦克·高尔丁警长告诉记者：“我可以自豪地说，我已经做了自己认为正确的事情。”

“这件事情做得对。”汤姆·罗斯补充说。

另一名委员，在总检察长办公室工作的比尔·哈特（Bill Hart）给克莉丝和洗冤委员会写了一封长达 11 页的公开信，解释了他反对无罪调查委员会的提案的理由。但他没有收到回音，于是又写了一封长达 7 页的信。

哈特在信中称，他举双手赞成司法制度改革，从而提升公众对司法制度的信任感，但他认为无罪调查委员会并没有朝这两个方向努力。他认为被告理应受到“公开审判”，而无罪调查委员会并不提倡这一点。此外，哈特还有财务方面的担忧。法院已经为那些蒙冤的囚犯提供了申诉途径，它们完全可以替代某种全新的申诉机构的作用。

“事实上，人们经常引用的那些冤案已被撤销原判进行了重审，或已经根据《适当救助申请》中的无罪主张被驳回。”罗纳德·科顿、达里尔·亨特、查尔斯·芒西、特伦斯·加纳、詹姆斯·伯纳德·帕克——所有这些无辜者后来都被释放了。难道这不正表明司法体系运作正常吗？

“我收到了您 2005 年 3 月 3 日的备忘录，其中大部分内容似乎直接摘自您 2005 年 2 月 17 日的备忘录。”克莉丝终于回复了，“我只能假设您认为洗冤委员会的成员没看过或没看懂您以前的备忘录。”事实上，克莉丝选择不回答的原因很简单，那就是哈特提出的一些问题已经在委员会召开的会议中得到了解决，而且她注意到哈特已经将这两封信公开，而不是单独写给洗冤委员会的。

“也许您最近的备忘录是为不同读者写的。”克莉丝暗示说，或者哈特不知道洗冤委员会已经就这些问题开过很多次会并投过票了。至于他提出的无罪主张正得到妥善处理的说法，克莉丝觉得没有说服力。亨特、加纳和芒西共提交了 18 份《适当救助申请》；帕克之所以重获自由，并非得益于法院采取的主动措施，而是因为记者刊登了关键案件的调查报道；至于把罗纳德·科顿作为司法体系正常运作的例子——嗯，那就难以理解了。“您把备忘录分发给洗冤委员会以外的人士，这种做法难免让我对您的动机和作为一名委员的责任产生怀疑。”克莉丝在信的末尾写道，“我希望您能对此做出解释。”

哈特没有做任何解释。

“这份提案的前景不明。”《新闻与观察家报》在 4 月份刊登的另一篇文章中指出，“罪案受害者反对该法案，希望深入了解其理念；检察官则支持该理念，但希望做一些改动；执法官员似乎犹豫不决，正在与地区检察官商谈。”

然而，在那年夏天某个周四晚上的 9 点左右，州众议院以 80 票赞成、23 票反对通过了该提案。

只要再做出进一步的妥协，胜利便唾手可得。州议会要求在无罪调查委员会中增加第 8 个职位，该职位由一名县治安官担任。此外，州议会还提出上诉法院的首席法官也可以任命委员，而不仅仅是只有首席大法官才可以。州议会还希望无罪调查委员会提供年度报告，以便代表们能够随时了解委员会的工作进程。

克莉丝和雷克认为，他们可以接受这些让步，前提是该法案现在就提交给州参议院，并将其制定成法律，并在 2006 年 1 月初完成这一切工作。选择这个时间是因为 2006 年 1 月底，雷克将年满 72 岁。雷克离任后，克莉丝无法预测接下来会发生什么事情。法案搁置的时间越长，对手就越有时间应对。趁现在势头不错，克莉丝和雷克需要州议会立即采取行动。

问题出在政治层面。民主党在北卡罗来纳州参议院拥有多数席位，而克莉丝知道，民主党人一直对雷克不满。3 年前，民主党想重新规划当地的选区，但共和党人对此提出反对意见，案件被提交给州最高法院，后者裁定该计划违宪，由此引发的争议几乎使最高法院陷入是非旋涡之中。

2001 年，北卡罗来纳州庭审律师学会（Academy of Trial Lawyer）提名雷克的同事鲍勃·奥尔为“年度上诉法官”；而到了 2002 年，该学会却拒绝提名奥尔。

撰写提名意见的人正是雷克。从那以后，民主党人一直对他不满。3 年后的 2005 年，他们终于等来了报复的机会。无罪调查委员会的提案相当于雷克职业生涯末期的最后成就，他们根本就不想尽快考虑该提案。相反，他们想搁置提案，等雷克退休了再说。

他们还希望克莉丝做出承诺。早在 2004 年，在洗冤委员会解决了目击者指认问题的同时，克莉丝本人也参与了州参议院席位的竞选，但以失败告终。现在，民主党人要她承诺将来不会再参选，否则即使雷克退休了，他们也会在参议院想尽一切办法否决无罪调查委员会的提案。

虽然这个威胁让克莉丝愤怒不已，但民主党人其实并不知道克莉丝对于竞选的真实想法，她决定顺水推舟碰碰运气。那场失败的竞选花了她 30 多万美元，她怀疑这是否打破了某项记录。克莉丝最终意识到，像她这样的共和党人在达勒姆县没有任何胜出的机会。想要当选参议员，她需要以民主党人的身份参选，或者搬到别处去，而这两者都不在她的计划之内。也就是说，她不打算再参与竞选了，既然如此，给民主党人做个顺水人情又有何妨呢？

# 非他造成的困境

## “我现在有一个儿子了”

格莱姆斯看了一下林肯惩教所的活动公示板，发现一则耶和华见证会聚会的通知，聚会在周四6点举行。那周他见到了自己的两位新老师汤姆和埃迪，他们握着他的手说：“你一定是威利·格莱姆斯了。”

格莱姆斯说是的。

狱警待他怎么样？在来到林肯惩教所之前，他在克利夫兰县惩教所待了多久？他的家人住在哪里？汤姆和埃迪一一询问，他们是当地教会里的长者，他们告诉格莱姆斯，汤姆起初是来林肯惩教所见一名犯人，却意外发现自己很喜欢这个地方，觉得自己能够教囚犯们向善，于是他请求典狱长允许他定期来探监。从那时起，他每周四晚上都来主持《圣经》研讨会，或跟自愿前来的囚犯聊天，但经常没人听他讲课，所以他的朋友埃迪主动提出来陪他。几个月后，他们接到来自克利夫兰县惩教所的电话，了解到关于格莱姆斯的事情。

从那个周四起，格莱姆斯每周都跟汤姆和埃迪见面。他和埃迪关系特别好，有一见如故之感。埃迪是一位身材修长、性格腼腆的白人，说起话来细声细气，蓄着洁白的胡子，而且脸上经常保持笑容，让格莱姆斯觉得他的嘴角本来就是上扬的。埃迪对《圣经》的内容了如指掌，所以格莱姆斯以为他比自己要年长一些，实际上两人的年龄相差无几。

埃迪说，他的父母甚至祖父母都曾经在斯泰茨维尔市的家中开设《圣经》课程，他从出生起就是耶和华见证会的信徒。高中毕业后，埃迪没有上大学，而是前往纽约的一所神学院学习。现在，埃迪把家安在切里维尔市附近，并在一家建筑公司担任施工现场监督，他的手机铃声是汽车引擎加速的声音。

埃迪来监狱布道只有几个月的时间，与汤姆相比，他见过的囚犯不多，所以他私下里认定自己从未见过像格莱姆斯这样的囚犯。其他囚犯爱吵闹，总是不听他讲话。他不禁怀疑这些囚犯只关心有没有人来探望他们，对于耶和华的爱倒在其次。但格莱姆斯更喜欢安静，就像埃迪一样。当其他人读《圣经》时，他就像磐石一样坐在那里。埃迪知道，只有真心爱耶和华的人才会如此专注。他们两个相处得很融洽，埃迪开始向妻子弗吉尼娅提起格莱姆斯。

有一天，弗吉尼娅说她想见见这位格莱姆斯，这把埃迪吓了一跳。弗吉尼娅以前从未去过监狱，但埃迪不打算阻止她，于是在接下来的这周周四，她和埃迪一起去了林肯惩教所。一见到格莱姆斯，弗吉尼娅也觉得他这个人很好。在开车回家的路上，她对埃迪说，格莱姆斯非常的温文尔雅，很和善，她不会看错人的。夫妻俩把家里的电话号码给了格莱姆斯，并鼓励他在监狱允许的情况下随时给他们打电话。弗吉尼娅还开始给格莱姆斯写信。

格莱姆斯问管教自己是否能回到食堂工作，他觉得自己又可以在窗口卖东西了。现在，他暂时还干着烘焙的工作。他看了一位精神科医生，医生安排他在 12 周内进行复查。但是格莱姆斯没有足够长的时间来履行这个约定。5 天后，他又被调回克雷吉惩教所。

整个夏季和初秋，格莱姆斯都尽量不去想首席计划官针对他的阴谋。每当埃迪和弗吉尼娅能开车外出的时候，他们就会从切里维尔开车来看他，但他们不能每周都从那么远的地方过来。到了 11 月份，他去见了另一位精神科医生。

“在面谈过程中，格莱姆斯先生表现得和蔼可亲，态度很合作。”医生在病历中写道，“他看上去有一些沮丧，但不是那么明显。”医生和他一起填写了一份表格，以帮助格莱姆斯进行自我治疗。为了监测病情，他们计划每3个月见面一次。然而，还没等到第二次见面，格莱姆斯又被调回林肯惩教所。

林肯惩教所恢复了他食堂经理的职务，但刚上任还不到一个月，麻烦就接踵而来。1999年12月，一名主管发现食堂的发票有问题，于是命令一位名叫穆尔的狱警关闭食堂清点账目。在收银台旁的一张桌子上，穆尔发现了两张5美元的钞票和总共8美元多的硬币，他注意到这些硬币没有记入任何收据中，于是问格莱姆斯这是怎么回事。格莱姆斯回答说，他并不是想把那两张5美元的钞票藏起来，而只是把它们放在一旁，等攒够20张以后，再把它们扎成100美元一沓的钞票入账。为了使账目清楚，他一直都是这样做的，所以他才把钱放在收银台旁边。至于那8美元8美分的零钱，是其他囚犯给他的小费。通常一名囚犯买了东西之后，就会给食堂经理留一枚5分或10分钱硬币，有时甚至会给他25美分。运气好的话，一个月能攒下不少小费。

穆尔怀疑格莱姆斯在撒谎。第二天，他奉命全面盘点食堂，发现总共少了141.20美元。穆尔认为，格莱姆斯肯定是把这笔钱藏在口袋里或者他的床位底下。他和其他狱警都没在这两个地方找到这笔钱，但他们还是下令关格莱姆斯禁闭。

禁闭第二天，管教来看格莱姆斯，问他到底做了什么。格莱姆斯仍然一头雾水，不知道自己犯了什么错。没人告诉他到底发生了什么，他只知道这件事跟食堂有关。

管教告诉他，食堂有100多美元的钱不见了，他问格莱姆斯知不知道钱去了哪里？

格莱姆斯摇摇头，茫然不知所措，然后他想到了一件事情。

他辩解说，他在食堂的一部分工作是开箱和堆放商品。上次，他在仓库里看到一批咖啡堆在那里，却没有人统计数量。一天后，这批咖啡就不见了，这批咖啡的价值正相当于丢失的金额。

管教问他是否知道那批咖啡去了哪里。格莱姆斯说，他在那附近只见到了穆尔警官。

穆尔是监狱派去调查此事的，而他将责任推到了格莱姆斯身上。格莱姆斯又被关了两天禁闭。被放出来后，格莱姆斯发现自己还被额外分配了10个小时的工作，且被禁止半个月内在操场活动——不过他也从来不参加这些活动。监狱把他的职务从食堂经理降为助理厨师。他向管教申请从林肯惩教所转到别的监狱，但监狱未处理的申请堆积如山，根本没人理会。

“感觉犯人陷入食堂现有状况的困局。”管教在报告中写道。他指出，此时距离格莱姆斯被控违规已经过去两年了。那天下午，格莱姆斯填了一份病假申请表，要求见心理医生。“我心理有问题。”他写道，“他要我填好这张表才能见他。”

“他一直表现不错，但最近发生了一件让他心烦意乱的事情，”心理医生在第二周跟格莱姆斯见面时发现，“他觉得自己受到了不公平待遇，这让他情绪紧张、焦虑和抑郁。然而，他认为如果能调到另一座监狱，他的表现要好得多，所以他要求转狱。”医生安排一个月后进行复查，并告诉格莱姆斯离开那个给他造成困扰的环境对他身心有好处。格莱姆斯把医生的话转达给管教，后者同意考虑让他转狱。“该囚犯没有任何问题，”管教在格莱姆斯的档案中重申，“只是陷入了非他所造成的困境之中。”

第二天，格莱姆斯就被转到别的监狱去了。不过，他没有被转到克利夫兰县惩教所，而是来到了伊丽莎白市郊外的帕斯科坦监狱，那里位于北卡罗来纳州东北角，距离郎代尔有400多公里，所以一到那里，格莱姆斯就知道不可能有人来探望自己了。

不久，格莱姆斯的失眠症又犯了。监狱给他做了一项心理健康评估，该评估从一开始就很不顺利。一位心理医生问格莱姆斯是否结婚了，格莱姆斯回答说他不确定自己有没有结婚，他已经有 20 年没见过陶安娜或听到关于她的消息了。

心理医生让他去看精神科医生。精神科医生注意到“他最近情绪低落，因为他被调到了离家更远的地方”。格莱姆斯声称：“食堂不见了一些钱，由此引发了一些问题。”医生承认她不太明白这话是什么意思。格莱姆斯还说他已经证明了自己的清白，她也不是太明白这话什么意思。医生注意到格莱姆斯的病史很长，护士们在他的病历中写下了哮喘病，但格莱姆斯本人对这个诊断结果表示怀疑，因为各所监狱的护士还说他患有慢性阻塞性肺病和过敏症，为此他正在服用茶碱和抗组织胺。为了治疗前列腺炎，他还在服用卡杜雷和新诺明。他还患有胃病。

“他喜欢安静，”这位精神科医生发现，“而且态度上很合作，只是因为离家人太远而感到沮丧。”她诊断他患有“严重的抑郁症，且经常复发”，同时患有其他疾病，包括酒精依赖症（“处于缓解期”）、前列腺炎、前列腺良性肥大、偏头痛、长期消化系统溃疡、长期哮喘或可能患有慢性阻塞性肺病。她还写道，格莱姆斯所服用的药物可能会加重病情。在“其他问题”一栏中，她写上了“不良应对机制”。

格莱姆斯要求调回林肯惩教所，倘若那里没有床位，就算调回克雷吉惩教所也行。由于他刚刚转过狱，管教告诉他，他至少要等 6 个月才能获得再次转狱的资格。监狱给他安排了一份宿舍管理员的工作。到了 8 月份，他去见了另一位精神科医生，两人约定每月见两次面。然而，那周周末，他就被调回到林肯惩教所。

一回到林肯惩教所，格莱姆斯就对管教说，他希望这次能够留下来。管教在格莱姆斯的档案中写道，他的“举止总是非常友好”。

7 个月后，春天来了，监狱又在不作任何解释的情况下把格莱姆斯调到了克雷吉惩教所。

格莱姆斯问克雷吉惩教所的管教这到底是怎么一回事，因为他本来想留在林肯惩教所，但管教不知道原因，而是列出了克雷吉惩教所提供的工作和课程内容。格莱姆斯去过那里好几次，早就知道有什么样的工作和课程。管教还建议格莱姆斯思考一下自己的目标。格莱姆斯回答说，他知道自己有什么目标。他一边罗列目标，管教一边把它们记下来：

1. 改善病情；
2. 调回林肯惩教所，继续在那里的厨房工作；
3. 参加每周由耶和华见证会举行的礼拜仪式；
4. 出狱。

即使在遥远的帕斯科坦，维吉尼娅·穆斯也继续在给他写信。现在，她和埃迪尽可能经常取道40号公路前往克雷吉惩教所。格莱姆斯仍然经常在周六给他们打电话，话费由两口子支付，但监狱会在他们通话15分钟后切断电话。维吉尼娅向格莱姆斯透露，她和埃迪没有孩子，她把格莱姆斯当成自己的孩子。她说："我现在有一个儿子了。"这事情就这样定了下来。

每周打完电话，格莱姆斯的内心都倍感振奋。他清楚地看到耶和华让埃迪和维吉尼娅走进他的生活，内心感激万分。直到现在，他才意识到他们仍然不了解他的所有人生经历，也没问他为何进了监狱，而格莱姆斯也从未主动提及此事。他知道埃迪是来教《圣经》的，不是来听他讲述法律问题的。况且，过去他曾跟狱警说他不属于那里，他们却当面嘲笑他。"没错。"他们嘲讽道，"监狱里的人其实都不属于这里。"别人的冷嘲热讽再加上天生腼腆，让他很快就学会了沉默不语，只是偶尔跟管教或心理医生交流几句。

这也意味着格莱姆斯不会向埃迪和弗吉尼娅吐露心声，尽管他知道朋友之间不应该有所隐瞒。某个周六，弗吉尼娅在电话里问他那天下午是怎么过的，他说自己一直在看法律方面的书籍，往常的周六也都是这么过的。

“哦？”弗吉尼娅问他，“你在学习哪方面的知识？”

“我因为自己没有做过的一些事情而入狱。”格莱姆斯坦言，“我要学习法律，帮助自己离开这里。”

弗吉尼娅相信他。与此同时，自从格莱姆斯第一次从克利夫兰县惩教所转到林肯惩教所以来，关于他的消息传遍了好几个教区，埃迪也见过其他认识格莱姆斯的人，包括他在道格拉斯高中的一个朋友，那人在格莱姆斯被捕前就认识格莱姆斯了。巧合的是，格莱姆斯的这位高中时代的朋友也是耶和华见证会的信徒，她告诉弗吉尼娅，她也觉得格莱姆斯是无辜的，她所认识的道格拉斯高中校友同样也这样认为。埃迪向她所在的教区打探求证，所有人都赞同她的观点。于是他告诉弗吉尼娅，他也相信格莱姆斯是无辜的。

## 昭雪中心的回信

那年冬天，格莱姆斯再次被调回林肯惩教所，管教又一次试图说服他参加针对性犯罪者的康复治疗计划。

格莱姆斯问她：“如果我不愿意的话，是不是就不用参加了？”

管教说是的，因为计划是自愿参加的，但她想让格莱姆斯明白拒绝参加该计划的后果。这个计划是让他获释的最佳机会，参加过该计划的囚犯可提升看管级别，获得假释机会。如果他报名参加，获得某些特权的概率就会加大。在最宽松看管级别下，只要行为记录良好，且家人带他进出监狱前签字，囚犯就可以让家人带他到监狱附近的餐厅吃午饭。最后，囚犯可以穿自己的衣服，在监狱外申请一份工作。格莱姆斯所要做的就是签一份表格，承认对自己的罪行负责，并上完一节课。

格莱姆斯愿意做其中一件事，却不愿意做另外一件。对他来说，坐着上完一节课没什么问题。但他从来没有强奸过任何人，在表格上签字就等于撒谎，他不能这么做，否则就是违背耶和华的教导，这肯定逃不过洞悉一切的耶和华的双眼。与上帝的祝福相比，坐牢又算得了什么。

13年来，格莱姆斯一直坚守着诺言。他知道，如果他背弃了诺言，余生就没有什么价值了。贴上了“骗子”的标签后，他就一文不值。即使这个方法管用，监狱也释放了他，他依旧违背了承诺。他见过其他囚犯和惩教署做交易，要么为了减刑，要么为了逃避牢狱之灾。这个方法有时候管用，有时候却未必。不管怎样，现在他的身上已经永远留下了罪恶的烙印。可如果他不签这些表格，不假装自己是另一种人，他就会在监狱里孤独终老。

那年春天，格莱姆斯决定接受洗礼。根据习俗，耶和华见证会信徒是不给婴儿施洗的，因为他们认为人们有自由选择洗礼的权利，而婴儿显然还不具备选择的能力。相反，耶和华见证会信徒在理解了这种仪式所代表的意义后，可以自行选择是否受洗。格莱姆斯告诉埃迪，他选择受洗。受洗仪式一般在神国堂举行，但格莱姆斯不能离开林肯惩教所，于是埃迪和汤姆从他们所在教区找来长老，把监狱的一间探访室作为施洗场所，这三个人就是洗礼的见证者。

埃迪不知道该如何施洗，他们要怎样做才能把格莱姆斯浸在水里？不过，当他咨询狱警时，狱警告诉他，监狱里有一只折叠式的浴缸，就是专门用来给犯人施洗的。他们打开浴缸，倒入了半缸水。埃迪再次问格莱姆斯是否做好了准备。格莱姆斯说他已经准备好，于是他脱下衣服，爬进浴缸里躺了下来。

埃迪发现了一个问题：格莱姆斯的体重又恢复到了原来的水平，当他躺下来时，一块肚腩露在外面，没有浸入水中。耶和华见证会的信徒认为，只有身体完全浸入水中才算受洗成功。“我们再试一次，”埃迪说，“往浴缸里多加点水。”

于是，狱警帮埃迪从浴室里打来更多的水，水满得差点溢了出来。每次加完水后，格莱姆斯会试着躺下来，将肚腩慢慢沉到水面以下，直到最终完全消失，水也漫过了浴缸的边沿。当他再次站起来时，埃迪就站在他身边，水溅到了埃迪的帆布鞋上。埃迪面带微笑，欢迎他加入耶和华的大家庭。

2001 年 6 月中旬，一个叫约翰·明顿（John Minton）的囚犯投诉格莱姆斯在厨房工作时打了他的脸，并威胁说会要他的命，他请求狱警对自己进行保护性监禁。他说，他记得格莱姆斯是这样威胁他的："如果你敢告诉别人，就别怪我不客气。"无论是狱警还是护士，都没有人在明顿的脸上看到任何伤痕。他们要求格莱姆斯提供证词或任何能为他证明这件事的证人。

格莱姆斯说："我没有任何证词，因为我不知道发生了什么事情。"狱警把这句话写进了报告里。监狱做了简短的调查，发现有两名囚犯最近向格莱姆斯借了钱，后来他们不想还债，于是给了明顿一小笔钱，让他栽赃陷害格莱姆斯，希望监狱会因此事关格莱姆斯禁闭，如果能把他送到另一所监狱则更好，这样他们就不用还钱给格莱姆斯了。由于缺乏证据，明顿的指控被监狱驳回。两周后，格莱姆斯跟管教见面，管教后来在他的档案中写道："跟往常一样，他没有任何怨言。"

那年秋天的某个早晨，格莱姆斯正在上早班，一名囚犯歇斯底里地冲进厨房，打断了他的工作。"他们轰炸了纽约！"那人喊道，"他们要杀一大群人。"格莱姆斯跟着他走进休息室，那里有一台电视监控器，屏幕上显示有两座大楼着火了。他从未见过这么高的建筑物，也没见过这么多浓烟像雷暴云一样在空中翻滚，新闻画面的标题是"纽约市"。囚犯们挤满了休息室，惊慌失措地大声讨论着哪座城市将会步纽约的后尘，但格莱姆斯并没有去想这个问题。

像纽约这种大城市是格莱姆斯无法想象的，13 年的牢狱生活使他的眼界越来越小。他回想起曾经听过的一个笑话：从未听说过恐怖分子会袭击监狱，而地震也不会震垮任何一座监狱。俗话说得好："任他外面雨打风吹，我闲看庭前花开花落。"

格莱姆斯被调到距离林肯惩教所东北部1小时车程的皮德蒙特惩教所，到那里一个月后，他得知哥哥萨缪尔·李因前列腺癌去世了。格拉迪丝想让他去参加萨缪尔·李的葬礼，可当她打电话到皮德蒙特惩教所时，一名接线员告诉她这个想法不够明智，他强调说："他要戴着手铐和脚镣出席。"况且，为了让格莱姆斯离开监狱一天，监狱工作人员还得准备大量资料。

格拉迪丝坚称她曾带格莱姆斯出过一次监狱。接线员告诉她，不管别的监狱怎么做，在皮德蒙特惩教所，这种做法可行不通。他怀疑格拉迪丝没有意识到这要做多少文书工作。

格拉迪丝知道，即使她想办法让弟弟出来一天，在整场葬礼上他也会被狱警用手铐和脚镣锁住。上次她看到的格莱姆斯就是这个样子，那简直太可怕了，给人的感觉甚至比葬礼本身还糟糕。她也不知道格莱姆斯是否想再经历一次，最终，她放弃了申请。

皮德蒙特惩教所的新管教为格莱姆斯设定了四个目标，并希望格莱姆斯能在皮德蒙特惩教所完成这些目标。他把这些目标写进了格莱姆斯的档案：

1. 到职业学校读书；
2. 报名参加康复治疗计划；
3. 参加匿名戒麻醉品计划；
4. 不违规。

格莱姆斯又被调回到林肯惩教所。他刚到那里，一名警卫就告诉他，他将被转到皮德蒙特惩教所。格莱姆斯抱怨说，他刚从皮德蒙特惩教所转过来，而且他不明白自己为什么老是被调来调去。并非每个囚犯都是这样被反复折腾的，有些人在一所监狱连续待了十几年，决定因素似乎是随机的。新来的心理医生承认，他对格莱姆斯的转狱时间表一无所知，并承诺无论他去哪里，他的医保和档案都将跟着调过去。格莱姆斯知道这番话不是真的，因为他的处方已经好几次在转狱时丢失了，他不得不找一位新医生重新开处方。他决定，为了获得人身自由，他要停止服用抗抑郁药。然后，在保持头脑清醒的情况下，他决定跟陶安娜离婚。

早在前几年，格莱姆斯就跟陶安娜失去了联系。据他所知，陶安娜还住在华盛顿特区，他一直认为关于自己的新闻肯定传到了华盛顿。但陶安娜从未联系过他，所以他不确定对方是否知道这件事。很长一段时间里，格莱姆斯都希望他俩能有一天和好如初，但如今，现实情况摆在面前：只要他继续拒绝参与康复治疗计划，就没有出狱的可能，也永远不会再见到陶安娜。他意识到，只要他们的婚姻仍然合法，陶安娜就不能嫁给其他人。在这个问题上，格莱姆斯显得很自私。无论陶安娜身处何方，她都是想继续过好自己的生活的。从法律层面上讲，离婚需要陶安娜签署协议，但格莱姆斯不知道能在哪里找到她，他只记得她母亲的家庭住址。他在相关表格上签了字，找人做了公证，然后邮寄了出去，希望这些文件最终能到达陶安娜的手里。

弗吉尼娅·穆斯得知格莱姆斯拒绝假释的机会，她把这消息告诉给她的丈夫埃迪，埃迪陷入沉思。一直以来，埃迪都相信格莱姆斯没有撒谎，然而，他听说格莱姆斯拒绝了只要承认有罪就可以得到获释的机会之后……埃迪却觉得这是另外一回事了。

埃迪拿到了格莱姆斯的庭审笔录复印件，决定仔细研读一番。结果令他感到惊讶——除了毛发对比结果和卡丽·埃利奥特的指认这两样非常不具说服力的证据以外，他看不出来格莱姆斯跟这起强奸案有什么关系。他想：他们怎么能凭此证明格莱姆斯犯了强奸罪？他把自己对案件的看法告诉了弗吉尼娅，后者敦促他快做点什么。但他又能做什么呢？卡丽·埃利奥特已经去世了，这意味着她的证词永远无法撤回。

埃迪决定为格莱姆斯找个律师。最近，他在报纸上看到的一篇文章称，夏洛特市的一名律师打赢了一桩引人注目的案件，他记得律师的名字叫诺埃尔·田（Noell Tin）。为了验证，他还打电话给住在夏洛特市的一位朋友，后者恰好在地方检察官办公室工作。埃迪问这位朋友是否认识特别优秀的律师，他的朋友主动提到了诺埃尔·田。埃迪已经得到了想要的答案。他给诺埃尔的律师事务所打电话，约了见面的时间，然后驱车前往夏洛特。

诺埃尔律师不是很明白埃迪为何对这个案子如此感兴趣，难道威利·格莱姆斯是他的亲戚？埃迪解释说，他是耶和华见证会的信徒，然后讲了一些他担任监狱牧师的事情。他向诺埃尔保证，他本人不是任何法律的拥护者，也不想把任何人从监狱里解救出来。“看了他的卷宗之后，我只是觉得现有证据不足以将他定罪。但我没接受过法律方面的培训，所以想找一位专业人士来研究这件案子。”埃迪和弗吉尼娅都不清楚他们请诺埃尔打官司要花多少钱，但是弗吉尼娅已经答应格莱姆斯要给他找一个好律师，至少要看看他的庭审笔录。即使这件事要花掉一笔他们还房贷的钱，他们也在所不惜。

诺埃尔向埃迪保证，倒也没有必要花那么多钱。他去过很多监狱，知道耶和华见证会信徒在监狱里的职责。他提出要看看格莱姆斯的庭审笔录，收费300美元。

一周后，诺埃尔打电话邀请埃迪到夏洛特市。他同意埃迪的观点，即格莱姆斯的定罪证据似乎不够充分，所以他认为这个案子值得打。这是一个好消息，而坏消息则是诺埃尔怀疑格莱姆斯甚至埃迪能否负担诉讼费用。他的日程已被其他客户占满，再接格莱姆斯这个案子的话，费用可能会高得离谱。

不过，诺埃尔还提供了另一种选择：他知道杜克大学法学院成立了一个组织，专门打这类官司，而且不收取任何费用，他有时候也会把客户介绍到那里。如果埃迪感兴趣的话，他可以把格莱姆斯的案子转过去。

埃迪同意了。

这年冬天，诺埃尔打电话给那个组织的负责人皮特·韦策尔，说想跟他分享一桩案子，他觉得韦策尔会对此感兴趣。韦策尔请诺埃尔把卷宗送过来，几天后，诺埃尔照做了，并附上了注解："我已初步看过庭审笔录内容并得出结论，这桩案子可能值得打，但需要做进一步的调查。"由于他本人正在处理其他案子，无暇分身，而他知道有很多法律和新闻专业的学生跟韦策尔共事，所以希望韦策尔能把这份庭审记录给"那些精力充沛的学生，看看是否有人对这件案子感兴趣"。最后，他把埃迪·穆斯的联系方式给了韦策尔。

诺埃尔提醒埃迪说，该组织可能要花很长一段时间才会做出回应，所以他和弗吉尼娅只能等消息。到了 5 月份，格莱姆斯收到了一封信，来信单位他根本不认识，叫"北卡罗来纳州冤案昭雪中心"。信的内容也被抄送给了埃迪·穆斯和诺埃尔·田，这封信里含有一份长达 19 页的调查问卷和一份新闻稿。信的末尾有一份免责声明，内容如下：

> 自证清白向来很难，而且随着时间的流逝，难度会越来越大。任何成功自证清白的人，都需要极大的运气。在大多数情况下，由于难度不小，所以我们完成初步调查之后不会采取任何行动。只有在少数情况下，我们才会继续调查，直至囚犯受益。我们知道您已经认识到这些困难，所以对您的唯一要求就是保持耐心，并在调查过程中理解我们和您所面临的困难。

利用探视时间，埃迪帮格莱姆斯填写了昭雪中心的调查问卷，在上面签字并注明日期：2003 年 6 月 9 日。然后把它放进信封里。

# 美国首个官方无罪调查委员会成立

## 司法系统也需要保护措施

不参加洗冤委员会会议时，克莉丝大部分时间都在昭雪中心的办公室里度过。办公室位于杜克大学法学院一间冷冷清清的地下室，那里空间狭小，没有窗户，只有两张桌子和一个文件柜。克莉丝的个人生活以丈夫和孩子为中心，没有太多社交活动。虽然克莉丝偶尔也会和同事出去吃晚饭或喝咖啡，但她知道妹妹才是自己最亲密的朋友，因此也就不会在外面待太久。妹妹时不时威胁说要干涉克莉丝的工作，因为她担心克莉丝工作时间太长。克莉丝喜欢春夏两季的时候在自家花园里修剪玫瑰花。她根本闲不下来，因为没事做不仅不会让她感到惬意，反而是个折磨。

一个住在佛罗里达的朋友买了一件 T 恤送给克莉丝，这件 T 恤上印着："休息让我倍感压力"。有时她暂时离开办公桌去吃午餐，回来时新的电子邮件便会充斥着电脑屏幕，所以为了回复电子邮件，她经常工作到半夜或更晚。"你真的那么大公无私吗？还是你的丈夫很有钱？"最近，在当地律师协会举行的一场仪式上，有人这样问她。"两者皆有。"克莉丝答道。

其中一封电子邮件是皮特·韦策尔发来的。夏洛特市的一位律师给韦策尔发了一封关于潜在案件当事人的信件，韦策尔把这封信转给了克莉丝。趁它还没被信堆埋没，克莉丝请中心的一名工作人员先看一遍信件的内容。为此，该工作人员要搜索惩教署的数据库，然后找到囚犯的庭审笔录、公开的上诉书，以及任何可以在互联网上找到的新闻报道。当他完成上述工作时，囚犯本人已经寄来一份完整的调查问卷。克莉丝打开一个新文件夹，并贴上了囚犯的名字：威利·格莱姆斯。

接着，克莉丝请中心里的一名志愿者对这件案子做正式的案情摘要。该志愿者来自教堂山法学院，名叫娜迪亚·康斯坦蒂诺娃（Nadia Konstantinova）。她要做的事情包括简短总结案情、警察调查结果和庭审内容，附上一份所有被传唤证人的名单、控方和辩方的论点概要，以及康斯坦蒂诺娃认为控辩双方存在的弱点。警方从受害人的公寓里找到的毛发样本也在其中。康斯坦蒂诺娃意识到，那份毛发从未做过 DNA 分析，但北卡罗来纳州调查局的一名技术人员作证称：根据他的经验，就微观层面而言，不同的人有着几乎截然不同的毛发。

克莉丝在康斯坦蒂诺娃的报告中写道："这是关键点。"

康斯坦蒂诺娃总结道，除了那根毛发，格莱姆斯一案的判决主要取决于受害者的指认。证词"似乎模棱两可。她向警方的口供前后不一致，而当她跟邻居麦克道尔女士谈及此事时,内容则详细得多"。其他证据"微乎其微"，这一方面使审判结果产生不少疑点，另一方面又让康斯坦蒂诺娃不知道该如何继续下去。"虽然的确存在冤狱问题，由于收集到的证据不全，再加上案件年代久远，可能很难证明被告是无罪的。"

为此，康斯坦蒂诺娃再次与克莉丝见面商讨这个案子，克莉丝建议她与警察局联系，看看警方手里是否还掌握着以前收集到的少量证据。康斯坦蒂诺娃照做了。不到一个月，她"遇到了阻碍"。她又给克莉丝发了一封电子邮件，邮件中称，希科里镇警察局中没有人能把格莱姆斯的案件报告号跟他们证据室里的任何证据相匹配。向警方求助的路不通，康斯坦蒂诺娃只能向格莱姆斯最初的辩护律师埃德·德·托雷斯求助。

"虽然他坚信格莱姆斯先生是无辜的，但他自己也不确定是否还能为他做些什么。他说，不同团体都研究过这件案子，但一直没有找到解决办法。”德·托雷斯建议康斯坦蒂诺娃去卡托巴县法院书记官办公室，因为庭审之后，证据一般都会保存在那里。康斯坦蒂诺娃也照做了。书记官查找了证据室，只找到了1991年之后的记录，而格莱姆斯是在1988年被判有罪的。“她告诉我，如果我愿意，可以亲自去查阅档案。我不知道下一步该怎么办。似乎所有人都相信格莱姆斯是无辜的，无辜的人却要在监狱里度过余生，这简直太可怕了。接下来我还要做些什么？烦请告知。”

在回信中，克莉丝请康斯坦蒂诺娃接受法院书记官的建议。“听她这话，那里要么有证据，要么有销毁证据的指令。希望你能找到其一。”

于是，康斯坦蒂诺娃驱车160公里来到卡托巴县高级法院。在这里，她仔细查验了所有证据记录，发现书记官在电话里告诉她的事情是真的：法院没有保留任何与威利·格莱姆斯相关的证据。不知何故，这些证据在没有任何指令的情况下被销毁了，而且也没有留下任何正式的销毁记录。

康斯坦蒂诺娃为克莉丝起草了一份新的案情摘要，里面提到她没有找到任何证据，甚至没有找到证据被转移到哪里去，以及为何被转移的可靠线索。康斯坦蒂诺娃在信中写道：“他的辩护律师、惩教署的志愿者，以及其他一些研究过此案的人都坚信他是清白的。”这恰恰是最可悲的。然而，从法律上讲，她不知道还可以帮格莱姆斯做些什么。“如果还有其他办法可用，我很乐意继续办这件案子。”

克莉丝又指派了三名志愿者参与案件调查。他们各自看了格莱姆斯的全部档案，然后在一周后碰面，把档案内容与康斯坦蒂诺娃写的案件摘要相互对照。他们没发现任何不符之处。“我们一致认为威利·格莱姆斯是无辜的。”他们在给克莉丝的报告中写道。其中一名学生甚至打电话询问德·托雷斯的想法。“他毫不犹豫地告诉我，他坚信威利·格莱姆斯是无辜的，但不确定是否还有其他法律手段来解救他。他还相信受害人并无恶意。”这名学生还问德·托雷斯是否知道这起强奸案的取证套盒的下落，以及他是否介意有人代表格莱姆斯提出适当救助，并声称格莱姆斯没有获得律师的有效协助。德·托雷斯回复说他不知道取证套盒在哪里，但只要能帮到格莱姆斯，他都会支持他们的想法。“实际上，他这是告诉我们，他无法为我们提供真正的帮助，只是祝我们好运。”

志愿者们又打了几次电话给卡托巴县的法院书记官办公室，以确认强奸案取证套盒和毛发证据已经不在那里了。然后，他们说服书记官给罗利的同事打电话，虽然希望不大，但他们还是想看看证据是否被转移到了罗利那里。结果是没有。

“我们三个人都相信威利·格莱姆斯是无辜的。”他们在最终的报告中总结道，“遗憾的是，我们不能说格莱姆斯完全没有获释的希望，但要做到这点也是非常困难的。”格莱姆斯因两样证据而被判有罪，分别是卡丽·埃利奥特的证词和罪案现场发现的一根毛发。“由于受害者已经过世，况且毛发样本不在法院书记官这里，所以现在无法核实这两样证据。我们也没有样本可以做 DNA 检测。格莱姆斯案件的所有上诉途径都被堵死了，我们没有提出《适当救助申请》的正当理由。”他们觉得别无他法，“我们建议结案。”

一直等着看学生报告的克莉丝无法接受这个结论。结案意味着把它放到昭雪中心办公室的一个柜子里，这个柜子几乎占据了一整面墙，后来柜子不够用了，克莉丝就把里面的资料放到自家阁楼里的一个盒子里，那是她专门储存杂物的地方。一旦她把档案放到阁楼上，就意味着再也不会把它拿出来了。显然，这对格莱姆斯来说无疑是晴天霹雳。

克莉丝没有更多的理由把格莱姆斯的档案继续保存在柜子里，因为昭雪中心还有很多案件有待处理。她知道，如果没有找到新的证据，昭雪中心就永远无法在这件案子上取得进展。格莱姆斯的档案只会被搁置，抢占其他档案的空间。

克莉丝只能做出温和的妥协。她从钱包里掏出一张纸，上面写着两列囚犯的名字，一列是案件仍在处理中的无辜者的姓名，另一列则是案件没有追查途径的无辜者的姓名。她不情不愿地把格莱姆斯的名字从第一栏中划掉，把它写在第二栏里，然后把他的档案整理好。昭雪中心的绝大多数案件都能整齐地放入文件夹中，但是对于这件案子，由于她和她的志愿者们收集了太多资料，所以必须找一小堆紫色的活页夹才能装得下。她没有把这些活页夹放进抽屉里，而是堆在办公室档案柜顶上，摊开来足足有几米长。她在文件夹上贴了一张手写的便条，上面写着“威利·格莱姆斯”。确切地说，这个案子已经处于停滞状态，但她并没有选择结案。

在美国另一边的俄勒冈州，同时兼任全国地区检察官协会（National District Attorneys Association）副主席的地方检察官约书亚·马奎斯（Joshua Marquis）写了一篇专栏文章，刊登在 2006 年 1 月 26 日的《纽约时报》（*New York Times*）上。最近，美国广播公司准备播出一档新的电视节目《以正义之名》（*In Justice*），他看到了这个节目的预告片，知道该剧的主角是一家专门解救蒙冤入狱者的虚构组织。看完预告后，马奎斯感叹道，凡是见过这种“大众文化”或聆听其“传统观点”的人，必定认为“我们的监狱里塞满了眼神迷离的无辜者”。这是一种“误解”，因为“只有在好莱坞影视作品里，才会出现大批蒙冤入狱的美国人”。

马奎斯引用了《刑法与犯罪学杂志》（*Journal of Criminal Law and Criminology*）一年前刊登的一篇文章。该文章指出，美国的 38 个州共释放了 340 名蒙冤入狱者，他们的平均入狱时间为 10 年以上。据文章作者估计，340 人只是冰山一角，还有更多蒙冤者未记录在案。

马奎斯认为，即使他们的判断是正确的，与美国法院每年正确判决的数以百万计的重刑犯相比，蒙冤者的数量也只占很小一小部分，每 10 年的错判率只是几百分之一，甚至几千分之一，这是值得钦佩的。“绝大多数行业都希望获得如此高的效率”；当然，人命“高于一切”，而上诉的目的就在于此。

况且，“渴望戏剧性事件”的记者和艺人只关注那些“无辜者被送进监狱的罕见案例”。他们的受众喜欢读《杀死一只知更鸟》（*To Kill a Mocking-bird*）之类的书，看《被证无罪》（*The Exonerated*）之类的非百老汇戏剧，所以他们觉得冤案无处不在。在现实生活中，刑事司法制度在

“不断取得进步”，马奎斯同意这一点，“但是，欺骗公众没有任何好处……与其关心那些被错误定罪的无辜者，倒不如担心那些被错误释放的罪犯。”

就在这篇文章刊登出来的那一周，贝弗利·雷克退休了。在民主党人拖延了将近一年之后，州参议院也终于接受了雷克的无罪调查委员会的提案，毫无悬念地以 48 票赞成，1 票反对的投票结果通过了该提案。现在，参议院的法案只需要与众议院一年前批准的版本相符，就可以在两院重新投票。“我们会解决分歧，在本届会议结束时成立一个无罪委员会，对此我不存在任何怀疑。”支持这项立法的众议院民主党人里克·格拉齐尔（Rick Glazier）告诉记者，“我们已经做好了预算，并且我认为，两党会均以压倒性的票数通过提案，表明这是一个高度优先的事项。”

只有来自伯灵顿的参议员休·韦伯斯特（Hugh Webster）不同意该法案，而伯灵顿恰恰就是罗纳德·科顿被判刑的那个小镇。韦伯斯特投下了参议院的唯一一张反对票，他对当地一家电视新闻媒体 WRAL 抱怨说：“我更希望我们能解决原有制度的问题。”他不希望创造一个新的制度，而是希望改革现有制度，因为他担心以旧换新的做法会传递出某种信息。他说：“这相当于说现有制度不管用了，所以要成立委员会来发现和纠正错误。”

“飞机上还要常备救生漂浮设备呢！”当 WRAL 转述韦伯斯特的观点时，克莉丝反驳道，“汽车上也装了安全带。我们要有内部的保护措施，司法系统不应例外。”

## “这是一种全新的事物”

到了月底，参众两院已经达成和解。若要赦免囚犯，需要法官小组的多少名法官同意？两名还是三名？起初承认有罪的囚犯是否有权向无罪调查委员会提出申请？这些问题都没有形成定论。最终，议员们找到了一个折中方案：三名法官必须意见一致才能赦免囚犯。而作为交换条件，已承认有罪的囚犯仍然可以申请无罪赦免。

这笔交易还带来了更多麻烦，因为它是一则“落日条款”[①]。除非州议会投票决定延长这一条款的有效期，否则的话，无罪调查委员会要在2010年12月底解散，也就是条款生效的4年之后。

2006年7月的最后一个周三，众议院以86票赞成，28票反对通过了最新版本的提案。周四，参议院紧随其后，以46票赞成，2票反对通过了该提案。一周后，州长在提案上签字，使其正式成为法律。他在一份公告中称：“该法案的诞生赋予我们的刑事司法制度另一种保障，有助于确保我们不会产生冤狱。”

他还补充道：“对WRAL来说，这是一种全新的事物”。

该法案通过后，消息传至远在西海岸的加州，《洛杉矶时报》（*Los Angeles Times*）以《北卡罗来纳州重视无罪主张》为标题刊登了头条新闻。由于存在落日条款，好几家新闻机构都把无罪调查委员会称作“四年试点项目”。尽管如此，它还是在美国开了先河。

就在《洛杉矶时报》的文章刊登出来两天后，全国公共广播电台（National Public Radio）在《算无遗策》（*All Things Considered*）节目中对此事做了专题报道，称无罪调查委员会是一个法律效力遍及北卡罗来纳州的机构，“负责审查那些提出无罪主张的案件”。为了平衡各方观点，节目制作方也采访了无罪审查理念的反对者，其中就包括北卡罗来纳州受害者援助网络的新任理事梅尔·奇尔顿。

“谁也不希望无辜的人坐牢，哪怕是在牢里服刑一分钟，”奇尔顿在广播中说道，“但我们认为，蒙冤入狱者的数量并没有那么多，况且无罪审查只会破坏我们的整个体系，而这个体系是我们两百多年来的生存基础。”奇尔顿担心她所在的州只是增加了更多的官僚机构和加强了对罪犯的庇护，而这两者都意味着“受害者权益的倒退”。在她看来，所有这一切都是因为人们对极少数冤案的“过分关注”，“我们有些人经历过非常严重的暴力犯罪，担心人身安全受到威胁，更担心真正的罪犯通过技术手段

---

①“落日条款”是指法律或合约中定下了部分或全部条文的终止生效日期。

出狱，导致我们在家里也会提心吊胆”。

持这种看法的人不止奇尔顿一个。一位地方检察官向《温斯顿-塞勒姆杂志》（*Winston-Salem Journal*）抱怨说：“各地法院已在正常运转，根本没必要引入更多的繁文缛节和官僚机构，否则的话，受害者永远也等不到结案的那一天。”

甚至连被告辩护律师也没有一边倒地对这个新机构表现出兴趣，他们的理由与检察官恰恰相反：他们不是觉得它的破坏力太大而反对它，而是认为它没有足够的破坏力。“我不知道谁会被平反。”一名辩护律师告诉记者，“我担心的是，无罪调查委员会的象征意义大于实际意义。我希望我的看法是错误的。”

没过多久，克莉丝就耗尽了自己有限的耐心。在达勒姆郊外的家里，她看了大量的专栏文章，然后给罗利的《新闻与观察家报》编辑写了一封信，信中的言辞非常激烈。“人们居然在不了解情况的前提下花时间发表书面意见，这让我感到很困惑。他们为什么不打个电话或发封电子邮件给那些了解情况的人，问一两个问题，然后再表达自己的观点？具体到这件事上，他们为什么不先看看关于成立该委员会的提案，然后再作评论呢？”克莉丝列举了最近几周在专栏文章中看到的一些怨言，这些怨言包括新的机构将会收到大量毫无价值的无罪主张，而且会招致北卡罗来纳州地方检察官的一致反对（事实上，委员会要对无罪主张进行“严格筛选”，并将证明囚犯有罪的证据交给警方，从而抑制有罪囚犯提出申请的欲望；另外，地方检察官大会已经公开表示支持委员会）。

然后，克莉丝提到了两个专栏评论员的名字。她曾读过他们的来信，其中一位评论员是当地的法官，他声称无罪调查委员会将“剥夺司法机构的责任”（事实正好相反）；另一位评论员是当地电台主持人，此人废话连篇，克莉丝只能在信件的空隙处回答“少数几个问题”。她说其中一个问题“相当可笑”，而另一个问题的答案已经体现在法案中，她指出：“只要看看法案，你就可以找到答案。”克莉丝还说，如果电台主持人对真相感兴趣的话，欢迎打电话给她：“你从一开始就应该这样做。”

写完信后，克莉丝开了一瓶葡萄酒。

## 从0到1

克莉丝没有休息太久。那些紫色活页文件夹仍然堆放在中心档案柜的顶上，每次路过看到这些文件，她心里都不是滋味。她已看过无数次格莱姆斯的档案，她相信格莱姆斯是无辜的，不过让她感到恼火的是，格莱姆斯案的证据被毁了。官方怎么可以这样做？早在州议会以拖沓的节奏审议无罪调查委员会的提案时，她就开始不断地联系北卡罗来纳州各地法院书记官、地区检察官和警察局，询问他们是如何储存证据的，并希望卡托巴县是个例外，结果卡托巴县没有带来惊喜。北卡罗来纳州上百个县的财政预算都不充足，也没有足够的证据储存空间，而且每个县都要遵循各自的证据储存政策，有些县甚至没有制作证据录入和注销的表格。

克莉丝认为，这似乎是洗冤委员会要做的事情。她邀请了八个县的法院书记官参加委员会的下一次会议，他们都承认自己从未接受过证据储存方面的培训，也没有人给他们足够的时间、空间或资源，使他们成为所谓的“证据警察”。这八个人都支持改革，因为证据丢失了对他们来说也没有任何好处。

问题在于贝弗利·雷克，或者说，雷克的退休产生了一个问题。少数几名委员一直对自己的工作感到不满，现在雷克退休了，他们觉得机会来了。他们建议说，既然雷克已经退休，解散委员会是最明智的做法。无罪调查委员会的提案即将成为法律，到了那个时候，洗冤委员会就没有什么未实现的目标了吧？

“够了！”克莉丝呵斥道。即使提案通过了，无罪调查委员会也不是用来研究法律问题或提政策建议的，她觉得两个委员会之间没有什么关系。

就在那个月，雷克退休半年后，无罪调查委员会的提案确实成了法律，甚至连克莉丝也能看到洗冤委员会的作用在减弱。为了避免与新成立的无罪调查委员会相混淆，委员们决定给洗冤委员会换一个新的名字。

在接下来的 5 个月里，为了在委员会新名称问题上达成一致，他们举行了三次会议。几名委员仍然不喜欢“洗冤”一词，希望在新名称中完全避免这种说法。但是，类似于“刑事诉讼程序可靠性委员会”(Commission on Reliability in Criminal Procedure) 中的“可靠性”一词也不好听，因为它表明刑事司法系统并不是完全可靠的。最后，他们决定将洗冤委员会改名为“北卡罗来纳州首席大法官刑事司法研究委员会”(North Carolina Chief Justice’s Criminal Justice Study Commission)。

事实上，洗冤委员会早已人心涣散。无罪调查委员会提案这场斗争是它的巅峰，或者在某些人看来，这是它最艰难的时刻。随着雷克的退休，洗冤委员会现在由其继任——首席大法官莎拉·帕克 (Sarah Parker) 领导，而莎拉对于这份工作的热情完全不能与雷克相比。严格来讲，洗冤委员会是根据法院指令成立的，这意味着委员会的解散也需要遵循法院指令。不过，到了 2006 年年底，它已经不再举行会议了。

2007 年 1 月，无罪调查委员会刚成立，所有八个委员职位都被占满，不过还缺少普通工作人员。这八名委员的职责是听审案件，但普通工作人员必须要请，因为他们要初步筛选和调查无罪主张，然后决定哪些无罪主张需要举行听证会。克莉丝·穆马第一时间申请了委员会的理事职位，没有获得批准。起初她很愤怒，最终还是承认委员会的选择是合理的。她一直都是无罪调查委员会的捍卫者，如果委员会任命她为理事，看起来太像利益交换。会让人以为克莉丝的忠诚明显有政治目的。想让委员会树立威信，它就必须保持中立。

如果克莉丝不能当理事，谁又是最合适的人选呢？无罪调查委员会最初的提案要求州议会每年划拨将近 50 万美元的预算，但州议会的实际拨款还不到这个数字的一半，再加上落日条款，理事这个职位对潜在候选人的吸引力下降了很多。又有哪个律师愿意把家搬到罗利，干一份 4 年后有可能会消失的工作呢？

克莉丝想好了：如果自己不能当理事，那就找一个她认可的人选。她想起了在杜克大学工作时曾与法律系一名学生合作过，此人是纽曼和科尔曼的得意门生，曾协助他们实施过"昭雪计划"。这个学生叫肯德拉·蒙哥马利-布林（Kendra Montgomery-Blinn），克莉丝对她印象深刻。此外，克莉丝记得肯德拉从杜克大学毕业后是到维克县地方检察官办公室当检察官，这简直再合适不过了。克莉丝知道，在可信度方面，检察官将是完美的理事人选，而这也正是贝弗利·雷克以共和党人身份成为理事的原因。

克莉丝查到了维克县地方检察官办公室的电话号码，打电话找到了肯德拉，并问她是否对理事一职感兴趣。克莉丝说，她知道肯德拉刚从大学毕业，做着一份稳定的工作，如果辞去这份工作，会冒很大风险，她对此表示理解。但她和纽曼、科尔曼、罗森都致力于使无罪调查委员会成为永久性的组织，只有大家联手，委员会才不会在 4 年后消失。她还劝肯德拉不要在意落日条款。

春天到来时，肯德拉被录用了。到了夏天，肯德拉为这个新成立的机构设计了一套规则和流程，八名委员给予了协助，但所有工作几乎都是她从零开始做的。州议会虽然确定了无罪调查委员会的职责范围，却没有告诉他们具体工作如何开展，所以在入职的头两个月里，肯德拉把一个模糊的法规变成了实实在在的政策，而这一切工作都是在没有办公室的情况下完成的。州议会为无罪调查委员会规划的大楼仍在翻修中，肯德拉只能在当地一名法官的办公室里租用了两间空房间，到了秋天才搬进新的大楼。幸运的是，她不需要太多空间开展工作，只需一张办公桌，再给一名案件协调员准备一张办公桌，这是委员会唯一被填补的两个职位。

八名委员一致认定，肯德拉设计的规则和流程从理论上看很合理。其中一位委员指出，以前没有人尝试做过类似的事情，在付诸实施之前，他们无法确定这些规则和流程是否管用。既然如此，为什么不在模拟的情况下实践一番呢？比如进行某种彩排练习？

肯德拉很喜欢这个想法。然而，委员会里既没有正式的工作人员，也没有开始着手处理无罪主张案件，所以她无法做模拟练习。她打电话问克莉丝是否有案子可查。为了避免利益冲突，她想找一个无罪调查委员会不太可能在现实环境下遇到的案子，最好是该案已经走入死胡同，即克莉丝怀疑某个囚犯是无辜的，却无法证实；肯德拉甚至可以不向外界透露囚犯的姓名。她问克莉丝是否有这种案子。

克莉丝毫不犹豫地回答："威利·格莱姆斯。"然后，她犹豫了一下，重新考虑是否推荐这个案子。格莱姆斯的案子是不是太显眼了？她要用存在疑点的无罪主张对肯德拉制定的流程提出挑战，这才是关键，而她知道，格莱姆斯显然是无辜的，没有多大实验价值。可她转念一想：不，这案子恰恰很适合，他们会看到这个案子有多么典型。她把那些紫色档案夹拿到肯德拉租来的办公室，把案情和相关人员的名字告诉了肯德拉。

不久，肯德拉就把委员会的八名委员召集到格林斯伯勒附近一间空置的会议室，那里是一所社区大学为她额外提供的办公地点。肯德拉告诉委员们，他们来这里是为了研究比利·泰姆斯（Billy Times）的案子。

肯德拉原名肯德拉·阿什克罗夫特·蒙哥马利（Kendra Ashcroft Montgomery），她成长于印第安纳州，身材高挑修长，留着一头栗色长发。读高中时，她看到自己最喜欢的一位老师因为一些琐碎的事情而被解雇。那位老师教暑期班，只因忘了填写某张表格就被学校解雇了。肯德拉知道，学校管理人员其实只是想砍掉她老师所领导的农业项目。她认为学校这样做是不对的，于是组织同学抗议。抗议活动引起了印第安纳州教师工会的注意，工会举行了一次听证会，并要求肯德拉出面作证。她在听证会上提心吊胆地说，她的老师是个好人，不仅要经营学校的生态俱乐部，还要负责学校的垃圾回收计划，定期带学生去野外考察和露营。谁管他有没有填什么表格？他没做错任何事情，却被学校解雇了。

肯德拉的证词最终没起到作用，这位老师还是被解雇了。尽管如此，她还是对听证会留下了深刻的印象。她心想："看，这个人敢与庞大的校区为敌，而听证会给了他自我辩解的机会。”那时，她就决定将来要成为一名律师。

后来，肯德拉考入了普渡大学，并以全美优等生荣誉学会会员身份毕业。第二年夏天，她就结婚了，改名为肯德拉·蒙哥马利 - 布林 (Kendra Montgomery-Blinn)，然后继续在杜克大学法学院深造。入学第一周，她便自愿加入“昭雪计划”。她就是在那里遇到了特蕾莎·纽曼和吉姆·科尔曼，随后结识了克莉丝·穆马，这些人都懂她，知道什么叫作“以一己之力挑战体制”。她觉得除了挑战体制以外，法律其实是很乏味的，她才不在乎某家公司兼并了其他公司之后赚了多少钱，那不是她成为律师的理由。

在杜克大学学习的第三个年头，肯德拉成为该校“昭雪计划”的负责人。2003 年，她以优等成绩毕业，申请成为达勒姆的助理检察官。她认为，这份工作跟她在“昭雪计划”中所做的一切没有冲突。一名优秀的地方检察官不仅要审判罪犯，还要伸张正义。有时候，她要驳回某个证据不足的案件；有时候，她要劝说被告签署认罪协议，以便对方及时得到治疗；有时候她还得尽量拖延判决时间。

3 年来，肯德拉主要从事虐童案和家暴案件的审理工作，同时还与纽曼、科尔曼和克莉丝保持着联系。她密切关注媒体对于无罪调查委员会的报道，希望他们的提案能够通过。肯德拉知道，刑事司法是一个不断发展的领域，其文化和技术都是随着时间的推移而发展起来的。这就意味着即使是聪明、有道德感的律师也必然是不完美的。法官也是如此，因为他们所处的大环境本来就不完美。

像肯德拉那样的地方检察官们曾以为毛发对比、目击者证词和血迹证据都是绝对可靠的，现在他们心里更有数了。这不是任何人的错，因为我们不能因为某个人无法预测 10 年后的科技而责怪他。这也意味着随着时间的推移，即使被告遇到好的地方检察官和辩护律师，甚至所有人都很称职和恪守原则，也有发生错判的可能。定罪体制是由人来设计的，而人也是在不断学习、进步的。所以，我们显然需要有能够审查旧案件的人，而上诉流程并不是为此制定的。在无罪调查委员会面世之前，根本不存在任何针对旧案件审查的手段。

看到无罪调查委员会终于成为合法组织后，肯德拉心想：谁会成为这个组织的领导人？然后她家的电话响了，是克莉丝打来的。克莉丝对她说："你应该申请理事职位。"

"我？"肯德拉很吃惊。她不认可克莉丝的建议，她只有 28 岁，刚毕业 3 年，还没有资格担任任何组织的理事，而且她很喜欢现在这份工作。

"考虑一下吧，"克莉丝没有放弃，"这对大家都有好处。"

肯德拉挂断了电话，左思右想。她给自己的导师吉姆·科尔曼打了一个电话。科尔曼对她说："你应该接受这个职位。"她又打电话给克莉丝，问做这份工作有哪些要求。克莉丝承认说，没人知道这份工作的确切职责，因为它是新生的事物。

落日条款让肯德拉感到不安。为了某种试验而放弃一份稳定的工作，这样做是不是太鲁莽了？但作为助理检察官，她每年只挣 3 万多美元，就算加上周末加班费，她也无法偿还自己的助学贷款。她和丈夫领养了一个儿子，现在连日托费用也负担不起。尽管理事工作的前景令人生畏，却有很大的想象空间，她为此兴奋不已。肯德拉曾以为这份工作会交给有经验的人，由他把一切弄得井井有条，这样的安排顺理成章。等那个人离职后，她也许更有资格，也更有胆量去申请这个职位。现在，她回想起克莉丝在电话里对她说过的话：没人知道这份工作的确切职责，因为它是一种新生事物。如果她现在就申请职位，把一切弄得井井有条的人可能就是她。她可以从无到有地协助建立这个机构。

肯德拉提交了申请，接受了八名新委员的面试。到 3 月份，他们通知她，她已经被录用了。"从她的履历以及我们跟她的讨论中都可以看得出来，蒙哥马利 - 布林女士既没有从政打算，也没有任何私心，"在纳什县高级法院担任法官的一名委员在新闻发布会上宣布，"她曾经从控辩双方的角度见证并亲历过刑法的运作方式。"

# 他得了前列腺癌

格莱姆斯决定报名上电脑课。在他被捕之前，他的亲朋好友还没开始买电脑，现在，他不断地听到他们已经拥有电脑的消息。囚犯们都说，外面人人都有电脑。他还得知，连惩教署也用电脑来管理囚犯的档案了。他在监狱的活动布告板上看到一份招电脑应用程序课程学员的公告，上课地点在山景城。于是他报了名，并向管教申请调往山景城。几天后，一名狱警告诉他，他有望在周四调走。可是这天下午，管教把格莱姆斯叫了过去，告诉他一个截然不同的结果：转狱延期。

在等待转狱的日子里，格莱姆斯收到一封来自昭雪中心的信件。信中称，中心已经收到了他的调查问卷，并将他的案件“交给一个小组做深入评估”。由于中心接手了大量案件，他的案子的评估工作可能要在一年多以后才会开始，再加上人手有限，中心无法定期告知他最新的进展，“若决定接手您的案子，我们会立刻联系您”。

不久，格莱姆斯就要迎来一个重大的日子。美国惩教署规定，在获得假释资格日期前5年，囚犯的看管级别即可被提升到最宽松级。根据格莱姆斯的判决书，他的假释日期是2008年12月2日。从2003年12月3日起，他还有4年零364天就可以获得假释。这是他第一次正式获得升级资格。格莱姆斯已经坐了15年牢，“该囚犯自1998年12月2日以来从未违规。”在准备接受看管级别审核期间，管教在他的档案上称赞道：“他继续从事厨房的工作，获得大家的好评。”但管教和她的同事也认为，现在谈保释资格还为时过早，于是他们开了否决单，保留他的中等看管级别。

格莱姆斯被送到了克雷吉惩教所。他搞不懂这是怎么回事，因为他申请去的地方是山景城。幸运的是，克雷吉惩教所也提供电脑应用课程，不过要等到来年春天才开课。格莱姆斯越来越喜欢电脑，它不仅可以让下午的时间过得快一点，而且只要点击键盘，就能在屏幕上看到结果，所以他决定 8 周学习时间后再报一个班。第二次学习结束后，他便要求调回林肯惩教所，因为上电脑课是他来到克雷吉惩教所的唯一原因。同月，他再次接受看管级别审核。一位主管在他的档案中写道：“该囚犯表现出了攻击性行为，若此时提升看管级别，他有可能会对社区构成威胁。”

格莱姆斯被调到位于蒂勒里（Tillery）的喀里多尼亚监狱（Caledonia），那里距离林肯以东足足有 300 多公里。“他想被调到另一座监狱。”格莱姆斯刚到这里，新管教就在他的档案中写道，“他不喜欢这里。”还没等到转狱，有天夜里，一名狱警半夜把他叫醒，说要给他做药检。每隔一段时间，狱警就会突击检查囚犯，而且突击检查的时间通常是在半夜或凌晨，这时候囚犯往往没有准备。狱警把格莱姆斯和其他 5 名囚犯从牢房押到健身房，然后给每个人发了一个干净的塑料杯子。狱警告诉他们，往杯子里面尿完尿以后，他们就可以回自己的床位睡觉了。

格莱姆斯嗫嚅地说道，他无法一听到命令就小便。

狱警耸了耸肩，递给他一杯水，说给他两个小时。

格莱姆斯辩解说，他不是这个意思，而是他排尿有问题，正在吃药。他保证自己从不吸毒，但两个小时可能不够。

狱警一言不发地怒视着他，格莱姆斯只好大口地把水喝掉，然后等待尿意。他又试着尿了一次，还是没有尿出来。两个小时过去了，到了凌晨 2 点，狱警觉得格莱姆斯这种行为算得上是违抗命令了。他指控格莱姆斯违反了 A14 条例——拒绝接受药物测试。一名警官来到格莱姆斯面前，要求他在一张表格上签字。格莱姆斯签了字。警官问他：“你想代表自己陈述任何意见吗？”

格莱姆斯说，该说的话他都已经说了。

狱警没有把他带回牢房，而是带到了禁闭室，格莱姆斯就在那里过夜。到了早上，他申请看病，并把昨晚发生的事写在申请表上，然后要求另一名狱警把他送到护士值班室。又一个日夜过去了，一位护士用处方帮他做出了回应。她证实格莱姆斯说的是实话，他小便有困难，每天都要服用 4 毫克卡杜拉。

另一名狱警修改了格莱姆斯档案中的违规记录：“建议撤销对犯人格莱姆斯的指控，他将在晚些时候接受药检。”然后，他把格莱姆斯带回了牢房。

格莱姆斯感觉胸口一阵绞痛，他头晕目眩，然后有一种刻骨的疲倦感袭来，仿佛四肢被绑上了沙袋。上厕所时，他发现自己在便血，护士们让他去看医生。兰德医生每周来监狱两次，这是格莱姆斯第一次在监狱里看到黑人医生。

兰德问格莱姆斯，他最近一次做前列腺检查是什么时候，格莱姆斯说那是好几年前的事情了。兰德又问格莱姆斯，他是否介意现在做一次前列腺检查？格莱姆斯说不介意，于是兰德戴上一只乳胶手套，开始给他做检查。检查完后，他觉得格莱姆斯的病情很严重。“我现在可以告诉你，”兰德说，“你得了前列腺癌，而且已经患病好几年了。”

格莱姆斯顿时觉得非常茫然。兰德是怎么知道他已经有好几年的前列腺癌了？

“头几年，癌变组织就像一堆水泡那样，有颠簸感。”兰德解释道。他张开拇指和食指，手指相距 1 厘米，然后斜视着这条缝隙，以表明水泡有多大。接着，他把两只手围成一个圆圈，把它举在胸前。“你的前列腺现在硬得像块石头，大概有这么大，这说明你已经患癌很久了。你知道吗？如果你没有表现出症状，而且没有做身体检查，前列腺癌可以在你身上潜伏 20 年。你是不会知道自己患病的。”

监狱几乎每年都给他做体检。他的排尿问题已经持续存在很多年了，他们甚至给他服用了治疗前列腺增生的药物，但没人跟他说过癌症的事。

兰德耸了耸肩。他无法确定炎症何时会癌变，但他所描绘的水泡边缘通常会在一两年后硬化。格莱姆斯的前列腺可能已经癌变10年或更长时间了。兰德答应格莱姆斯，他会向狱方建议让格莱姆斯到外面做正式的体检，但格莱姆斯肯定是得了前列腺癌，对此他毫不怀疑。

两个月后，也就是1月份，兰德安排格莱姆斯在附近的泌尿外科诊所看诊。一位泌尿科专家为格莱姆斯做了活组织检查。在医生检测的6份样本中，5份呈腺癌阳性。他估计格莱姆斯30%～35%的器官已经癌变，并在格莱姆斯的体检报告中写道："他的癌症确实很严重。"随后，他写信给喀里多尼亚惩教所的兰德医生："我认为他得了一种恶性肿瘤，需要某种积极的治疗手段。"在治疗之前，他想对给格莱姆斯做CT和骨骼扫描，以排除癌细胞发生转移的可能。

活体组织检查后，泌尿科医生在办公室里告诉格莱姆斯：他需要根据扫描结果做个决定。格莱姆斯可以选择完全切除前列腺，或者做化疗。虽然化疗有一定风险，可能导致膀胱或肠道产生永久性的问题，但这个方法是可能治愈的。从理论上讲，格莱姆斯适合接受冷冻疗法，即用液氮冷冻癌细胞；他甚至还可以接受激素疗法，但考虑到格莱姆斯已经患前列腺癌很久，泌尿科医生也不推荐这种疗法。最后一种方法就是"观望式等待"，顾名思义，就是暂时不作决定，同时观察癌症的进展。出于同样的原因，他认为这也不是一个好方法。

格莱姆斯问医生，每次治疗会对他的寿命造成什么影响？

医生说，这个问题问得好。遗憾的是，他无法回答这个问题。格莱姆斯的癌症看上去并没有从前列腺扩散，所以就算他们不做任何治疗，也很难猜测他的寿命长短。预测每次治疗之后对寿命的影响？那就更难了。

格莱姆斯思考过这个问题。刚入狱时的格莱姆斯倍感绝望，从那时起，他就总结了两点经验：首先，一连串的上诉失败让他觉得人生是无法控制的；其次，《圣经》告诉他，耶和华只帮助那些自助者。这两者并不矛盾。耶稣曾在耶路撒冷告诉他的门徒："凡你所祈求的一切，只要有信心，你终将得到。" 但是，他也对法利赛人[①]（Pharisees）说："我若不尽天父的职责，就不要信我。" 一个人既要对自己负责，为自己努力工作，也需要得到别人帮助。格莱姆斯知道，把他带到医生们面前的正是耶和华。

"虽然我个人建议你选择外科手术。" 泌尿科医生重复道，"但这要由你自己来决定。"

"你说得对。" 格莱姆斯赞成他的建议。

两周后，格莱姆斯骨盆扫描结果证实了医生们此前的猜测：格莱姆斯腹腔内有直径 7 毫米的钙化物，但无迹象表明钙化物发生了转移。接着，他又做了胸部 X 线检查，结果正常；腹部 X 线检查结果同样正常。位于教堂山的州立医院加州大学卫生保健中心的医生也给他做了检查。在格莱姆斯的病历本上，一名医生在 "身体检查" 栏下写道："戴着镣铐的……快乐黑人。" 他也认为格莱姆斯的前列腺发炎了，并注意到格莱姆斯体内的前列腺特异性抗原的含量为每毫升 8.5 毫微克。前列腺特异性抗原是一种蛋白质，肿瘤学家把它视为患前列腺癌的标志，若该指标为每毫升 4 毫微克以下，则前列腺正常。他诊断格莱姆斯患有二期前列腺癌，并将治疗方案告诉格莱姆斯，格莱姆斯发现对方所说的治疗方案与兰德医生和那位泌尿科诊所医生的完全一样。这名医生建议格莱姆斯去咨询一下放射科医生，但他拒绝了，他已经决定做外科手术。

最后，医生们把格莱姆斯所有服用过的药物都写进了报告，并在格莱姆斯的病历本中写下了所有人都赞成的治疗计划："病人希望接受外科手术治疗，近期他将接受耻骨后根治性前列腺切除术。这要得到惩教署的批准……目前我们正在努力解决这个问题。"

监狱的一名主管批复道："考虑到他的年龄，管理层认为他可以在一个较低看管级别的环境中进行管理。" 他把格莱姆斯转到精神科医生那里，准备接受惩教署强制规定的风险评估，包括审核他的 "社会、犯罪和心理

①法利赛人是犹太人一个突出的宗派，有些法利赛人反对耶稣的福音。

健康历史数据”，并要他填一份心理健康鉴定表和再犯罪风险评估表。格莱姆斯要在一些问题旁边选择答案，比如：他是否跟自己的母亲发生过性关系？他选了“否”。是否跟自己的兄弟姐妹发生过性关系？他选了“否”。是否跟其他男人发生过性关系？他还是选了“否”。

有些审核结果是保密的，就连格莱姆斯也不知情。根据这些结果，精神科医生给他打了一个不及格的分数。6 月份，一名副主管在格莱姆斯的报告中写道：“由于风险评估结果不可接受，不建议放宽看管级别。”

当天下午，格莱姆斯又见到了泌尿科医生。“我告诉他，蒙上帝恩典，我从未患过重病，”医生在他的笔记中写道，“尽管他是犯人，但我还是和他聊了很长一段时间。他提出了很多问题，我都耐心回答了。”

两周后，格莱姆斯回来找他做外科手术。

周四，格莱姆斯被送回到中央监狱的囚犯医院。此时距离格莱姆斯做完手术已经过去三天了，他仍然戴着导尿管，下腹感到刀割般的疼痛。没过多久，他就能自己站起来，小心翼翼地在铺满瓷砖的走廊上来回走动了。泌尿科医生告诉他，他至少要戴两周的导尿管，之后就可以穿成人纸尿布。至于要穿多久的成人纸尿布，那就很难估计了。

7 月中旬，医生给他做了一次术后定期复查，发现他的康复情况跟预期差不多，于是取出了导尿管，批准他回到喀里多尼亚监狱。

一周后，格莱姆斯被送回喀里多尼亚监狱。他跟一名新管教见了面，后者对他的评价很简单：“囚犯说他有点担心健康状况，我通知了部门主管。”

术后 6 个月，格莱姆斯做了膀胱声像图检查，结果显示，他的下腹正在愈合。可当他坐下来或躺下来的时候，痛感依然很强烈，所以他申请要一张备用垫子，想把床垫弄软一些。与此同时，他再次申请提升看管级别。“格莱姆斯是一个性犯罪者，在监禁期间，他没有参加过任何项目来解决此事，”他的管教写道，“监狱工作人员认为，在提升看管级别之前，格莱姆斯应该参与并完成SOAR项目。建议驳回申请，保留中等看管级别。”三天后，一名主管补充写道：“该囚犯一直服从管理，没有制造难题，但他明确拒绝参与狱方推荐的SOAR项目，因其不愿意为某些自己没有做过的事情认罪。因此，我建议保留中等看管级别。”

那年秋天，一名警官用扩音器把格莱姆斯叫到狱警办公室，通知他说，他的哥哥小克利夫去世了。格莱姆斯从办公室打电话给格拉迪丝。格拉迪丝告诉他，小克利夫一直在做透析，等着合适的肾脏做移植手术，但却没有等来。尽管距离遥远，她还是想带格莱姆斯回郎代尔参加小克利夫的葬礼，可她遇到了麻烦。最近，北卡罗来纳州推出了一项法律，禁止任何送葬队伍中有人携带武器，甚至连狱警也不例外。然而，狱警不可能在不佩戴枪支的情况下护送囚犯，也不可能让格莱姆斯在没有护卫的情况下留在任何地方。

格莱姆斯没能去参加小克利夫的葬礼。

绕操场走了一圈后，格莱姆斯坐在长凳上，看了一场掷马蹄铁比赛，其他囚犯则三五成群地闲逛着。赛场上不时传来马蹄铁的撞击声和叮当声，然后人群开始大喊大叫，一阵骚动。他抬起头，看到一名犯人的手臂举了起来。他是在庆祝吗？只见他把手臂猛地放下去，又举起来，再放下。格莱姆斯看到了血，他意识到那人手上握着一把刀。这时候，另一名囚犯扭动着身子，倒在那人脚下，大口喘着气。有东西刺进了他的胸口里，血从他的衬衫流到裤子上。

掷马蹄铁的比赛已经停止，周围一片死寂。狱警在哪里？一群人挡住了格莱姆斯的视线，人群又突然喧闹起来，所有人让出一条道，一名囚犯从里面大步走出来。等他走后，人群又围了起来。狱警在哪里？就在这时候，狱警们出现了，一名狱警质问刚才发生了什么事情，但没人回答。他大声问道：“这里到底发生了什么事情？”还是没人出声。

囚犯们渐渐散去。格莱姆斯担心自己会管不住自己的嘴。他知道如果他回答了狱警的问题，肯定不会有好果子吃。他从长凳上站起来，走开了。

申请床垫的5个月后，狱方终于给他发了一张床垫。他又给昭雪中心写了一封信。“他们想让我在一些认罪文件上签字，并让我去参加SOAR项目，然后才给予我帮助。”他在信中提出了抗议，“我不能为了得到帮助而在那些文件上签字，说自己做了一些根本没有做过的事情。”

格莱姆斯收到了一封信，信上说《丹佛邮报》（*Denver Post*）一直在联系昭雪中心。该报纸正在报道一些证据被销毁或失踪的案件，现在有位记者想去监狱采访他，并随信附上一份同意书。

格莱姆斯没弄明白一件事：寄信给他的到底是昭雪中心还是《丹佛邮报》？他是否应该同意采访？他又给昭雪中心写了一封信：“我之所以这样问，是因为我没有收到你们的信，也没有人告诉我是否有律师要帮我打官司。如果你们能回答我的问题，并告知是否是你们要求报社来采访我的，或者我是否应该接受报社采访，我将感激不尽。感谢你们所花的时间和耐心，若有任何信息，烦请提供给我。”

# 证据遗失的案件

克莉丝打电话给维克县检察官办公室的肯德拉·蒙哥马利 - 布林时，她收到了《丹佛邮报》一名记者发来的电子邮件。该报当时正在策划一期关于刑事案件证据储存问题的特辑，研究科罗拉多州和整个美国到底有多少刑事案件的证据被销毁或丢失。为了寻找线索，《丹佛邮报》联系了位于纽约的“昭雪计划”组织，有人把克莉丝的电子邮件给了他们。报社记者苏珊·格林（Susan Greene）想知道克莉丝是否有证据丢失的案例，如果没有丢失，克莉丝从理论上觉得她如何才能证明某人无罪。格林和报社的编辑预测，类似这样的案件能够让新闻特辑更加戏剧化。她询问克莉丝是否知道这样的案件。

“我知道。”克莉丝说。

格林想去监狱探望格莱姆斯，于是克莉丝给在喀里多尼亚惩教所的格莱姆斯寄了一份同意书。她需要格莱姆斯签字同意，才能带记者去监狱采访。然后，格林从丹佛坐飞机过来，克莉丝接上她，驱车上百公里前往哈利法克斯县。

# 监狱采访

昭雪中心证实，信确实是他们寄的，所以格莱姆斯在同意书上签了字。

两周后的星期三，也就是2007年2月21日，天气阴冷潮湿，两位女士来到喀里多尼亚惩教所。她们身上穿着灰色和黑色套装，脚踏高跟鞋，各拿着一本记事簿，后面跟一位穿牛仔裤和T恤的摄影师。天空乌云密布，格莱姆斯和两位女士坐在室外的一张桌子旁，摄影师围着桌子走来走去，不断按动着快门。

用格莱姆斯自己的话说，他是怎么进监狱的？《丹佛邮报》记者想知道答案。1987年10月的那个晚上，他到底去了哪里？他对自己的律师埃德·德·托雷斯有何看法？他上诉过多少次？他在监狱里如何度日？他花了多长时间才适应牢狱生活？他对自己的前途有何看法？

格莱姆斯回答说，希科里镇的警官史蒂夫·亨特知道他是无辜的。但他也想不明白，为什么亨特会在没有证据的情况下迅速逮捕他。这件事绝非偶然，可他不知道到底是为什么。至于解决方案，格莱姆斯早就了然于胸。他记得在审判过程中，有几枚指纹是从卡丽厨房餐桌上的香蕉皮上提取出来的。早在1988年，警方就拿这些指纹跟他的指纹做了对比，结果显示两者并不匹配，警方推测那些指纹属于卡丽·埃利奥特。不过据他所知，从来没有人费心思去查验那些指纹，格莱姆斯知道，如果指纹不是他的，也不是卡丽本人的，那肯定属于强奸犯。必须要有人找到那些指纹，然后进行对比，这样他才能沉冤得雪。

记者格林指出，那些指纹已经被销毁了。正因为如此，她才打算报道格莱姆斯的案子。她亲眼看到过一份影印文件，那是卡托巴县法院书记官在 1991 年写给德·托雷斯的信，信中称那些指纹、毛发样本和两只取证套盒都不见了。

格莱姆斯摇了摇头。他告诉记者，他压根不相信这是真的。没有人看到过销毁证据的相关文档，他认为书记官既然想破坏证据，就不会记录这种行为，法院的任何工作人员都深谙此道。除非有人能够发现记录销毁证据的相关文档，否则就没有证据表明那些指纹或其他证据被销毁了，而只能说明它们失踪了。

记者格林问他，难道没有人调查过这件事吗？如果指纹还在，那么格莱姆斯觉得它们在什么地方呢？

格莱姆斯承认，他也不知道这些指纹的下落，但每个研究过这件案子的人都在他的档案里寻找过指纹。指纹为什么会在他的档案里？如果他真的强奸了卡丽·埃利奥特，或者进过她的公寓，那么他的指纹就会被放进档案。可他从未做过这两件事，为什么要把指纹放进一个你明知毫不相关的人的档案里？格莱姆斯不知道指纹到底被放进了谁的档案里，但显然没有放进他的档案里。正因为如此，没人能在他的档案里找到指纹。除非有人能证明指纹被销毁或丢失了，否则证据肯定还在某个地方，只是不知道具体在哪里罢了。

从格林提议去探监的那一刻起，克莉丝整个下午都惴惴不安。她不喜欢跟当事人面对面地聊，并且已经学会尽可能避免发生这种状况。处理书面文件已经十分困难，她知道每份档案对应的都是一个真实的人，而且这个人被关在监狱里。现在，她还要在三维空间里看到当事人，听到他的声音，触摸到他的手，这简直让克莉丝无所适从，她心里觉得很纠结。

克莉丝在档案里看过格莱姆斯的照片，所以一到监狱，她立刻认出了格莱姆斯。她曾尝着根据照片推测格莱姆斯老了的样子，但她没想到格莱姆斯会病得如此严重，等她意识到这一点时，却为时已晚。她知道格莱姆斯得了前列腺癌，他在信中提到了这件事。在喀里多尼亚惩教所见面时，克莉丝发现格莱姆斯的身高符合自己的想象，胡子不长不短，留着一头圆蓬式的发型。但是格莱姆斯比她想象中更憔悴、更虚弱，脸色将近苍白。看到他这副样子，克莉丝不免暗暗自责。

格莱姆斯的动作和语速都很慢，仿佛他嘴里说出的每个字都带有黏性似的。当格林向他提问时，克莉丝发现他在仔细斟酌自己要说的每一句话。她注意到格莱姆斯那只在工厂事故中受过伤的手。“格莱姆斯的左手手指明显变形。”克莉丝在记事本上写道，“令人惊讶的是，受害者竟然没有提到这一点。”她仔细聆听格莱姆斯是如何回答格林问题的。“格莱姆斯认为史蒂夫·亨特知道他是无罪的。”她在记事本上补充道。

格林得到了她想要的答案，摄影师也拍到了他想要的照片。克莉丝拥抱了格莱姆斯，两位女士向他道别，回到停车场。格林打开车门，准备离开监狱，但克莉丝举起一只手说：“等一等。”然后，她趴在引擎盖上，开始哭了起来。她讨厌这种感觉。

“你没事吧？”格林问道。

克莉丝点点头，身体却在颤抖。她伸出一根手指，对格林说：“给我点时间。”她摇摇晃晃地向前走了两步，然后抓住自己的膝盖，蹲在人行道上。她要吐了。她伸出一只手抵住汽车保险杠，让自己稳住。一阵强烈的恶心感袭来，她张开了嘴，但什么都没有吐出来。恶心感再次袭来，然后就消失了。

她重新站稳了脚步，看着格林，点点头，然后打开车门，对格林说：“没事了，我们走吧。”

# “感谢您为揭露真相所做的或将要做的一切”

《丹佛邮报》的记者格林给了格莱姆斯一张名片，上面有她的通信地址。见面一个月后，格莱姆斯给格林写了一封信。他说，她来监狱采访时，现场还有另一位女士，起初他以为那位女士也是一名记者，但后来她提到她在杜克大学法学院工作。

“我不认识杜克大学法学院的人，也不认识那里的老师，但看得出来，这位女士已经仔细研究过我的案子，或者跟某个了解案情的人交流过，因为她问了一些法庭上没有说过的事情。我觉得她能胜任这件案子，因为她想知道真相。”但格莱姆斯当时没想到要把她的名字写下来，现在他已经记不起来了。格莱姆斯想让格林告诉他，“这位女士到底是教授还是律师？我感谢您为揭露真相所做的或将要做的一切。”

一周后，克莉丝来信了。

尊敬的格莱姆斯先生：

上次拜访您之后，我给您写过一封信，可苏珊·格林告诉我，您显然没有收到那封信。我对此深感失望。希望您能收到这封信，它将有助于解答您心中的疑问。

很高兴能和《丹佛邮报》的记者一起采访您。我要向您表示诚挚的歉意，因为昭雪中心此前既没有早点派人来见您，也没有与您沟通，告知您应有的权利。我认为，我们之所以缺乏沟通，是因为您这件案子对中心工作人员来说是非常困难的。有明显证据表明您是清白的，但是我们没有太多办法在法庭上展示证据以支持您的无罪主张。所以我找来《丹佛邮报》报道您的案子，希望这会有所帮助。

格莱姆斯先生，您这起强奸案中的受害者已经去世，法院书记官办公室声称，案发后采集到的所有证据都被销毁了，包括强奸案取证工具套盒和毛发证据。我们现在既没有证人，也没有实物证据，中心没有太多方法来证明您的清白。我们希望您的故事在《丹佛邮报》上发表后，能够提高人们对您这起案件的兴趣，若案件还有其他证据，可以借此机会浮出水面。若案件有任何进展，我们会随时通知您。

我再次为此前未能及时与您沟通而表示诚挚的歉意。我们办公室由志愿者组成，手上资源有限，没有足够时间跟委托人进行充分或应有的沟通。

祝您一切顺利。

克莉丝·穆马

北卡罗来纳州昭雪中心

执行理事

2007 年 3 月 29 日

“我知道，如果我们拿到了毛发样本，就可以证明我是无辜的。”格莱姆斯在回信中写道，“陪审团之所以认定我有罪，唯一理由就是法医告诉他们，他们手里的毛发样本来自我身上。”如果找不到毛发样本，格莱姆斯希望克莉丝能够找到指纹，他说：“如果我们找到了指纹，同样也有可能找到这起强奸案的真凶。”他重申说，他和律师埃德·德·托雷斯直到庭审的时候才知道有这些指纹。他认为，出于某种理由，希科里镇的警察故意不把指纹跟其他嫌疑人作对比，因为那样会证明格莱姆斯是无辜的，他们不想这样做。“他们从始至终都知道我是无辜的。”格莱姆斯想知道是否有人联系过琳达·麦克道尔，询问她当初为什么向警察告发他。“我想，是她告诉卡丽该说些什么。”

克莉丝回信说，她亲自造访过卡托巴县法院书记官办公室，但没有在那里找到毛发和指纹样本。

格莱姆斯再次写信给克莉丝，说监狱图书馆的一名法律专家曾提过一个建议。她可能需要向总检察长提出申请，了解本案的证据到底是什么时候销毁的，授权销毁证据的人是谁，以及销毁证据的原因。格莱姆斯对证据是否已被销毁持怀疑态度，所以他估计希科里镇警方无法回答这些问题，只能被迫交出他们一直持有的证据。再者，由于指纹证据与格莱姆斯的指纹根本不匹配，它们肯定是属于某个人的，这样就能证明他此前说的都是实话。“他们心知肚明。”格莱姆斯坚持自己的观点，“所以，他们没有把指纹证据提供给我们。”尽管如此，无论克莉丝下一步选择怎么做，格莱姆斯都会充分信任她。“只要您不放弃，我就支持您的一切决定，因为我相信耶和华，他是我的神，他会帮助我们，我坚信他不会让我死在这里。”

“囚犯说他想参加SOAR项目，但拒绝承认自己有罪。”一名新管教在格莱姆斯的档案中写道，“因此，他没有资格加入该项目。他给我看了来自杜克大学法学院和‘昭雪计划’的文件，据说他们正在研究他的案子。”

次月，另一名管教接手了格莱姆斯的案子，再次游说格莱姆斯参加SOAR项目。“我们讨论了他的计划，他还是说自己不会认罪，所以他不能参加SOAR项目。”

格莱姆斯再次接受看管级别审查。“囚犯格莱姆斯没有参加过任何性犯罪者治疗项目，并拒绝参加SOAR项目。目前，出于正当理由，狱方认为应保留他的中等看管级别。”

# 扔在垃圾堆里的苹果也许能证明清白

苏珊·格林从丹佛给克莉丝发了一封电子邮件，说她为《丹佛邮报》写专题文章时遇到一个难题，想请教克莉丝。格林承认自己不是法学专业的，但她一直在研究毛发分析学，发现“即使是联邦调查局进行毛发分析，结果也是不可信的。毛发分析是一门伪科学，其理论基础是世上没有两份完全相同的毛发样本，而这个假设是错误的”。

负责调查格莱姆斯案的希科里镇警方从卡丽·埃利奥特的床单上采集到了100根毛发，将其中8根送到犯罪实验室，却只分析了1根毛发样本。“那是唯一对格莱姆斯不利的物证。”格林指出，“此外，像格莱姆斯案这种只采用一根毛发样本的做法似乎与公认的惯例背道而驰。基于这些理由，你是否能为他做点什么？”

克莉丝回信说，她也希望自己能为格莱姆斯做点事情。此前她已经考虑过这一点，格林的看法是正确的。一名所谓的专家在庭审时提出，警方采集到的那根毛发是属于格莱姆斯的。但该专家只是暗示了这一点，却从来没有直截了当地说出来。克莉丝认为，这让被告两头吃亏：一方面，毛发对比结果站不住脚，却对陪审团产生了实实在在的影响，检察官当然也依赖这个结果；另一方面，专家说的话没有任何明显错误，所以克莉丝无法提出质疑。毛发对比结果也不是唯一的证据，格林忽略了卡丽·埃利奥特对格莱姆斯的指认。克莉丝承认，卡丽的指认“非常站不住脚”，但陪审员们相信她的话，这才是最重要的。即使克莉丝想就毛发对比结果提出上诉，法官也会引用卡丽的指认驳回上诉。就法庭而言，格莱姆斯的案子并不仅仅取决于毛发对比结果。克莉丝在信中写道："每次我们触碰这件案子，它就会变得越来越糟糕。"

"我明白。"格林答道，"确实糟透了。"

一周后，格林又给克莉丝发了一封电子邮件。她想让克莉丝知道，她已经联系了卡托巴县警察局的一名警长，后者告诉她，他"喜欢老案子"，而且要亲自看一下格莱姆斯案的证据。警长查找了三间不同的证据室，其中一间保存着所有未审理案件的证据，以防止有些证据被归错档。但是他什么都没找到。

2007 年夏天，《丹佛邮报》连续四天刊登了名为"摧毁真相"的系列专题报道，撰稿人正是格林和她的一位同事。"一些证据室凌乱不堪，毫无条理，是不可能在这里找到什么证据的。"图片下方的说明文字写道，"还有一些证据室则销毁了有价值的 DNA 样本，导致案件无法侦破。"事实证明，曾经让克莉丝感到担忧的证据储存问题几乎无处不在。

《丹佛邮报》报道称："美国电视台常在黄金时段宣扬 DNA 取证的重要性，但在现实环境中，很多储存证据的仓库资金不足且管理不善。"在某些县，他们发现强奸案取证套盒、试管和带血 T 恤上堆满了自行车、割草机、汽车配件、电脑、来复枪、树枝和啤酒，所有这些证据都是以手写方式录入的，而且目录很不完整。佛罗里达州的一个区将大量证据存放在男厕里；路易斯安那州的另一个区则使用当地法院的阁楼储存证据，阁楼里散落着大麻叶子，地板上到处都是老鼠咬的小洞，法院书记官还得设置捕鼠笼抓老鼠。"这个系统几乎是万无一失的。"一位书记官信誓旦旦地说，"瞧！我的记忆力很好，能够记得哪个证据放在哪个角落。"

《丹佛邮报》发现，有 10 个州的证据室里堆放了过多证据，书记官实在是受不了了，于是决定清空证据室，重新存放证据。然而这个决定不仅没有解决问题，反而使问题变得更加复杂。

《丹佛邮报》还发现，在28个州，由于证据丢失或被销毁，有141名囚犯的无罪主张被驳回。新奥尔良市的一名法院书记员告诉记者："你总不能什么东西都保留着吧。"

书记员们一致认为，这个问题的难点就在于没有任何政策规定，重罪案的证据比轻罪案的证据重要，而且与性侵案的DNA相比，交通肇事逃逸案的汽车保险杠通常占据较大空间，所以证据室必须要给那些大件证据留出空间。这或许只是难题之一，另一个难题则是司法管辖权。为了回避政治问题并避免权限混淆，联邦政府和州政府往往把证据留给地方法院或警局，而这两个机构都没有受过太多证据储存方面的培训，可用的资源也比较少。

2004年，美国国会通过了《全民公正法案》(*Justice For All Act*)，该法案要求在联邦案件中保存所有生物学上的证据，但对地方或州的案件没有给予同等的授权，而这类案件则较为常见。某些官员甚至不太清楚什么是生物学证据，休斯敦一名法院官员询问《丹佛邮报》的记者："树皮也属于生物学证据，对吧？"

一名专家告诉《丹佛邮报》："没人敢拍胸脯说'事情本来就是这样的'。"在一片困惑之中，很多地区自己都不确定手上有什么证据，所以那些真正无辜的囚犯可能根本无法自证清白。"让公众以为有了DNA证据之后，坏人会被绳之以法，好人会被赦免，这本身就是一个骗局。"南加州的一位辩护律师指出，"因为更有可能的是，证据在垃圾桶里，而那个垃圾桶早在几年前就被扔掉了。"

2007年7月25日，《丹佛邮报》刊登了关于格莱姆斯的专题报道，它的头版头条写道："扔在垃圾堆里的苹果也许能证明清白。"除了克莉丝之外，苏珊·格林还采访了卡托巴县的法院书记官阿尔·吉恩·博格尔（Al Jean Bogle）。"在一间到处都塞得满满的证据室里，博格尔发现前任书记官已经销毁了格莱姆斯案的DNA样本，而这个样本足以在威利·格莱姆斯死在监狱之前把他解救出来。"博格尔搞不懂为什么会发生这种事情：

“我当了差不多 8 年的书记官。证据室里有 4 只卡车轮胎，还有一包包的大麻，这些东西从我成为书记官以后就一直在那里，而关乎格莱姆斯先生生死的证据却不见了。我觉得很难过。”

格林的专题文章继续写道，格莱姆斯将在一年后具备假释资格，但他不太可能获得假释，因为他拒绝参加一个要求他认罪的项目。“无论是否能够出狱，我永远不会在认罪书上签字，那都是些莫须有的罪名。”格林引用了拜访喀里多尼亚惩教所时格莱姆斯说的话，“就算下半辈子在监狱里度过，我也不会签字。”

格林联系上了格莱姆斯的前女友贝蒂·舒福德，贝蒂恰巧是格莱姆斯邻居琳达·麦克道尔的妹妹，而这位邻居曾暗示格莱姆斯是强奸犯。“她认错人了，搞错了。”贝蒂说，“她是我姐姐，所以我很难说些什么，但所有人都知道他没有做这件事。”最终，格林找到了琳达，但琳达无法回忆起格莱姆斯案的细节。“我只知道他当时离开了，这件事已经结束了。”

“格莱姆斯说他不希望死在监狱里。”格林在专题的结尾处写道，“但他也知道，在没有任何证据的情况下，他很可能会死在狱中。失望之余，格莱姆斯想努力寻找活下去的意义。”专题的最后一页有一张格莱姆斯接受采访时的照片，他的脸稍微上仰，头发和胡子呈灰白色。他戴着监狱发给他的一副笨重眼镜，镜片折射出天花板的荧光灯灯光。

克莉丝希望《丹佛邮报》的系列专题报道能吸引官方重启格莱姆斯案的调查工作，或者给官员施压，促使他们寻找更多的证据。文章见诸报端之后，她焦急地盯着办公室的电话，祈求它响起来，或者电脑屏幕上出现一封能带给她希望的电子邮件。她在等待着。

“您也知道，我希望《丹佛邮报》的系列报道能提高人们对您这件案子的兴趣，并促使警方搜索到更多证据。”克莉丝在写给格莱姆斯的信中说道，“遗憾的是，据我所知，现在还没有新的进展。”她把《丹佛邮报》的一篇报道折起来放进信里给格莱姆斯看。“现在我打算去卡托巴县走一趟，到县治安官办公室和警局再次翻查证据室。格莱姆斯，可能所有证据都被销毁了，但我们会继续向官方施压，直到百分之百确定为止。”

“我想借此机会感谢您为我付出的时间和努力。”格莱姆斯回信说，“我真的很感激您。”

“我知道您一直在等待案子的最新进展。”克莉丝给他写信说，“我希望能给您带来好消息。”她把卡托巴县治安官办公室的三间证据室翻了个遍，但什么都没发现。“看来，强奸案取证工具套盒早在1990年就被销毁了，这是正常操作流程……受害者已经去世，琳达·麦克道尔不肯更改证词，而且越来越可以确定的是，生物学证据已被销毁。”

事已至此，他们剩下的唯一选项是向州长提交一份赦免申请。克莉丝知道，格莱姆斯在10年前曾申请过一次，但她认为她写的申请书肯定比格莱姆斯的要好。“我们还没有放弃，一直在为你的案子寻找证据，”她向格莱姆斯承诺，“我们经常在思考你的案子。你要依靠信仰继续坚持下去。”

一周后，格莱姆斯回信了。

尊敬的穆马女士：

很高兴收到您的来信，我想借此机会祝您和您的家人身体安康。

我希望您能做您认为最适合的事情。所以，如果您认为申请特赦是最佳方案，我便同意您的意见，而且我也一直有这个想法。况且，我知道您可以比我做得更好。当初我申请特赦的时候，还没有人支持我。

敬上

威利·格莱姆斯

2007年11月9日

# 无罪调查委员会首战告捷

担任执行理事后，肯德拉发起了一项针对法学院、警察和律师组织的运动，这场运动尤其针对那些她认为可能是对无罪调查委员会持怀疑态度的人。借此机会，她希望尽可能让自己和无罪调查委员会更加透明，以降低公众的不安全感。“我们的宗旨不是为囚犯辩护。”她对任何愿意倾听的人重复说道，“我们只想找出罪案和有罪判决的真相，使正义得以伸张。”无罪调查委员会委员不会选边站，委员感兴趣的案件都有某种值得怀疑的元素，而这些疑点正是他们打算澄清的。在肯德拉看来，如果能排查疑点，确定犯人有罪与否，那么正义便得以伸张。

2007 年年底，也就是担任理事的第一年，肯德拉已经收到来自北卡罗来纳州的 250 多名囚犯的无罪申诉书。她拒绝了其中一部分的申诉，另外的 150 份她正在筛选中，其中有 3 份已经正式展开调查，还有 7 份申诉遇到了瓶颈。无罪调查委员会人手紧缺，无法同时调查多起案件，而肯德拉知道，由于无罪申诉的数量众多，委员会必须要加快进度。目前，只有肯德拉和她的行政助理在做这件事，她要靠洗冤委员会的克莉丝和学生志愿者筛选大多数案件。早在肯德拉被录用之前，事情就是这样安排的，因为按照克莉丝的设想，这是一场持久战。但肯德拉想尽快做出改变。肯德拉认为，无罪调查委员会要完全保持中立，它就必须完全保持独立。她很欣赏克莉丝，但克莉丝代表着案件当事人，处于类似地位的人不能同时审查案件，因为这其中涉及利益冲突。

克莉丝对肯德拉的这个观点很不满意，但委员会的所有委员都赞同肯德拉的观点。

为了在无罪调查委员会内部增设一名秘书和一名调查员，肯德拉要求州议会提供资金。否则，她就只能充分利用现有的资源。2007 年 12 月，无罪调查委员会举行其成立后的首次案件听证会。案件的申诉者叫汉克·里夫斯(Hank Reeves)，此人曾是皮特县的警察，因被判犯有虐待儿童罪而入狱。那个孩子如今 15 岁，她声称当时是被迫作证的，现已撤回了指控。

然而，肯德拉不仅没有批评起初判定里夫斯有罪的皮特县当局，反而拐着弯地夸他们“非常乐于助人，很配合我们的调查”。她在一份新闻稿中这样写道：“在这件案子的审判过程中，他们并没有接触到这些新证据，这是他们第一次听说这件案子存在新证据。”在 12 月中旬的一场听证会上，委员们一致认为，里夫斯案含有“充足的无罪证据，值得进行司法审查”，并投票决定将该案交给一个由三位法官组成的审查小组。“无论以何种方式解决，该案都具有里程碑式的意义。”当地一位辩护律师接受报社采访时说，“这是美国法理史上独一无二的诉讼案。”

但 9 个月后，里夫斯案审查小组的三名法官认为里夫斯没有提供“清晰且令人信服的证据”来证明自己无罪。里夫斯仍然没有出狱。

尽管如此，肯德拉还是为调查所取得的进展感到骄傲。至于里夫斯是否无辜，她从未就此发表过个人观点，也从未打算这样做。无罪调查委员会没有问过她的意见，她也从未向记者透露过自己的看法，因为她知道这与案件无关。

肯德拉认为，刑事司法系统的其他参与者可以选边站，但这不是她的职责所在。她知道里夫斯本人对审查结果很不满意，她有可能遭到新闻媒体的质疑，因为大费周章之后，法官们还是再次判定一名罪犯有罪。但正如她所期待的那样，案件的申诉过程确实起到了示范作用：双方律师都表现出色，做事公正；案件引入了新的证据，各方都将新证据纳入考量；

法官们也以应有的方式做出了裁决。有此成就，夫复何求？“各方处理本案的方式值得表扬。”肯德拉在提交给州议会的一份报告中写道，“法官们审核了每一件证据，并且在整场听证会期间没有人提出异议。委员会对他们所做的工作感到自豪，这场听证会公正而严谨。”

肯德拉称，她对特里·李·麦克尼尔（Terry Lee McNeil）的案件也持同样看法。2008 年 1 月，无罪调查委员会针对该案举行了听证会。麦克尼尔被指控在阿佩克斯镇犯下持械抢劫罪和绑架罪。无罪调查委员会发现了新的证据，但该证据还不具备说服力。委员们裁定新证据不足以进行司法审查，并拒绝将其转交给由三名法官组成的审查小组。

肯德拉重申，她对委员会的裁决结果没有异议。她既不是里夫斯的代理律师，也不是麦克尼尔的代理律师。这两人都得到了公正的调查。

不是每个人都有肯德拉那样的热情。克莉丝的心里感到不快，尤其是在委员会对麦克尼尔案举行了听证会后。她极力反对这种做法，并对肯德拉提出了质疑：“如果你想委员会重审一件案子，那应该是因为你坚信当事人是无辜的。”

“不，我并不这么认为。”肯德拉说，“法规规定，如果有新的可以证明囚犯无罪的证据，那么它就是可信和可靠的。”她指出，问题并不在于她个人是怎么想的，而在于八位被任命的委员做出的判断。她和她的员工只遵守法规。

然而，克莉丝的焦虑是有道理的。2010 年即将到来，那将是落日条款的最后期限，而现在已经 2009 年了。在两年的时间里，无罪调查委员会只是举行了两次听证会，并组建了由三人法官组成的审查小组，却没有帮助赦免任何一名囚犯。如果说无罪调查委员会的职责就是在囚犯定罪前再次确认其罪行，那么州议会是不大可能让它继续存在的。克莉丝认为，若想让无罪调查委员会不解散，就需要办一件能够证明其存在价值的案子，以展示其实力。

然后，肯德拉听说了格雷格·泰勒（Greg Taylor）的大名。

泰勒来自罗利，嘴上蓄着山羊胡，戴着一副眼镜，头发呈淡棕色。1991年，他所驾驶的汽车驶入了一条泥泞的小路，被困在泥地里出不来，于是他弃车步行。第二天早上，泰勒回去找车，发现整片区域被警察用绳子围了起来。警方在那里发现了一具女尸。

到了日落时分，警方指控泰勒犯有谋杀罪。他主动提供了自己的衣服、毛发、唾液和血液样本，并建议警方对他做测谎或催眠审问。他两次拒绝在认罪协议上签字。他承认，他车子被困在泥地里的理由并不充分，他当时只是想找个偏僻的地方吸毒，并没有杀人。

为了证明这一点，泰勒的父母找到了一位名叫吉姆·布莱克本（Jim Blackburn）的律师，并拿出了第二笔房贷款打官司。不过，在距离庭审开始还有3个月的时候，布莱克本辞职了。布莱克本辞职的事不是他亲口告诉泰勒的，而是泰勒从布莱克本的合伙人那里知道的。布莱克本的合伙人承认，他们的律师事务所既没有找到泰勒父母的付款记录，也没看到布莱克本在泰勒的案件上取得进展（不到一年时间，布莱克本就承认自己犯有欺诈、侵吞公款、伪造文件和妨碍司法公正等罪行，并被法院剥夺了执业资格）。

审判过程中，警方称他们在泰勒的汽车挡泥板上发现了血迹，一只受过训练、已经提前闻过受害者气味的警犬跳到了汽车的引擎盖上，这表明受害人就在里面。

当地的一名妓女为了让自己刑期减半而出庭作证说，那个秋天的晚上，她看到泰勒在附近杀死了受害者。泰勒的一名狱友则作证说，在等待审判期间，狱中的泰勒已经私下里向他供认了全部罪行。泰勒的这名狱友因挪用公款而入狱，此前还被判伪造文件、开虚假支票、诈骗财产等罪。他向陪审团解释说，他自己已经被判刑了，所以他的证词并不能帮助自己减刑，但他也承认“这似乎有助于假释”。

4月份，泰勒被法庭定罪。

从那时起，格雷格·泰勒就不断向州最高法院和联邦上诉法院提出上诉，均以失败告终。他还尝试向联邦法院提交了一份《人身保护申请书》（*Petition for Habeas Corpus*）和两份不同的《适当救助申请》，其中一份申请要求对案件中的证据进行DNA检测，他愿意支付检测费用。但这些申请全被驳回了。泰勒家住罗利，他的家人也跟其他人一样密切关注着无罪调查委员会的辩论。无罪调查委员会提案在州议会受阻时，泰勒的父亲埃德甚至还参加了委员会举行的听证会。埃德把儿子的案例做成宣传资料，带到听证会上分发给议员，希望说服他们通过这项提案，因为他儿子的案子证明，这种委员会有存在的必要。最终，有一个人拿到了一份宣传资料，他那天晚上碰巧要跟克莉丝·穆马和贝弗利·雷克吃晚饭。

吃完晚饭后，克莉丝把那份宣传资料带回家。她对这个案子很感兴趣，开始主动联系泰勒，但没有给他任何承诺。

"我们首先要试着证明你有罪。"克莉丝提醒泰勒，"如果我们不能证明你有罪，就会尽全力证明你是无辜的。"结果这两点都无法证明，因为昭雪中心是一家非营利组织，克莉丝查不到泰勒的档案，只能把泰勒的案子转交给无罪调查委员会的肯德拉。"他们有传讯权。"克莉丝后来向美国有线电视新闻网解释说，"他们可以查阅所有控方记录和警方记录，凡是辩方从未见过的资料，他们都有权查阅。我们没有这个权限。格雷格此前要求做DNA检测，但被法院驳回了。无罪调查委员会可以提出这方面的要求。"

那年秋天，肯德拉开始全面调查格雷格·泰勒的案子。她和工作人员编写了一份长达438页的案情摘要，并在无罪调查委员会举行的第三次听证会上向委员们提交了这份摘要，同时提交的还有三名州调查局探员的证词，其中一名探员是法医生物学家和病理学家，另外两名探员分别是证词专家和犯罪现场重建专家。该州的原始证人，即那位妓女和监狱的告密者现在都收回了他们的证词，而那只根据受害者气味找到泰勒汽车的警犬其实从来没有接受过气味追踪训练。

经过投票，委员会同意把泰勒的案子交给一个由三名法官组成的审查小组。无罪调查委员会的法规规定，当这种情况发生时，囚犯有权选择一位律师。泰勒选择了克莉丝·穆马，克莉丝同意免费做他的代理律师，这是她的一贯作风。随后，肯德拉也根据法规通知了对本案拥有司法管辖权的原地方检察官，这样他可以为三人法官小组的审查做好准备。格雷格·泰勒是在罗利被判刑的，所以司法管辖权归属于维克县的地方检察官。

这位地方检察官就是柯龙·威洛比。

威洛比让他的助理检察官汤姆·福特（Tom Ford）看看无罪调查委员会发现了哪些新的证据。福特做这份工作已经有一段时间了——事实上，早在1991年，起诉泰勒的就是福特本人，也是福特劝说一名法官驳回了泰勒后来提出的DNA检测申请。现在，威洛比想让福特审核无罪调查委员会提交的新证据，并且想听听福特的看法。

由于无罪调查委员会要求将该案的所有档案呈堂，所以现在，这些档案转交给了控辩双方。克莉丝和她的同事在装档案的纸箱里找到一个文件夹，里面的一张纸引起了他们的注意。档案中有州调查局探员杜安·迪弗（Duane Deaver）的个人笔记，他曾出庭作证，称自己在泰勒的汽车上发现了血迹。然而，根据这份笔记，他们发现迪弗只说出了部分真相。初步检测结果显示，血液样本呈阳性，正确的结果应该是呈假阳性。根据州调查局的规定，迪弗又做了一次验证性测试，结果呈阴性。但是，迪弗从来没有把第二次测试结果告知检方，导致检控官依旧相信那种物质是血液，并不断把它当作血迹证据呈交给陪审团。

法官小组只存在了六天。第二天，《新闻与观察家报》的一篇文章介绍了贝弗利·雷克。每次参加会议，雷克都坐在前排。“他静静地坐在那里，膝盖上放着一件折叠整齐的风衣。作为州高等法院的前首席大法官，贝弗利·雷克在本案中既不站在控方这边，也不站在辩方这边，但这案子跟他有莫大的关系。雷克曾想成立一家真相调查机构，以纠正州司法体系的错误判决，而现在，他的理念要面临第一次真正的考验。”

威洛比争辩道，血液证据是“障眼法”，想让大家忘记其他信息。格雷格·泰勒犯了谋杀罪，然后第二天早上想神不知鬼不觉地拿回他的车。然而，威洛比没有提到一点：既然泰勒杀了人，他为什么整晚都把车留在原地呢？威洛比私下里主动向克莉丝提议，如果他们放弃上诉，他愿意忘记所有的事情。威洛比愿意服输，而泰勒可以离开监狱。

格雷格·泰勒拒绝了他的提议。

在接下来这一周的周三，正当三名法官商议案情时，两名法警把泰勒带到了一间收押室。很快，他们就发现自己也不知道下一步该怎么做。其中一名法警当着泰勒的面问另一名法警："如果他被判无罪，接下来应该怎么办？"他们从未经历过类似的场面，也没人告诉他们规则。

第二名法警思考了一番。"我想，我们只要按法院流程走就行了。"他终于回答，"然后把他带回监狱，让他取回自己的东西。"

两名法警都不确定这种做法是否可行，最终只好咨询克莉丝·穆马的意见。"如果那些法官投票认定他无罪，那你们就放了他。"克莉丝命令他们。如果泰勒想拿走监狱里属于他的财物，那也应该由他自愿和自主去做这件事。

当天下午，三位法官都投票认定，泰勒已经用清晰而有说服力的证据证明了他的清白。在美国历史上，这样的判决尚属首次。一听到裁决结果，泰勒半站立着，张大着嘴巴，不知所措。他简直不敢相信这是真的。在观众席上，泰勒的家人开始尖叫起来。克莉丝在法庭上来回走动，她震惊不已，双手反复抚摸脸颊，仿佛在探测自己的体温。

柯龙·威洛比朝格雷格·泰勒走来，握了握他的手，记者立刻拍下了这一极具意义的画面。"我告诉他，对于他此前被判有罪，我深感抱歉。"后来，美联社问威洛比当时他说了些什么，威洛比告诉记者："我多么希望我们早在 1991 年就拿到了这些证据。"

在这周剩下的几天时间里，《新闻与观察家报》《纽约时报》等媒体都刊登了一系列的新闻报道，不仅讲述了泰勒被平反的事，还讲述了此案不同寻常的调查过程。

《新闻与观察家报》称：“格雷格·泰勒的胜利彰显该州在推行无罪主张调查过程中所表现出来的智慧。”WRAL的头版文章的标题是“无罪调查委员会是雷克留给我们的宝贵财富”。

北卡罗来纳州州长发表了一份声明，称无罪调查委员会代表着“美国法学的一种新标准。我相信这个无罪调查委员会，我认为，今天的裁决结果表明，即使在最先进的法律体系中，也有可能出现冤案。”

格雷格·泰勒本人接受《波士顿评论》(*Boston Review*)的采访时称：“换作在其他州，我的余生恐怕都要在监狱里度过了。”

肯德拉不愿意接受记者采访，但她也承认，无罪调查委员会终于得到了更广泛的关注，她颇感欣慰。肯德拉说：“这恰恰表明北卡罗来纳州首创的无罪调查流程起到了应有的作用。”

然而，其他州的无罪调查进程却停滞不前。泰勒洗脱冤屈后，罗利警察局针对这起凶杀案重启调查，但到2014年，罗利警察局和威洛比都没有找到任何线索。“很多年过去了，我们却没有听到任何进展。”受害人的姐姐尤兰达·利特尔约翰那年秋天接受电视台的采访时说，“我不希望我妹妹的案子被人遗忘，因为真凶还没有找到。”

显然，格雷格·泰勒被证明是无辜的，肯德拉颇感兴奋，但她私下里认为，外界把格雷格·泰勒案视为无罪调查委员会的唯一成就，这种观点是错误的。无罪调查委员会有时候做了相反的事，那些事情同样也是成就。有时候，委员会找到一些证据，经过DNA检测后，发现与某个犯人的DNA样本相匹配，从而证明其有罪，肯德拉将证据转交给当局。在以往，类似的案件在提交《适当救助申请》之后还要提交一系列其他申请，而现在，无罪调查委员会可以直接结案，为一连串毫无意义、花费巨大的上诉过程画上句号。

一些曾经有疑点的案件从此迎刃而解。处理了类似的案件后，肯德拉有时会收到犯人的来信，信中言辞激烈，但这很好，她从事这项工作的目的正在于此，正义得以伸张，她也出色地完成了任务。肯德拉的这部分工作成果从未上过报纸的头版头条，而且出于保密方面的考虑，委员会也不允许肯德拉向外界谈论这些案子，但她很在乎这些案子，因为每解决一个难题、每寻获一个真相、每次把真正的罪犯绳之以法，她都有成就感。

有些时候，肯德拉会遇到一些莫名其妙的事情。一名囚犯写信给无罪调查委员会，说他被判了刑，但他真不知道自己是否犯了罪。无罪调查委员会的工作也并非一份美差。每当有人应聘委员会的工作时，肯德拉习惯于告诉应聘者："如果你来应聘的目的是为了靠案子出名，或者在乎个人荣誉，又或者想通过打官司赚钱，那这里就不是你要来的地方。"

她知道，有些应聘者在报纸上看到了律师紧握着被平反委托人的手高举过头顶，像拳击手那样庆祝胜利的照片，而且全国的报刊都把这样的新闻作为头版头条发表。非营利组织或私人律师可以这样做，这是一件令人兴奋的事情，肯德拉对此没有异议，但无罪调查委员会不同，它是一个官方机构，不能选择立场，也不能自吹自擂。"我们不能担任民事诉讼案的辩护律师。"

肯德拉偶尔提醒自己的员工："我们绝不会跟委托人一起参加新闻发布会，并对媒体说：'是我发现并打赢这个案子的。'发现案子的是无罪调查委员会，打赢官司的也是委员会。"

2010年7月，即泰勒被赦免的5个月后，以及无罪调查委员会到期5个月前，有人向州议会提出了一项议案，建议取消落日条款，把无罪调查委员会变成常设机构，而非带有实验性质的临时机构。三名州参议员和一名众议员投了反对票，其余152名议员投了赞成票。

# 要假释？先签字认罪！

狱警又把格莱姆斯的牢房选作彻底搜查的目标，发现他藏了一台手持式收音机。收音机的塑料盖子已开裂，格莱姆斯花了 1 美元请维修部的另一名囚犯用油漆把它涂成了黑色。藏匿收音机属于违规行为。狱警还发现了两个钱包，这两个钱包是格莱姆斯用废弃皮革缝制的。每当下午闲着没事做时，格莱姆斯就缝钱包，这已经变成他的一种嗜好，也是循环利用废旧靴子的一种方式。“这些物品已被打包、贴上标签并放置在证据柜中。”一名狱警在报告里写道，“该囚犯因藏匿无威胁性违禁物品而违反了 D03 条款。”他罚格莱姆斯关 10 天的禁闭，并暂停其探视权四周时间。

格莱姆斯被送到一间陌生的诊所接受前列腺检查，这是他做完手术后第一次体检，结果不太乐观。虽然格莱姆斯的各项指标都算正常，但代表蛋白质指标的 PSA 含量有上升，这表明他的癌症可能会复发。一位新的泌尿科医生告诉他，如果再拖延下去，格莱姆斯有可能失去完全治愈的机会。他把格莱姆斯介绍给一名放射肿瘤科医生，后者同意给格莱姆斯做一个疗程的放射治疗，即每周放射治疗 5 次，共 38 次治疗。为了方便，一名工作人员把此次疗程缩写为“38 次日常放射治疗（共持续 5 周）”。监狱的一名护士搞混了，在格莱姆斯的病历表上加上了“5 次 / 周 ×38 周”，即医生原本打算做的放射治疗次数的 5 倍。幸运的是，在初春被转往亚历山大惩教所之前，这个错误就被发现了。

亚历山大惩教所距离卡托巴山谷医疗中心（Catawba Valley Medical Center）只有15分钟的车程。在接下来的7周里，每天早上，狱警都要开警车护送格莱姆斯往返于两地之间。医疗中心有一台放射治疗仪，仪器上有巨大的白色塑料和金属手臂，就像一只超大的水龙头。医生让格莱姆斯躺在一张小床上，把他推到“水龙头”下面，然后叮嘱他躺着别动。两三个小时后，狱警又将他带回警车，将他送回亚历山大惩教所。

放射治疗使格莱姆斯疲惫不堪，他每周都会有几次感到恶心，但现在，血液检测结果显示，他的PSA值下降了。治疗结束后，他又要转狱了。狱方曾告诉格莱姆斯，只要治疗需要，他可以一直留在亚历山大惩教所。可是一位管教却告诉他，情况有所变化，他没有被列入任何待转狱人员名单。在这种情况下，格莱姆斯决定报名参加行为课程。他找到一个性格教育方面的课程，并报了名，可是课程还没开始，他就被调回山景城。

“囚犯不愿承认自己的罪行。”一名管教在他的档案中写道，“他还说他没有犯强奸罪。除此之外，没有其他问题需要解决。”

尊敬的格莱姆斯先生：

很抱歉，我又花这么长时间才回复您的来信。我一直这样想：如果我多等一会儿再写信的话，也许能跟您分享一些鼓舞人心的信息。但很抱歉，我现在没有这些信息。我知道，这话听起来可能让您不太舒服，不过我想让您知道，我和中心的其他人在不断地思考您的案子，因为它是最令我们心碎的案子之一。

我们相信您，埃迪·穆斯（Edwin Moose）也相信您。几天前，我和他探讨了您这件案子上可以采取的措施。

首先，我想回答您提出的一些问题。相关部门销毁案件证据的做法是正当的，我知道您很难理解这一点。在20世纪90年代之前，保存证据的重要性不被人们所了解，直到90年代中后期，人们才越来越多地了解到DNA的作用，从而真正重视证据的保存工作。在北卡罗来纳州，关于储存证据的法律直到2001年才获得通过。即使是现在，也没有几个部门遵守这一法律，因为它们没有足够的资金用于建造证据储存空间和提供合适的储存条件，而且法律也没有规定如果证据被违法销毁会有什么后果。我们正致力于修改法律，这不是轻而易举就能做到的事情。

正如我在上一封信中提到的，我们正在为您的案子写赦免申请书。我们想在州长伊斯利离任前向他提交申请，如果他不同意特赦，等下一任州长在2009年1月上任之后，我们会再提交一次申请。

格莱姆斯，我希望我能以某种方式给您提供更振奋人心的消息。我真心希望能做到这一点。要知道，这世上还是有人相信您的，希望这能给您一些安慰。

保重。

克莉丝·穆马

2008年2月4日

那年夏天，格莱姆斯每隔几周就要坐巡逻车去检查身体。他先要去位于罗利的维克县医疗中心，然后转到卡托巴山谷医疗中心或弗莱地区医疗中心（Frye Region Medical Center），每次医生都说他的健康状况有所好转。“格莱姆斯先生恢复得不错，到目前为止，他的PSA治疗反应良好。”一位医生在7月份指出，“据我们估计，在未来6～12个月内，他的PSA数值将继续下降。”

显然，命是保住了，所以格莱姆斯决定不再浪费时间。他对新管教说，只要山景城惩教所不要求他认罪，他可以参加任何行为学课程，这样他就有资格签订一份名为“相互同意假释计划”（Mutual Agreement Parole Program，MAPP）的协议。该协议是囚犯最终获得假释的敲门砖。后来，格莱姆斯得知假释委员会打算10月份给予他假释资格，便马上写信给克莉丝·穆马。他在信中说:“我想，他们会让我签署认罪文件，但是我没罪。我觉得他们是不会放我出去的。”

克莉丝在回信中说，她要代表格莱姆斯给假释委员会写一封信，说不定到了10月份,这信会对他有帮助。“格莱姆斯,我们相信您是无辜的。”她写道,“但对于您的案子，目前我们能做的事情很有限，我深感抱歉。我会想尽一切办法找到证据，然后进行检测。”

格莱姆斯参加了为期8周的拿破仑·希尔（Napoleon Hill）励志课程，该课程旨在讲授“积极的精神态度”。然后，他要求报名参加情绪管理课程。10月初，他按捺不住了，给假释委员会写了一封信，想了解自己的审查结果。两个月过去了，他没有听到任何回音。12月初，监狱里的扩音器叫他到警官办公室去，他猜这肯定与假释有关，结果却是监狱通知他，他的哥哥去世了。这次去世的是罗伯特·李，他的最后一个哥哥。

小克利夫去世时，法律禁止送葬队伍中有狱警携带武器，这导致格莱姆斯无法参加葬礼，这次也不例外。他只能想象侄女和侄子在葬礼上为罗伯特送行，而这些晚辈他几乎都不认识——因为在格莱姆斯被定罪的时候，他们还在蹒跚学步。据格莱姆斯所知，除了这些陌生后辈，他自己已是文森或格莱姆斯家族中同辈的唯一男丁，同辈里只剩下他和格拉迪丝两人了。

4天后，他得知自己的提升看管级别的申请被驳回了。“鉴于罪行性质严重，故做出此决定。”管教在格莱姆斯的档案中这样写道，“此外，该囚犯需要解决一些与罪行相关的问题。”

“该囚犯需要参加自我修养的课程。”另一份附加说明称，“他的罪行源自错误的判断和受到物质的影响。”

参加完情绪管理课程后，格莱姆斯又报名参加了旨在培养社交技能、自我意识和问题解决能力的变革思维课程。

“由于没有获得最宽松级别的看管，他觉得很生气。”格莱姆斯的管教指出。不过，格莱姆斯不打算放弃。他等了20年才获得假释资格，除非克莉丝·穆马能够创造奇迹，否则他不知道还有什么其他方法能出狱。

为了询问北卡罗来纳州是否有法律要求罪案发生后证据必须保存一段时间，他又写信给克莉丝。从逻辑上说，这样的法律似乎是存在的。但他知道，如果真有类似的法律，那么几乎可以肯定的是，法院书记官或警方违法了。他询问克莉丝他的看法是否正确。

几天后，克莉丝回信说，他的看法部分是正确的。类似的法规确实存在，但直到 2001 年才成为法律，那是 10 年后的事情了，眼下的他无法从中受益，而且该法规也不具有追溯力。克莉丝对他说："我很遗憾。"

血液检测结果表明，格莱姆斯的 PSA 值已经下降到零，并且不再波动。他再次写信给假释委员会，坚称自己已经参加监狱工作人员所建议的每一门课程，甚至尝试过申请参加 SOAR 项目。"但由于我是清白的，他们不允许我参加。"假释委员会没有回信，于是他又写了一封要求调往林肯惩教所的信。每天下午，除了在监狱操场绕圈走以外，格莱姆斯还玩起了数独游戏，想以此分散注意力。

在提出假释要求的 4 个月后，管教告诉格莱姆斯，他不能调往林肯惩教所，自从他上次在那里待过以后，林肯惩教所已经被重新指定为最宽松看管级别的监狱，所以格莱姆斯不能再调到那里去。格莱姆斯转而要求调到皮德蒙特惩教所。虽然皮德蒙特惩教所到郎代尔的距离超过林肯惩教所，但他听说，如今皮德蒙特惩教所的囚犯都有自己的单人牢房，他觉得在那里可以保留一些个人隐私。

管教提醒格莱姆斯，不管他接下来转到哪里，甚至被假释，事情也不会突然变得容易起来。假释意味着他可以在监狱外面找个地方住，但对大多数囚犯来说，找到栖身之所十分困难，而对于一个已经登记在案的袭击者来说，则是难上加难。她递给格莱姆斯一张单子，上面列有收容中心和一些临时住所的信息，供他查阅。

# 终于自由了!

Ghost
of the
Innocent Man

第 4 章

A True Story
of Trial and Redemption

# 最后一个办法

《丹佛邮报》的系列报道刊登后并没有引起多少反响。克莉丝指示中心的一名工作人员编制了一份名单，名单上列出了1984—1990年卡托巴县被判一级强奸罪的所有囚犯。这段时间恰好是在卡丽·埃利奥特遇袭时间的前后3年，克莉丝想看看有没有其他线索，可以从中找到强奸埃利奥特的真凶。昭雪中心的工作人员打电话给惩教署，要求按名单进行搜索。但惩教署的人说他们很抱歉，因为他们不可能按这个要求做，只能把惩教署的网站分享给他，任何人都可以在网站上搜索信息。

随后，昭雪中心的工作人员挂断电话，登录惩教署的网站。他在上面找到了搜索功能，但这个功能却只有州属的官方机构才能用，洗冤中心没有访问权限。克莉丝又打电话给惩教署，这一次，接电话的人让她去找研究部的一位分析员。分析员告诉克莉丝，她是可以搜到信息的，不明白为什么会有人说不能搜索。

网站搜索结果表明，只有两名被定罪的囚犯符合克莉丝的标准，其中一个人是格莱姆斯，另一个人是伯纳德·迪格里（Bernard Degree）。迪格里在1987年7月被判刑，这意味着1988年10月下旬，即卡丽·埃利奥特被强奸的那个晚上，迪格里还在牢里，不可能袭击卡丽。接着，惩教署的分析师向洗冤中心提供了1984—1990年间卡托巴县每一桩强奸案的罪犯姓名，而不是只局限于一级强奸犯。按照这个名单，他们又找到了两名囚犯，其罪行与卡丽·埃利奥特案没有明显关联。如果分析师扩大搜索范围，将附近的梅克伦堡县包括在内，就会出现另外 12 个名字，但这些名字也没有提供任何线索。

克莉丝和昭雪中心的工作人员已经给这两个地方打过电话，并且还寄了信过去，克莉丝意识到这样做的希望不大。她索性开了两个半小时的车到希科里镇，拜访法院书记官办公室和治安官办公室。克莉丝知道，这两个地方是不会让她进入证据室的，但她认为，就算站在大厅里，也能说服他们再仔细搜索一番证据。在等待他们搜索证据时，克莉丝双臂交叉于胸前，就站在那里等。然后，她开车回到达勒姆，打电话给史蒂夫·亨特。

1987 年，史蒂夫·亨特调查了卡丽·埃利奥特性侵案后（克莉丝觉得他并没有尽责）就离开了希科里镇警局，转而到附近的卡托巴山谷社区学院担任教师，讲“基本执法培训”培训课。

史蒂夫·亨特告诉克莉丝，他完全不记得自己有没有把采集的苹果核作为证据，但他敢肯定的一点是，卡丽·埃利奥特案的强奸取证工具套盒已被采纳为证据。几乎可以肯定的是，还有另一样物品也被采纳为证据了，但亨特不记得是什么了。

接下来这周的早些时候，克莉丝给亨特发了一封电子邮件，请他跟进这件事：

尊敬的亨特先生：

上周我和您谈过威利·格莱姆斯的案子。

我曾经提到，格莱姆斯先生在 1988 年被判有罪后一直坚称自己是无辜的。本案采集到的物证，尤其是强奸案取证套盒、从床上提取的毛发样本、指纹，以及犯罪嫌疑人丢弃的水果，都可以用来进行 DNA 检测，从而找到本案难题的答案。卡托巴县法院书记官办公室暗示过证据已被销毁。而北卡罗来纳州昭雪中心正在寻找其他证据的保管人，以确保没有遗落任何证据。

如果您记得本案的任何证据，或者您在查阅档案时对本案证据的处理有任何看法，烦请告诉我。

非常感谢您的协助。

克莉丝·穆马

第二天早上，亨特回复了邮件。

我手上没有这件案子的证据，也不知道证据现在何处，我最后一次看到证据是在法庭上。吉恩·沃克（Gene Walker）是希科里镇警察局的证据保管人，他也许能给您提供更多协助。

克莉丝起草了一份减刑申请书，用 26 页的篇幅讲述了格莱姆斯的案情，包括他 21 年来一直坚称自己是清白的，甚至为此放弃了提前出狱和假释的机会。然而，写完申请之后，她却决定不提交上去。现任州长从未在缺乏 DNA 证据的情况下给予犯人特赦，克莉丝觉得他不会突然间改变风格。

克莉丝转而写信给北卡罗来纳州假释委员会，支持格莱姆斯申请签署“相互同意假释计划”协议。她在信中解释说，从 2003 年起，她就一直在为格莱姆斯的案子奔走，而且她敢保证，在昭雪中心每年收到来自囚犯的上千份无罪调查申请中“只有几件案子的被告是清白的，威利·格莱姆斯便是其中之一。这也是我第一次为他写信争取假释……昭雪中心打算代表格莱姆斯先生提出一份减刑申请。无论是通过特赦还是假释，格莱姆斯先生都应获得自由”。

山景城惩教所的管教给克莉丝发了一封电子邮件，希望能够确认她就是那位一直跟威利·格莱姆斯通信的克莉丝·穆马。管教发邮件是出于礼貌，她想让克莉丝知道，惩教所即将对格莱姆斯做假释审查。克莉丝在回信中告诉管教，她就是那位克莉丝·穆马，而且她知道假释审查这件事。“我想让您知道，我已经从数以千计的囚犯那里收到了无罪调查申请，而我拒绝了其中的大部分申请。”克莉丝补充道，“我很少会因为囚犯而拿我的声誉冒险，但威利·格莱姆斯值得我这样做。我完全相信他是无辜的，如果他的案子的证据被保存下来，我有信心以科学手段证明他的清白。”

克莉丝又收到了另一封信，这封信来自格莱姆斯。他在信中重申了之前的观点：在他被捕时，肯定有某项法律禁止销毁证据——克莉丝曾在上一封信中告诉格莱姆斯，现行禁止销毁证据的法律直到2001年才获得通过，格莱姆斯对此表示理解。但是，格莱姆斯想知道，是否有在此之前就已经通过的类似法律呢？格莱姆斯觉得肯定有。这项法律的作用如此重要，没有什么说不过去的，克莉丝只需更为仔细地查找即可。

克莉丝回复说，她已经仔细查找过了。她知道格莱姆斯觉得这件事很不合理，她也觉得不合理，但这是事实。

克莉丝还告诉格莱姆斯另一个坏消息。她知道格莱姆斯一直在给北卡罗来纳州各个法学院的“昭雪计划”组织写信，希望有人能帮助他。无论在杜克大学、教堂山法学院、夏洛特、坎贝尔、埃隆、维克森林学院还是中央监狱，这些项目都是由昭雪中心协调的，这意味着他写的各种信件都被转发给了克莉丝。她在信中写道：“我很抱歉地告知您，就您的案件调查而言，所有这些项目都陷入了死胡同。”

“格莱姆斯只是想洗脱罪名。”克莉丝在她的笔记上随意写道，“他不关心赔偿问题，但他认为其他人可能想获得赔偿。他愿意放弃索赔权。”

她能想到的只有一种选择。克莉丝知道无罪调查委员会最近获得了联邦拨款，所以她打算把格莱姆斯的案子交给他们，这样一来，肯德拉就可以从她和其他人手里接过证据查找工作，但这项工作需要在法庭指令的授权下进行。如此一来，就可以确认格莱姆斯案的证据是否已经完全丢失了。“这是我能想到的最后一个办法。不过，我永远不会停止寻找其他途径来证明你的清白。”她在给格莱姆斯的信中写道。

# 相互同意假释计划

克莉丝·穆马再次写信给格莱姆斯，说她已经跟假释委员会交流过了，得知他的下一次假释评估定于11月底进行。她还准备了一份减刑申请书，不过现在她觉得申请书可能已经不重要了，因为新任州长不会特赦，甚至是那些符合假释条件的囚犯也不例外。“显然，与上一任州长相比，这位新州长不太倾向于特赦，无论那些减刑的请求是多么合理。我很抱歉，格莱姆斯，减刑申请帮不了你，我们只能寄希望于假释委员会。请咨询一下您的管教，看看我能在假释方面提供哪些帮助。”

格莱姆斯被转到了约翰斯顿惩教所，短暂停留几天后又回到了山景城惩教所。2010年3月30日，一名精神科医生又对他做了一次社区风险评估。4年前，格莱姆斯就做过同样的评估。

**转介理由：**

威利·格莱姆斯现年63岁（出生日期：1946年8月23日），因犯有一级强奸罪（主要罪行）而被判无期徒刑。该犯人被转介过来进行社区风险评估，以协助确定其是否适合重返社区。本评估的目的和保密程度已告知犯人。

## 机　密　文　件

### 惩教署
### 社区风险评估表

| | | | | | |
|---|---|---|---|---|---|
| 收件人： | 麦克·斯拉格尔（Mike Slagle） | | | 日期： | 2010 年 3 月 30 日 |
| 发件人： | 肯·耶里克（Ken Yearick）博士　心理评估项目经理 | | | | |
| | | | | | |
| 被评估人： | 威利·格莱姆斯 | 序号： | 0158046 | 地点编号： | 4855 |

***　本报告不向囚犯公开　***

**评估手段：**

记录式评估：包括 BETA 评分法、明尼苏达多项人格测验法第二版、社区风险工作表、静态-99 评分法，以及官方犯罪记录。

**犯罪记录：**

威利·格莱姆斯于 1988 年 7 月 15 日入狱，刑期为终身监禁。根据其自我供述，他第一次被逮捕的年龄是 41 岁。在被判终身监禁之前，他曾被逮捕过两次，没有因攻击性犯罪而入过狱。此外，该犯人此前没有做出过严重的不当行为。

背景审查结果表明，该犯人接受过 12 年级的教育。离开学校后，他曾服过兵役和当过建筑工，工作记录相当稳定。其心理健康史表明，北卡罗来纳州和惩教署曾对其做过心理治疗，但没有做过重大心理健康障碍治疗，无相关风险评估参数。在滥用药物和酗酒方面，记录表明该犯人日常饮酒频繁。

根据官方犯罪记录，格莱姆斯先生非法闯入一名69岁的女性的住所，并强迫受害者发生性行为。受害者身上穿的内衣被扯烂。格莱姆斯手持利刃，用手掐住受害者脖子，威胁对方性命。受害者最近丧偶。

...

结论：该犯人若在无人监督的情况下进入社区，会导致极高风险。

心理评估项目经理：肯·耶里克博士

日期：2010年3月30日

与“不可接受的风险”相比，被评定为“极高”风险也勉强算是一种表扬了，它足以让假释委员会给格莱姆斯留一条后路。评估结束一周后的某天下午，格莱姆斯被送到罗利会见惩教署的一个专家组。专家们问格莱姆斯：入狱后他发生了哪些变化？他报名参加了哪些课程？这些课程是否让他改过自新？他是否认为自己对社区构成威胁？

格莱姆斯说，他在狱中接受了洗礼，成为一名耶和华见证会信徒，然后提到了埃迪和弗吉尼娅·穆斯。他认为自己不会对社区构成任何威胁。事实上，他一直都不爱惹是生非。

10分钟后，专家组面谈结束。离开时，格莱姆斯认为他们肯定会驳回他的申请。到了5月中旬，他却得知惩教署已经批准他签署“相互同意假释计划”协议。

“相互同意假释计划”改变了一切。只要格莱姆斯按指令行事，再过两年他就能获得假释，他知道自己能做到这一点。他终于看到了希望的曙光，并开始想象离开监狱后的日子。假释还意味着他将重返社会，这对他来说至关重要。入狱的最初几年，格莱姆斯的内心充满愤怒。除了愤怒之外，监狱最可恶的地方并不是水泥墙或铁丝网，而是举目无亲。入狱后的这些年里，除了格拉迪丝、埃迪、弗吉尼娅和道格拉斯高中的一两个朋友外，没人知道他的外号是“伍特”，只知道他是囚犯格莱姆斯，编号 0158046。

“相互同意假释计划”会改变这一切。在监狱外面，格莱姆斯会遇到陌生人，他们既不是狱警，也不是囚犯或监狱管理员，未必都知道他曾被判有罪。也就是说，人们不太可能将他跟犯罪联系起来。对他们来说，他不是囚犯格莱姆斯，而是“伍特”，普通人“伍特”。腼腆的他会遇到资助者或雇主，甚至是路人，还会遇到社会工作者和更多耶和华见证会信徒，所有人都会知道他是谁，会聆听他的故事并知道他是清白的。在监狱之外，只要见到他的人都不可能不知道他是清白的。知道这个事实的人越多，格莱姆斯的清名就会传播得越广，带给监狱的压力也就越大。最终，他们会被迫让他出狱。

在此之前，格莱姆斯需要完成一些事情。那年春天，管教让他在一份表格上签字，表格上有这样一段文字：“相互同意假释计划旨在提前安排选定的囚犯获释。在押期间，加入假释计划的囚犯要参加有组织的活动，取得预期进步，参与社区项目，并最终获得假释。”只要他没有违规行为，很快就会有资格获得日间通行证；到了 2011 年 7 月，就能获得监外就业资格；次年 12 月，就可以获得探亲假，并最终获得假释。

当惩教署将其看管级别升至最宽松级别时，格莱姆斯就要求把他转到加斯顿惩教所，因为他知道，最宽松级别囚犯现在必须要转去那里。加斯顿惩教所距离格拉迪丝家所在的金斯芒廷不到 13 公里，距离郎代尔不到 40 公里，而且距离埃迪和弗吉尼娅·穆斯居住的加夫尼只有 45 公里，那里与南卡罗来纳州边境相邻。

监狱传唤格莱姆斯去见一个分级委员会，该委员会由两名管教、一名狱警队长和一名协调员组成，他发现其中一名委员参加过他的假释听证会。

委员们问格莱姆斯：“你为什么想获得最宽松看管级别，你觉得自己够资格吗？你上过哪些课程？”

格莱姆斯说：“是的，我够资格，也上过课程，而且不会对任何人构成威胁。”

面谈 15 分钟后，他们先让格莱姆斯到门外等候，然后又叫他进去，要求他再签一份表格。“他谈到了自己正在经历的变化。”委员会在随后的报告中写道，“他还说他要证明自己的清白，并谈到了昭雪计划。至于是否提升囚犯威利 · 格莱姆斯的看管级别，则需要设施分类委员会决定。”

山景城惩教所的一名护士给格莱姆斯做了健康筛查，更新了他的病历记录。在第 10 个问题项“是否喝酒和 / 或服用过其他药物”下面，他选了“是”。在“上次喝酒 / 服药日期”项下，他写下“25 年前”。在这周的周二，格莱姆斯被调到加斯顿惩教所。一到那里，他就立刻报名加入匿名戒酒者协会，这是“相互同意假释计划”的条件之一。

加斯顿惩教所周边既没有加固的围墙，也没有角状的瞭望塔或庞大笨重的石方，只有绿树成荫的操场、年代久远的砖墙和白色建筑物，以及诸如“生活技能路”和“安全员车道”等名称的道路，并且路的两旁隔着一层围栏。格莱姆斯待过的大多数监狱都与周边城镇隔绝，加斯顿惩教所跟那些监狱不同，它就在一条普通街道上，旁边就是社区公园、加油站，以及由阿尔比连锁快餐、沃尔格林连锁药店和富国银行等组成的购物餐饮街。在监狱的更衣间里，格莱姆斯脱掉身上那件褐色的囚服，换上了一件绿色的囚服，这是最低看管级别的囚服颜色。第二天早上，他想找把剃须刀刮胡子。狱警告诉他，他可以自行购买和保管剃须刀了，不必再从他们那里申领。

“他说，住在加斯顿惩教所对他的帮助很大。”新管教在格莱姆斯的档案中写道，“我们评估了他的工作能力，比如能否胜任宿舍管理员这样的工作。他说他觉得自己可以做那种工作，而且不管监狱叫他做什么，他都会尽力去做……为了遵守假释规定，他愿意做任何事情。同时他也知道，由于罪名在身，他很难在监狱外面找到工作。”

格莱姆斯查看了活动布告板，没有找到耶和华见证会的聚会通知，于是四处打听，得知耶和华见证会没有定期到加斯顿惩教所探监的信徒。以前曾有一群信徒尝试到加斯顿惩教所布道，但这里的囚犯都不参与聚会，所以他们就不再来了。过了一段时间，他们又想重新开始布道，监狱管理员却拒绝了他们的要求。

周四下午，一位名叫布莱恩·斯图尔特（Bryan Stewart）的陌生人出现了，他说埃迪·穆斯给他打电话叫他过来的。布莱恩身材肥胖，头发细密绵软。他有一个习惯，喜欢拿《圣经》上的琐碎知识点向别人提问。布莱恩告诉格莱姆斯，他是当地教会的长辈，专程来教格莱姆斯学习《圣经》。

尽管加斯顿惩教所百般刁难，但还是允许布莱恩以普通探访者的身份在周日的正常探视时间里来见格莱姆斯。只要格莱姆斯愿意，他打算定期前来探视。当天，加斯顿惩教所的管理人员只允许他探视 15 分钟，以欢迎格莱姆斯的到来。但他向格莱姆斯保证，他周末还会回来，而且要延长探视时间。格莱姆斯同意将布莱恩列入受认可的探访者名单。在离开之前，布莱恩对格莱姆斯说："我们星期天见。"

星期天中午，布莱恩如约来到加斯顿惩教所。虽然他已经将近 80 岁了，但他依旧热情洋溢，看上去比实际上年轻 10 岁。布莱恩告诉格莱姆斯，他在加斯顿惩教所附近创立了一家名为"先锋公用设施与管道工程"的公司，但他真正的使命是尽其所能将《圣经》的真理传播到远方。

据布莱恩估计，自从他 21 岁成家并加入耶和华见证会以来，他已经从头到尾地把《圣经》读了三十多遍，而他也在自己的人生中看到了奇迹。几年前，他决定在公司所在地建造一间神国堂。但当局告诉他，由于城市规划所限，他不能这样做。于是布赖恩开始请愿，政府很快就取消了限令。尽管如此，当局告诉他，他还是不能在那里建造神国堂，因为他设计的车道太窄。

几天后，一位邻居找到布莱恩，说他想出售自己的部分房产，于是布莱恩买下了那片土地，用来拓宽车道。但有了这些之后，当局还是说他不能动工，因为他的规划中没有消防栓。于是布莱恩打算在高速公路下面挖洞，把消防栓连接到自来水给水管道，这项工程要耗资 3 万美元。

有一天，布莱恩从办公室望出去，注意到杂乱的树林那边有一间荒废的小屋。他穿过杂草地来到小屋前，看到房子正挂牌出售。他擦去牌子上的灰尘，找到了房地产经纪人的电话，然后拨通电话出了个价。房地产经纪人当场接受了他的报价。布莱恩绕小屋走了一圈，仔细查看周围的环境。他让格莱姆斯猜猜他在一个角落里发现了什么：没错，就是消防栓。接下来，他要做的就是赋予教众使用这个消防栓的权利，他满心欢喜地签署了房产转让协议。此后，建神国堂的时间比获取所有许可证花的时间要少得多。“为什么所有事情都会水到渠成？”他问格莱姆斯，“因为托了耶和华的福。只要按耶和华的意志行事，他会给你想要的一切。”

上个周四是布莱恩第一次拜访加斯顿惩教所，此前他知道，加斯顿的典狱长有个弟弟是耶和华见证会的信徒，但那位典狱长已经退休了，而继任者就没有他那么随和了。惩教所的牧师同样也不是很随和。布莱恩对牧师说,他此行的目的只是举行一次简单的《圣经》研读会。“什么是《圣经》研读会？”牧师问他。

“您知道的,就是读《圣经》的各个章节。”布莱恩愣了一下,然后回答，“您不是牧师吗？怎么会不知道《圣经》研读会是什么呢？”

牧师不是太明白这番话的意思。布莱恩知道自己有时候说话不够委婉，这是他的缺点之一。这可是《圣经》研读会啊！作为一个牧师，怎么会连这都搞不清楚呢？正因为如此，当埃迪·穆斯打电话问布莱恩是否愿意去加斯顿惩教所探访格莱姆斯时，他回答说愿意，但只能星期天去，因为监狱不太欢迎他。

从那时起，每个周日下午，布莱恩都跟格莱姆斯坐在空地的野餐桌旁研读《圣经》。布莱恩每周都会从耶和华见证会出版的杂志上剪下一节《圣经》的课程内容，作为他和格莱姆斯的学习材料。布莱恩把《圣经》摊开在野餐桌上，用手指着研读的文字。他的下巴顶住胸口，不时抬起头来，睁大眼睛向格莱姆斯强调某段内容。格莱姆斯则平静地坐在他对面，拿着自己的《圣经》跟读。格莱姆斯一只手很规矩地放在膝上，另一只手按住书页的一角。格莱姆斯告诉布莱恩，他很久以前就跟埃迪说过自己是无辜的，如果自己肯认罪的话，早就被释放出狱了，可他并没有犯罪，所以不愿意承认。不久之后，埃迪打电话给布莱恩，跟他说了同样的事情。

布莱恩相信他们。他已经注意到，格莱姆斯跟他以前探访过的其他囚犯完全不同。格莱姆斯如此温和，如此喜欢独处，如此彬彬有礼，而普通囚犯不会有这种表现。曾经有一次在艾弗里县，布莱恩和一名囚犯在典狱长的办公室读《圣经》，那名囚犯经常打断他，想偷办公室里的东西。他会对布莱恩说："我可以打开这个保险箱，不信的话，证明给你看。"布莱恩劝他别动歪脑子。

读完《圣经》后，布莱恩准备起身离开，那囚犯开始咯咯地笑起来，他问布莱恩："你走之前想拿回自己的钱包吗？"然后突然拿出布莱恩的钱包。布莱恩已经尽了最大努力，但《圣经》并没有感化他们。他遇到的囚犯并非都那么善于偷鸡摸狗，也并非都乐于此道，但跟格莱姆斯比起来，他们更喜欢小偷小摸。而在布莱恩看来，格莱姆斯是不会偷任何东西的。布莱恩认为，如果他坐了 20 年的牢，根本不会表现得这么淡定从容。但格莱姆斯做到了，这又是一个奇迹。

与此同时，在布赖恩两次探访之间的工作日里，格莱姆斯继续在加斯顿惩教所图书馆参加匿名戒酒协会的活动。紧接着，他还参加了一门名为"谋生指南"的课程，以及另一门名为"专注于自由"的课程。后来，他还报名加入了匿名戒毒者协会（尽管他从未吸过毒）和一门名为"父亲职责"的育儿课程（尽管他没有，也不打算生孩子）。到了秋天，格莱姆斯的电子邮箱里收到一份调查问卷，寄件方是一个叫作"无罪调查委员会"的组织。

# 给他寄一份调查问卷

美国国家司法研究所给无罪调查委员会拨了一笔款，肯德拉得以将员工人数增加到 8 人。现在，一名员工打电话给州办公室。州办公室的人平常也听说过他们，每当他们要求州办公室提供证据时，州办公室通常都会先找一下，无须唇枪舌剑，无须法院指令，尽管在必要情况下可以用这两招来刁难他们。有那么一两次，肯德拉甚至能找到某份被警方或法院书记官放错地方的档案，这让她陷入沉思。她知道，跟刚刚成立时相比，如今的无罪调查委员会羽翼已丰，当初那些很棘手的案子现在可能有解决办法了。为了验证自己的观点，肯德拉想审核一些以前已经结案的案子，找出他们在办案过程中遇到的障碍，看看后续的案件是否克服了这些障碍。

无罪调查委员会从未为威利・格莱姆斯的案件建档，但克莉丝给肯德拉看过格莱姆斯的档案，而且肯德拉也写过与此案相关的模拟简报，所以她没有忘记格莱姆斯。她回想起克莉丝和昭雪中心多年来一直在寻找卡丽・埃利奥特的强奸案取证套盒，以及从案发现场床单上采集到的毛发。几乎可以肯定的是，这两样证据都被销毁了。但谁知道这件事呢？肯德拉此前想过这个问题，并得出了一个错误的结论。

州办公室也许会忽略克莉丝所在的非营利组织，可如果是无罪调查委员会提出的要求，那么州办公室就不能不理了。根据法规，无论是律师、家庭成员或是另一家机构，任何人都可以向无罪调查委员会提出无罪主张，从理论上说，甚至连肯德拉也可以这样做。她以前没这样做过，但没有任何规定禁止她提出申诉。在审核旧案的过程中，她找到了惩教署写的格莱姆斯的档案，并将其打印出来，交给了案件协调员。

肯德拉想起克莉丝曾说过，她不指望格莱姆斯本人会向无罪调查委员会提出申请，因为他或多或少是属于自首入狱的。如果运气好的话，他还可以获得假释，所以肯德拉甚至不确定格莱姆斯是否愿意填写申请表格。不过，肯德拉也不确定自己是否记错，况且就算她没记错，格莱姆斯也随时可能改变想法。

“给他寄一份调查问卷。”肯德拉告诉案件协调员，“如果他提出申请，我们就去找证据。”

9 月份，该协调员给加斯顿惩教所的格莱姆斯寄了一份调查问卷。她知道，自从看管级别升至最宽松级后，格莱姆斯被调到那里去了。

# DNA 样本检测

和管教交谈之后，格莱姆斯接受了宿舍管理员的工作，但根据“相互同意假释计划”协议，他接下来要加入社区志愿者项目。那么问题来了：他每周都要在监护人陪同下在监狱外逗留几个小时，而格莱姆斯是一个未认罪的性犯罪者，即便以参加社区志愿者项目的名义暂时离开监狱，也会让监狱管理者感到不安。

“我不太愿意推荐他加入该项目。”一位主管在格莱姆斯的档案中写道，“但鉴于他签署了‘相互同意假释计划’协议，而且看管级别已按预先计划提升，监狱必须遵守规定。”这位主管给格莱姆斯找了一名监护人，负责陪同格莱姆斯参加每周一次的戒酒会。该监护人来自监狱外，他自愿开车送格莱姆斯进城，午餐就在农贸市场或快餐厅解决。“你会习惯外面的生活。”格莱姆斯的监护人对他说，“只不过你要适应一段时间。”

格莱姆斯觉得很不习惯。自从布兰达开车把他从公寓送到希科里镇警察局以后，他已经 20 多年没有坐过这样的车了。这次他坐的既不是“灰鹅”，也不是警察巡逻车，而是一辆装有安全带和车窗的普通小轿车，车里没有狱警，而他就坐在副驾驶座上，双手没有戴手铐，只要他愿意，还可以调调收音机。他要去的地方不是医院或遥远的监狱，而是去快餐厅吃午餐，然后走进街对面的教堂，坐在后排参加戒酒会。除此以外，他能去的地方不多。

由于身上带着“性犯罪者”的标签，格莱姆斯被永久禁止进入任何“供未成年人使用或者用于照料未成年人”的场所，如学校、托儿所；抑或是任何未成年人可能聚在一起进行“定期教育、娱乐或社交活动”的地方，如博物馆和游乐场。与此同时，格莱姆斯必须与任何商场或购物中心保持 400 多米的距离。“囚犯称，监护人能带他去的地方不多。”管教在格莱姆斯的档案里写道，“他想尽快完成‘相互同意假释计划’并出狱回家。”

肯德拉派去负责格莱姆斯无罪申请的人名叫杰米·刘（Jamie Lau），是无罪调查委员会最近聘请的员工。杰米身材瘦削，长着一双黑眼睛，总是一副闷闷不乐的样子。他喜欢开玩笑，说自己是不小心当上律师的。杰米毕业于杜克大学法学专业，读书时从未想过要从事这种工作，也没想过自愿参与“昭雪计划”，因为他对刑法几乎没有什么兴趣，只打算毕业后搬到美国东北部，从事消费者权益保护方面的工作。

杰米的妻子是一名教师，她在达勒姆找到了一份自己喜欢的工作，于是决定留下来，甚至打算让杰米毕业后也留在那里。就在这时，杰米发现无罪调查委员会正在招聘员工，一位朋友把他介绍给了特蕾莎·纽曼，接着，纽曼又把他介绍给了肯德拉。第二年 1 月份，杰米开始入职上班。3 个月后，肯德拉大步走进他的办公室，手里拿着一只薄薄的紫色文件夹。“这里有个案子，证据可能都丢失了。”肯德拉告诉他，“我想让你看看。”

那个紫色文件夹里放着格莱姆斯寄回的调查问卷。杰米注意到，调查问卷中有个问题：“你为什么认为自己是无辜的？”格莱姆斯这样答道：“因为我没有在案发现场，没有强奸任何人。”接下来的另一个问题则是：“你愿意将自己的 DNA 样本和指纹与数据库对照吗？”

格莱姆斯答道：“愿意。”

# 听证会

## 含糊其辞的领赏人

北卡罗来纳州司法中心（North Carolina Judicial Center）位于罗利市中心以西，由几幢长方形玻璃和砖块建筑物组成。上午 10 点刚过，在司法中心一间铺着地毯、没有窗户的房间里，肯德拉站上了讲台。她面前有一张马蹄形桌子，桌旁坐着无罪调查委员会的八名委员。桌子上散落着荧光笔、一次性咖啡杯，以及一堆足足有一英尺高的文件；墙边有一排塑料垃圾桶，里面塞满了更多文件。肯德拉先请杰米和莎朗上台，向委员们讲述了部分调查过程，然后请证人上来接受盘问。

琳达·麦克道尔在证人席坐了将近一小时，她噘着嘴唇，看上去正为自己被传召出庭作证而闷闷不乐。没错，因为向警方举报格莱姆斯，琳达获得了 1 000 美元奖励，但她这么做并不是为了钱。她的邻居卡丽说袭击者是“高个子，脸上长着一颗痣”。对此，琳达回应说：“我知道你不是在说伍特。”而卡丽表示她说的就是伍特。那时是强奸案发生后的一周左右。

肯德拉语气柔和地提醒她，三个月前，当杰米和莎朗来访时，琳达告诉他们，这番对话发生在卡丽被强奸后的第二天。她现在确定是一周后吗？琳达说她不知道。

肯德拉从一个文件夹里取出 1987 年希科里镇警察局的报告，大声朗读:“上面写着:‘埃利奥特女士称,麦克道尔告诉她,她只会把嫌疑人的名字提供给警方,不会给其他人。’”肯德拉转身问琳达:你确定自己马上向警方举报格莱姆斯了吗?

“也许吧。”琳达回答。

肯德拉继续说道,在庭审过程中,琳达的亲生母亲和她的三个妹妹都作证说格莱姆斯不可能犯强奸罪。琳达有没有想过,为什么她全家都在法庭上说了这句话?

琳达说:“我不清楚。”

一位地方检察官说:“麦克道尔女士,我觉得我被你的证词搞糊涂了。”他承认,肯德拉的问题让他们心生疑窦。他请琳达再次解释她是如何了解到卡丽遇袭详情的。琳达开始回忆当时情形:

> 那天晚上,她看完电影,回到安静的公寓,然后直接上床睡觉了。卡丽的孩子们突然打电话过来,说卡丽被强奸了,于是她急急忙忙地去了医院。

实际上,没有人打过电话给琳达,琳达家里也没有电话。她也没去医院,只是看到卡丽出院后回到了公寓。

另一名委员问她:“你有多确定伍特就是强奸埃利奥特女士的那个人?”

“我不知道。”琳达答道。

“你是否觉得这事有可能不是他干的?”

“我只是……”琳达结结巴巴地说道,“我唯一能确定的……”她越发结巴起来:“在我认识的人里……他是唯一一个脸上有痣的。”

史蒂夫·亨特身穿西装,系着红色领带。他向委员们描述了他在卡丽·埃利奥特家草坪上看到的苹果核和香蕉皮。肯德拉挂出一张地图,亨特在地图上指出了他看到苹果核和香蕉皮的地方,然后重复了他对杰米和莎朗说过的话:如今,他在社区大学讲授犯罪现场调查相关课程,并把此案作为一个典型案例。“我想告诉学生，他们在犯罪现场做调查时，要翻遍每一块石头，因为他们在犯罪现场所做的事情将决定嫌疑人会因其所犯罪行受审还是洗冤获释。”

肯德拉旁敲侧击地说：“关于此次调查的一些细节问题，我想请教一下。”

“请讲。”亨特回道。

“你认为采集香蕉皮和苹果核是犯罪现场调查的一个重要组成部分吗？”

“当然，”亨特赞同肯德拉的说法，“我……是的，我就是这么想的。”

“好的。”肯德拉说道。

“请允许我详细说明这一点。”

“请讲。”

“我原来就是这样认为的……我手下负责采集证据的技术人员是一名拥有 8 ~ 10 年工作经验的警官，把他留在罪案现场的时候，我……我以为他会明白这点。”没错，亨特是案件调查负责人，这并不意味着他能把控一切。“绝大多数调查工作都是其他人做的。”

肯德拉问亨特：“作为首席调查员，如果你不指挥调查工作，那么由谁来告诉警员们该做些什么？”

“呃，没有人。”亨特说，大多数调查人员都是各自完成工作，然后向他汇报情况。“你知道的，指认照片组出来以后，我才会收到信息。他们会给我一张黄色通知单，告诉我照片组已经出来了，流程大致如此。”

“在这件案子中，你根本无法指挥别人去做事情？”

“不。”亨特说，“这件案子的调查工作完成得相当快。”

希科里镇警察局从卡丽·埃利奥特床单上采集到的毛发被转交给北卡罗来纳州的一间实验室，由一位名叫特洛伊·哈姆林的州调查局分析员进行分析。如今，哈姆林仍在毛发对比领域工作。他向委员们解释说，毛发对比技术是指在显微镜下对齐两根毛发，并排进行比较。这种比较没有特别的核对项目，分析员只需提供其主观意见即可。这种对比几乎不会得出太多结论，因此，只有与其他物证相结合，毛发对比技术才能真正发挥作用，至少当前是这样的。

“但在20世纪80年代，有很多……”哈姆林承认，“不是分歧，但没有……我的意思是，没有太多指导原则教我们如何靠毛发对比做结论。”从那以后，专家们才发现，毛发可能有着相似的外观，但却不属于同一个人。

州调查局对268起刑事案件审判做过研究，在这些审判中，联邦调查局特工或分析人员曾就毛发对比结果出庭作证。州调查局承认，现在回想起来，其中的257起案件，或者说96%的案件在庭审作证期间含有“错误陈述”。而对于其中9起案件的被告来说，这项研究来得太晚了，因为他们已被处决。

哈姆林不记得自己处理格莱姆斯案的细节了，但肯德拉把他写的实验室报告和案件记录交给了他，哈姆林向委员们回顾了整个毛发检验过程。根据他自己的报告，在卡丽·埃利奥特公寓里找到的毛发当中，只有一根毛发的长度符合对比要求，所以哈姆林就用那跟毛发与格莱姆斯的大约60根毛发样本进行了比照，其中一些毛发看起来很相似，有些则不然。

庭审时，哈姆林作证说，这种相似性“很罕见”，因此从卡丽公寓床单上采集到的毛发“很可能来自格莱姆斯先生”。哈姆林告诉肯德拉，现如今他仍然认为这两个结论是正确的，因为他觉得这种情况本身就很罕见——当然，这只是他的个人观点，而非科学主张。况且，如果两根毛发看起来很相似，那么严格来讲，它们就有可能源自同一个人。然而，除了他自己的证词以外，哈姆林没有出席与格莱姆斯相关的其他审判，所以在结案陈词阶段，他没有出现在法庭上，当时检察官打着提醒的幌子告诉陪审员，州调查局的一名探员曾说过：“这根毛发只可能来自被告头部，而且是他在侵犯这位女士的时候掉落的。”检察官嘴里的“探员”指的就是哈姆林，可哈姆林从来没有说过这番话。

肯德拉觉得很好奇，她问哈姆林：他是否目睹过两根相似的毛发，后来却发现这只是巧合呢？

哈姆林回答道："有过……呃，也许有吧。"他跟进过某些案件，这些案件里的毛发后来进行了 DNA 检测。不过，哈姆林并没有跟进 DNA 检测结果，所以他不知道 DNA 证明了些什么。

"你不知道 DNA 检测结果？"肯德拉吓了一跳，她把哈姆林的话重复了一遍。

"我不知道。"哈姆林确认道。

"你觉得知道结果……"肯德拉停顿了一下，"对你来说重要吗？"

"不重要。"哈姆林漫不经心地说，"可能其他人想知道结果。"

"但你却不……你知道自己所做的一些检测结果后来都要经过 DNA 验证。难道你不想知道 DNA 检测结果确认那个人到底是不是罪犯吗？"

哈姆林陷入沉思。他两眼看着天花板，说道："不，不是特别想知道。"

埃德·德·托雷斯告诉委员们："时至今日，每当我想起自己处理过的案件，内心总是饱受困扰，也许这就是原因。"他还记得，在格莱姆斯案的审判过程中，他提出要对毛发证据做进一步检测，可法官从未对此做出裁决。"我也没有继续跟进。"德·托雷斯承认自己现在后悔了，"本来我应该跟进的。"他没有责怪卡丽·埃利奥特，毕竟那位可怜的女士被人强奸了，她没有义务参与调查。德·托雷斯耸了耸肩，难过地说："在这种案件里，假如受害者指认错了人，那被告只能自认倒霉了。"

## 检测结果：指纹肯定不是他的

周二清晨，格莱姆斯在加斯顿惩教所醒来，跟几名狱警打了照面，后者开着巡逻车，驱车三小时送格莱姆斯去维克县治安官办公室，把他交给不认识的警官。警官让格莱姆斯坐在另一辆巡逻车的后座上，把车开到另一幢大楼前，将格莱姆斯领进一间休息室，他就在那里等候传唤。

不久，门开了，警官们又把格莱姆斯领进一间更宽敞的房间。里面的人都是生面孔，男人们西装革履，女人们则穿着齐膝羊毛裙，搭配着宽松运动上衣，这些人都盯着他看。“都是高学历人士啊。”格莱姆斯心想，然后想象着这些陌生人穿着如此得体，应该都拥有成堆的文凭，“这么多获得不同文凭的人”。他身上穿着斜纹棉休闲裤和格拉迪丝买给他的特大号 T 恤，天没亮时，他就把这套衣服穿上了。

其中一名陌生人命令他把左手放在《圣经》上，并举起右手，但他的手腕被警官们铐住了，所以双手无法分开。格莱姆斯扯了一会儿手铐的链子，最终放弃了，只是把手掌朝两个不同的方向倾斜，承诺在法庭上讲实话。他看到克莉丝・穆马坐在房间的另一头，克莉丝用安慰的眼神看着他。此前她已经叮嘱过格莱姆斯，让他大声说话，这样在场的所有陌生人都能听到他的声音，同时也表明他没有隐瞒任何事情，格莱姆斯已谨记于心。

接下来，格莱姆斯开始讲述 1987 年自己在哪里工作、长什么样、身高体重是多少、脸上有颗痣、胸口上有块疤等。然后，他再次讲述了案发当天自己做过什么，包括去了邮局和超市、去拿税款、参加家庭聚会等。那个周二下班回家后，便得知警察来找过他。

另一名陌生人问格莱姆斯：“你觉得警察来找你是为了什么事？”

“我不知道。”格莱姆斯对她说，“但是我知道自己没有做坏事，正因如此，我去了警察局。我想弄清楚到底是怎么回事。”让格莱姆斯没有想到的是，史蒂夫・亨特逮捕了他。格莱姆斯发了几句牢骚，亨特警告他不要多说话，因为他已经惹上了大麻烦。

“亨特探员有没有回来找你谈过这件案子？”那位女士问他。

“没有，夫人。”格莱姆斯回答道。

肯德拉：“如果他回来找你，你会跟他谈吗？”

格莱姆斯：“会的，夫人。”

肯德拉：“有没有其他警官尝试和你谈论这件案子？”

格莱姆斯：“没有，夫人。”

肯德拉：“如果有，你会跟他们谈吗？”

格莱姆斯：“会的。”

肯德拉指出，自那时起，除了埃德·德·托雷斯之外，格莱姆斯还给很多律师写过信。他为什么要这么做？

“因为我知道自己是无辜的。”格莱姆斯说，“我不打算放弃，为一些我没做过的事情坐牢。”

另一名陌生人想看他胸口的伤疤，于是格莱姆斯拉低宽松的T恤领口，露出疤痕。还有一名陌生人问格莱姆斯：“你似乎对那年10月份案发当晚的细节记得一清二楚，事情已经过去那么久了，为什么还记得那么清楚？”

格莱姆斯解释说，因为那笔税款。那天，他打算把税款带给在谢尔比的表弟，所以他记得自己去过的每一个地方。除此之外，坐牢的这些年，他有很多时间来回想案发当天发生的事情。

“我一直在想这件事。因为我知道自己去过哪里、做过什么事情，我也知道那天晚上我没有犯罪。”格莱姆斯摇了摇头，“这件案子困扰了我很多年，刚进监狱时，我差点被它逼疯了。”他淡淡地笑了笑，又摇摇头，继续说：“最终我克服了这一切，也发现我不会得到任何帮助。但我一直在努力，尝试了各种能想到的方法。”

北卡罗来纳州调查局的探员通过指纹自动识别系统对希科里镇警察局采集到的指纹进行了对比，发现那些指纹并非来自格莱姆斯，而是来自阿尔伯特·特纳。探员向无罪调查委员会的委员们介绍了指纹识别方法。肯德拉用房间里一台安装在墙上的电视播放了指纹自动识别系统软件的截图，这样委员们就可以看到两枚并排放大的指纹。

一名委员问道：“让我猜猜，你想说指纹肯定不是威利·格莱姆斯的，这样委员会就可以松口气了，对吗？”

那位探员点了点头说：“是的，毫无疑问。”

“可能还不够，”委员继续说道，“在你看来，这肯定是阿尔伯特·特纳的指纹吗？”

探员毫不犹豫地回答：“是的。”

“你从来没有怀疑过这到底是不是阿尔伯特·特纳的指纹吗？”

“我毫不怀疑。”探员说，“这两枚指纹就是他的。”

在为期三天的听证会上，来自 WRAL 电视台的新闻摄像机一直在进行现场直播，但现在肯德拉命令记者关闭摄像机，并禁止非委员会成员进入房间。大门关上后，她传唤塔梅拉·埃利奥特出面作证。

在这个私密环境下，塔梅拉告诉委员们，早在 1987 年，她就已经 28 岁了，跟父母住在一起。她还记得 10 月份的那天晚上，他们家的电话响了，她妈妈接了电话，然后对已经上床睡觉的塔梅拉父亲叫喊道：快起来！我们要去你母亲家！她被人袭击了。

当时，塔梅拉的祖母已经在“山麓花园”小区住了三年左右，不过她一直不习惯住在那里，因为所有人都知道该地区犯罪率很高。卡丽的丈夫约翰·克莱（John Clay）在世时，那里的治安状况已经很糟糕了。

就在 1986 年感恩节前，克莱死于心脏病并发症，卡丽只能暂时寡居在那里，同时寻找更合适的住处。由于经济能力有限，可供她选择的房子不多，这也是她和丈夫起初选择住在“山麓花园”的原因。约翰·克莱去世前，他们经常出去跳舞，卡丽说这是为了散散心。后来，卡丽开不了车了，塔梅拉和她的父亲每周带她出去散心两到三次，但即使是散心，卡丽也习惯在白天出门，因为她晚上不敢离开公寓。正因为如此，她只在星期天早晨才去教堂做礼拜，平日的礼拜是在晚上举行的，晚上出门让她感到紧张。

塔梅拉经常去祖母公寓，所以她知道琳达·麦克道尔是谁。在性侵案发生后的几天里，没有人跟她说过任何关于指认嫌疑人的事情，所以塔梅拉不知道琳达在整件事中扮演的角色，她的祖母只提过一次这件事。她告诉塔梅拉，有个男人“把她伤得很重”，可是从来没有人认罪。两年后，祖母患上了肺炎。

“她是好人。”塔梅拉谈到祖母时说道，“她很善良，我从未听她说过任何人的坏话。我相信她的判断，她说的事情都真实发生过。我觉得，如果没人做过坏事，她是不会乱说的。祖母不会冤枉人，我相信她的判断力。”

# 三人法官小组

周四早上，格莱姆斯在加斯顿惩教所醒来，洗完澡，穿好工作服，向餐厅走去，早餐准备吃燕麦片和香蕉。在娱乐室里，他路过一台安装在墙上的电视，听到了自己的名字。格莱姆斯刚转过身，就看到自己的照片出现在电视屏幕上。然后，电视播放了一段简短的视频，是他在罗利那个房间里作证的情形，他还听到了“所有八位法官”这几个字。

食堂里的囚犯们在叫喊着，拍打着餐盘，他却默默地吃着饭。一小时后，当格莱姆斯在先锋公用设施公司门口走下大巴车时，一位秘书拿着一台电话朝他走来，是克莉丝打来的。她告诉格莱姆斯，昨天他离开罗利后，委员们经过投票，一致同意将他的案子交给一个由三名法官组成的小组进行裁决。

格莱姆斯说他知道了，他已经在电视上看到了新闻。

格莱姆斯挂断电话后，在秘书的带领下走进一间办公室。秘书把一台笔记本电脑放在桌面，让格莱姆斯坐在椅子上，然后按下电脑的“播放”键。她兴奋地告诉格莱姆斯，整场听证会都被录下来了。她想让格莱姆斯看看他离开后每个人都说了些什么。

在罗利，肯德拉写信给克莉丝·穆马和卡托巴县地方检察官办公室，让他们知道：根据法规，北卡罗来纳州最高法院的首席法官有 20 天时间为格莱姆斯任命一个三人法官小组。法官小组成立后，无罪调查委员会对于这件案子的调查工作便宣告结束。肯德拉将退居幕后，只在必要时提供协助，剩下的工作将交给克莉丝和地方检察官。肯德拉分别给克莉丝和地方检察官寄出一个信封，信封里有一枚U盘，内容包含了杰米和莎朗的每一次采访记录，以及肯德拉所传唤的每一家机构提供的文件。

克莉丝每天都出席格莱姆斯的听证会，她已经大致知道无罪调查委员会发现了什么证据。现在，她和昭雪中心的工作人员仔细查阅了无罪调查委员会的所有档案，看了警方和实验室的报告、他们从未听说过的受害者访谈内容，以及其他他们从未看到过的文件。最后，克莉丝看到了史蒂夫·亨特保留下来的档案。她知道，亨特私自保存档案这事并不稀奇，很多警察都这样做。

克莉丝察觉到了另一件事：早在1988年，希科里镇警察局就制定了政策，要求警员把他们的正式报告交给检察官办公室。后来，为庭审做准备的辩护律师也可以在证据开示阶段看到这些包括事故报告、逮捕记录、医学报告、法医报告在内的资料。不过警方并没有规定警员必须提交非正式报告，即他们手写的笔记、备忘录或者口头沟通的测试结果，书面测试报告除外。此外，警员个人保存的任何文件夹应与希科里镇警察局保存的文件夹保持同步，这样双方都不会出现文件缺失的情况。尽管如此，并没有人严格监督这条规定的实施，所以双方文件夹内容经常不同步。

正因为如此，卡丽·埃利奥特最初看到的那组指认照片一直被保留在史蒂夫·亨特的文件夹里，从未示人。阿尔伯特·特纳就出现在那组照片当中，背面写着他的名字，让看到照片的人知道他是一名嫌疑犯。

审判开始前，德·托雷斯曾给亨特打过电话，要求亨特提供证据。亨特叫他去找地区检察官。严格来讲，亨特说的是真话，他没有义务直接向德·托雷斯提供任何东西，那是地方检察官的职责。然而，亨特没有提及一个最重要的事实：他个人保留的档案里有一些他没有上交的资料，所以当德·托雷斯给检察官办公室写信时，他们也跟他说了真话：办公室已经把所有资料给了他，没有任何隐瞒。地方检察官也没有提到亨特自己保留的文件夹里还有什么东西，或者他根本不知道此事。所以德·托雷斯上庭时压根不知道警方已经从卡丽·埃利奥特的公寓里找到了指纹。除了希科里警察局，没人知道阿尔伯特·特纳这个人的存在，直至亨特在无罪调查委员会的传唤下拿出自己保存的档案。

与此同时，2007 年 10 月，克莉丝亲自给亨特打电话和发邮件，问亨特是否知道格莱姆斯这件案子的证据是如何丢失的。亨特回信说他什么都不知道。其实他只说了一半真话。亨特没有拿走睡衣、强奸取证工具套盒，也没有保存被丢弃的水果，但仍然保存着含有原始版指认照片组的文件夹。在社区大学，亨特一直用这些资料讲课。当杰米和莎朗拜访他时，那个文件夹就摆在他的办公桌上，但是他从未向克莉丝提及该文件夹的存在。

克莉丝知道，所有这些事实再加上委员们同意进行司法审查，前方只有一条路可走。严格来讲，根据无罪调查委员会规则，根本没必要成立三人法官小组。只要地方检察官办公室认定新证据能够清晰而令人信服地证明格莱姆斯是无辜的，那么双方可以提交一份《联合撤案申请》（*Joint Motion to Dismiss*）和一份《无罪主张申请》（*Plea for Declaration of Innocence*），从而撤销格莱姆斯的罪名并将其释放出狱。很明显，新证据可以证明格莱姆斯是无罪的。克莉丝给地方检察官办公室打完电话，起草了相关申请，然后寄了出去。

初秋，克莉丝收到了回信。地方检察官认定新证据成立。然而，这些新证据都无法证明格莱姆斯是无辜的，也无法证明除了他以外谁才是真正的强奸犯。回信称，新的证据“充其量”只能表明“疑点尚存”，而这些疑点纯属“假设和猜想”，所以格莱姆斯的无罪申请“应该被驳回”。

在接受当地一家电视台采访时，这名地方检察官详细阐明了自己的观点：如果格莱姆斯真是无辜的，那他需要拿出“令人信服的物证”来证明案发时他在其他地方，或者证明有第三方在场。“但我们没有看到这样的物证。”该检察官称。

克莉丝感到震惊。距离格莱姆斯的听证会已经过去五个月了，她一直希望能避免成立三人法官小组，而按照计划，法官小组将在 10 月 1 日成立。

她迅速起草了一份《辩护律师任命状》(*Appointment of Counsel*)。格莱姆斯有权获得法院指定律师的辩护，克莉丝觉得，无论她本人是否参与其中，都要给格莱姆斯找一名律师，这样他就有两名律师。其中一名还是本地律师，且两名律师都是免费的。克莉丝本来就从事无偿法律援助工作，另一名律师则由贫困人士法律辩护服务中心（Indigent Defense Service）提供。

在距离希科里镇西北 20 英里处的泰勒斯维尔（Taylorsville），辩护律师罗伯特·坎贝尔（Robert Campbell）办公桌上的电话响了。坎贝尔接起电话，是贫困人士法律辩护服务中心副主任打来的。她告诉坎贝尔，她有一项有趣的提议。

坎贝尔瞥了眼日历，此时正值 8 月下旬。“我先把事情捋一捋。”他对电话那头说道，“你想让我中途介入一件案子，该案的审判日期是一个月以后，而且我还要跟一位不认识的律师合作，去跟一个我从未谋面的法官小组打交道，是吧？”

“是的。”副主任告诉他。

一般情况下，坎贝尔不接已判决的案子。但另一方面，他又想起了无罪调查委员会举行的听证会，觉得很感兴趣。有人需要他的帮助，他当律师不就是为了帮助别人吗？

“好吧，我接。”坎贝尔说，“只要弄清楚状况就行。”

第二天，克莉丝·穆马打电话来，答应把本案资料分享给他。坎贝尔开始研究卷宗。

那一周时间里，克莉丝和坎贝尔每天工作 12 ～ 15 小时，每天甚至每个小时都要互相打电话和发电子邮件。坎贝尔经常驱车向东行驶 2 小时，然后无比疲倦地坐在克莉丝办公室的椅子上，把他看过的内容跟克莉丝回忆一遍。接到贫困人士法律辩护服务中心打来的电话之前，坎贝尔一直在为其他案件做准备。现在，他将所有案件都搁置一边。他和克莉丝罗列出他们计划传唤的证人和要提出的问题。然后又列了一张清单，把格莱姆斯在漫长监禁期里表明自己无辜立场的每一件事例都列入其中，比如他一直向管教或心理医生坚称自己是清白的，或者写信给特赦办公室、假释委员会或囚犯法律服务事务所自证清白，而其中一家机构在他们的记录中也记录了这件事。

克莉丝开车带坎贝尔去加斯托尼亚，安排他跟格莱姆斯见面；他们还准备去拜访阿尔伯特·特纳，但发现了一个问题：特纳已经离开了疗养院，他们的信件无处寄送。坎贝尔给他认识的一位私家侦探打了电话，后者找到了特纳的下落。原来，特纳又被逮捕了，进了卡托巴县监狱。克莉丝和坎贝尔开车去见他。克莉丝记得，在卡丽提供的嫌疑犯描述中，袭击者的胸口没有太多胸毛，于是她故意靠近特纳，从特纳那件宽松的囚服往下看。第一次没有看清楚，她又试了一次，结果距离太近了，闻到特纳身上有股臭味，那是酒精、汗臭和某种陈腐脂肪混合而成的恶臭气味。她向后退了一步。坎贝尔用责备的语气对她说："千万别碰他。"

他们问特纳："关于卡丽或格莱姆斯，是否有话要说？"

特纳说，他对此一无所知。

他们去拜访了住在科诺弗（Conover）的博比和塔梅拉·埃利奥特。克莉丝坦言，特纳声称他经常去卡丽的公寓，陪卡丽聊天、给她带日用品，或者借用她的电话，这有可能吗？

塔梅拉直截了当地回答说：不可能。如果她的祖母和某个人成为朋友，塔梅拉和博比肯定会知道这件事，可他们从没有听说过阿尔伯特·特纳这个名字。

克莉丝开车到欧迪办公用品店（Office Depot）打印了一张海报，她和坎贝尔打算拿这张海报作为呈堂证据。海报由格莱姆斯被捕时的头像和阿尔伯特·特纳的头像组成，特纳照片在上，格莱姆斯照片在下，两张头像几乎都放大到了真人大小。特纳头像留的不是原来的小辫子发型，而是警方应该使用的那张照片，它显示出特纳在卡丽被袭击那个月里的真实面目。两人外表拥有惊人的相似之处。

强奸案发生后，两人都老了许多，所以现在的他们看起来一点都不像。但在他们 40 岁出头的时候呢？两人都留着相似的胡须和圆蓬式短发，鼻

阿尔伯特·林赛·特纳

上排：阿尔伯特·林赛·特纳
下排：威利·詹姆斯·格莱姆斯

照片由希科里镇警察局提供

子的长度和宽度也相似，就连深陷的眼窝都如出一辙。如果让一个陌生人在夜晚辨认的话，能否把他们区别开来？恐怕很容易搞混。

克莉丝在她的笔记本里草草地写下开场白和结尾陈词的提示语，比如：从格莱姆斯的角度讲述案情；让法官从格莱姆斯的立场考虑问题。她戴上一枚觉得能给自己带来好运的戒指，戒指由六条细细的、相互交错的金丝组成，形似 DNA 的双螺旋结构，那是她第一位洗脱冤屈的当事人送给她的礼物。一般情况下，克莉丝脖子上会戴着一个小小的十字架，可这件首饰跟她现在上庭的着装不搭，但她不想把它取下来。于是，她把十字架扯到一边，缠在文胸的带子上，这样就没人注意到它。

随后，克莉丝想起了布莱恩·斯图尔特。那天格莱姆斯正在监狱外面上班，她去拜访格莱姆斯时遇到了布莱恩，后者谈及《圣经》和他建造的神国堂。克莉丝给布莱恩发了封电子邮件。“您和高层有联系，”她在信中写道，“请看看能否帮上忙。”

# 我们冤枉了好人

## 被渎职吞噬的真相

和多年前一样，卡托巴县司法中心里面有一间宽敞的审判室，室内墙壁用护墙板装饰，连接着地板和天花板；墙上挂着深红色的窗帘和肖像画，画像是一位穿西装的老年白人。这次，在审判室一头法官席上坐着的不是一位穿长袍的法官，而是同时坐了三个人，其中一位是戴着眼镜、头发灰白的白人女士，她的手指紧紧地并拢着；另一位是头发剪得很短的黑人男士，他像雕塑一样静静地坐着；第三位则是斜肩的白人男士，浑身散发出一股子乡村医生的气息。他们的右手边坐着两名来自卡托巴县的地方检察官，左手边坐着克莉丝和罗伯特·坎贝尔。

对面是观众席，用一条带装饰的栏杆隔开，里面有将近12排固定的椅子，来自无罪调查委员会的肯德拉、杰米和莎朗坐在观众席上旁听；前面隔着几个空位子，坐着威利、格拉迪丝和他的两个外甥女；在他们旁边和后面几乎半个审判室远的地方，坐着布莱恩·斯图尔特，埃迪·穆斯和格莱姆斯的十几位朋友，以及耶和华见证会教友。

发表开场陈词之后，克莉丝传召莎朗·斯泰拉托上证人席，莎朗讲述了她和杰米的调查所得。地方助理检察官埃里克·贝拉斯（Eric Bellas）在盘问时指出，所谓的调查所得不过是一根香蕉皮上的指纹而已，他的办公室已经对该证据进行了调查，结果发现：在 1987 年，希科里镇只有两家杂货店，离卡丽公寓最近的那家杂货店也离阿尔伯特·特纳家最近，特纳的指纹出现在卡丽购买的食品上，这难道概率很低吗？再说了，特纳不是说过他会定期带些水果去探望卡丽吗？

检察官杰伊·盖瑟（Jay Gaither）派他的助手埃里克·贝拉斯负责处理大部分问题。他认为，在他的手下中，贝拉斯能力最强，可能比他更善于盘问。盖瑟想把精力集中在别处，他更喜欢观察审判过程，观察被告、法官和对方律师的现场表现，这有助于他获得对局面的直观感受，从而决定该相信谁说的话。如果他也参与到盘问中，就不可能做到这点。

盖瑟年近 50 岁，额头饱满，下巴宽大，走路带风，握手有力，肩膀就像橄榄球后卫那么厚实。其实，他在牛顿读高中时就打过橄榄球。从卡托巴县有白人居住时起，他的家族就在那里定居了。他经常吹嘘自己的祖先签署了《五月花号公约》（*Mayflower Compact*），并为邦联而战。在社交场合，盖瑟谈起话来滔滔不绝，说话语速极快，说了 10 ～ 15 分钟后，他就会承认自己忘记了话题。2002 年，盖瑟被选为地方检察官，此后连任两届。

一年前，盖瑟接到来自杰米的电话。杰米向他讲述了格莱姆斯的遭遇，这让他觉得很意外，因为他此前以为无罪调查委员会只在大城市受理案件。盖瑟知道，北卡罗来纳州的地方检察官都不太喜欢这家机构，早在州议会审核无罪调查委员会成立提案时，地方检察官们就有诸多怨言。

盖瑟还记得一位同事警告说，这个委员会可能会带来不好的结果。盖瑟确实很担心无罪调查委员会有可能会推翻陪审团的原有判决，尤其是在案件判决多年以后。时间冲淡了人们的记忆，这种情况更有可能发生。尽管如此，盖瑟对无罪调查委员会既不反感，也不觉得它会带来不好的结果。

地方检察官办公室的资金和时间有限，盖瑟不想因为重审已有定论的案件而浪费时间和金钱；另一方面，盖瑟认为，如果一个清白之人不知何故被关进监狱，那他们也有办法把他救出来。他不是那种轻言放弃的人，不会举起手说：哦，好吧，已经结案了，我爱莫能助。绝不！盖瑟的父亲是一名医生，他从父亲那里学到的第一件事就是不要伤害别人。显然，律师也不能伤害别人，不能让一个无辜之人蒙冤入狱。

然而，总有些事是不为人所知的。盖瑟认为，对于地方检察官来说，最困难的事情之一就是对案件进行处理，即查明事实、做出结论并积极起诉，有时候这个过程要持续好几个月的时间。与此同时，他们还要随时接受其他可能性，以免错过一些细节。有时研究一个案件的时间太长，地方检察官就会以同样的顺序去看待同样的事实；假如有一个事实格格不入，就很容易被忽视或者不被认真对待。他们并非故意这样做，而是因为检察官也是人，做决定是他们的本职工作。

为了解决这个问题，盖瑟想了很多办法，其中一个办法是指派他最聪明的助手贝拉斯去盘问证人，这样他就能以旁观者的身份观察案子。无罪调查委员会与众不同的流程还意味着这次举证的责任不是落在他身上，而是落在格莱姆斯身上。因此，盖瑟所承受的压力已经在一定程度上得到缓解，他可以先袖手旁听，然后再在结案陈词阶段发言。

埃德·德·托雷斯向克莉丝讲述了他在格莱姆斯这件案子上做的初步工作：他找到了为格莱姆斯提供不在场证明的证人，并让他们签署了宣誓书。克莉丝的同事，也就是昭雪中心的一名员工问他："据您所知，地方检察官办公室或者希科里警察局有没有询问过那六位证人？"

"没有询问过。"德·托雷斯回答。

这名工作人员拿出一张纸，那是德·托雷斯在 1988 年 3 月写给地方检察官的一封信。他念道："你明确要求，'在犯罪现场取得的任何指纹和其他任何物证'。对吗？"

"对。"德·托雷斯说。

"庭审开始之前，地方检察官办公室、希科里警察局、州调查局有没有向你披露过任何关于指纹的报告？"

"没有。"

这名工作人员再次大声念着庭审记录的内容："当德·托雷斯在法庭上得知这些指纹与格莱姆斯不匹配，而希科里警察局却没有将它们与其他人进行对比时，他请求法官"跟州调查局合作，将这些指纹的副本寄给联邦调查局进行对比，看看联邦调查局的数据库中是否有指纹吻合之人。"

工作人员问德·托雷斯："是否确有其事？有没有人通过数据对比过这些指纹？"

"今年才有人做这件事，此前没有。"德·托雷斯说，当时是无罪调查委员会下令这么做的。

"那么，在过去的 25 年里，这个要求从未得到满足？"

"没错。"德·托雷斯答道。

埃里克·贝拉斯在盘问时提出，撇开指纹不谈，卡丽·埃利奥特是否真的认出了他的当事人？德·托雷斯在法庭上不是有机会盘问埃利奥特女士吗？尤其是盘问指认嫌疑人这件事。埃利奥特女士有可能犯错，当时他是否提醒陪审员注意这点？

德·托雷斯说自己提醒过了。

"我没有其他问题了。"贝拉斯说道。

应克莉丝的邀请，一位专门研究目击者指认科学的心理学家詹妮弗·戴萨特（Jennifer Dysart）出席了听证会。她说，根据最近的统计数据，美国有 300 人被 DNA 检测技术证明无罪，其中 75% 的案子至少有一名证人的证词被证实有误；而 30% 的案子存在多个目击证人。戴萨特解释说，那些数字只代表着采用 DNA 检测技术的案子，不包括通过其他手段被免除罪责的人。显然，如果把后者计算进来，被平反者的数量会更多。

克莉丝推测说："这些证人是否在撒谎？"

"不，他们只是弄错了。"戴萨特纠正道，这恰好是她研究的课题。她举了个例子：

假设克莉丝听到一个笑话，觉得很好笑，于是把这个笑话讲给了其他人听。然后有一天，他对另一位朋友说："噢，我有一个很好笑的笑话要告诉你。"朋友回答说："我知道这笑话，还是我告诉你的呢。"戴萨特解释道："突然你就想起来了。没错，是他告诉我的。"这种事经常发生，而且每个人都遇到过。人们会不自觉地将新信息整合到他们的记忆中，却忽略了这些信息的源头。朋友之间开个玩笑倒无伤大雅，可如果涉及罪案呢？证人指认这门科学同样如此，只不过风险要高得多。

埃里克·贝拉斯想知道，戴萨特是否亲自看过希科里警察局里关于卡丽·埃利奥特这件案子的所有档案？戴萨特承认她只看了其中一部分，于是贝拉斯大声质问她是否了解归纳法所产生的问题，即研究只显示了一种整体趋势，可对于某件个案来说，这种整体趋势是否有可能不适用？

"呃，是的。"戴萨特赞同贝拉斯的说法，她在给研究生讲授研究方法论课程时也提到过这个问题。她对贝拉斯说："这种关联性只是大体而言。你说得对，对于特定的人，是无法做出特定结论的。"

贝拉斯指出：由此看来，戴萨特的研究实际上只能让她"从总体上观察人群"，"却无法让你对本案的受害者形成任何意见，也无法判断她对嫌疑犯的指认是否准确，对吧？"

"是的，我不知道本案证人的指认是否正确。"

"我没有其他问题了。"贝拉斯说道。

"我有一个问题。"克莉丝又站了起来，转身问戴萨特，"您今天是要证明自己知道本案受害者犯了错吗？"

"不，不是。"戴萨特否认道。

"那您是否想证明这点：基于各种因素，证人有可能在指认过程中犯错？"

"是的。"戴萨特回答。

"谢谢。"克莉丝说道，然后坐了下来。

## 盘问菜鸟“专家”

琳达·麦克道尔向克莉丝讲述了她的邻居卡丽·埃利奥特很久以前那个周末跟她说过的事情。1987 年、六个月前和三个月前，她分别向希科里镇警察局、肯德拉和无罪调查委员会委员，以及杰米·刘和莎朗讲述过三种不同版本的故事，这次的回忆又与前面三次截然不同。

“你真的记得这件事吗，麦克道尔女士？”克莉丝问她。

“不，记得不是很清楚。”琳达承认。

“毛发对比结果非常具有指向性。”法医分析师特洛伊·哈姆林大声念着自己的证词笔录，“在显微镜下，我很少看到两个人的毛发是一样的。”

贝拉斯指出，“很少”这个词很有意思。准确地讲，哈姆林是根据哪些统计数据得出这一结论的？

“有些东西是无法量化的，毛发对比分析便是如此。”哈姆林回答。

贝拉斯说，但是这种可能性是存在的，即两组毛发看上去很相似，却属于两个不同的人，对吧？这不是说哈姆林故意误导了任何人，而是“很少”这个词表示诚实的人也有可能会犯错。

“我不认为这是错误。”哈姆林说，“只能说，当时的科学条件有限。”

亨特回忆起那年 10 月的晚上，他到达卡丽的公寓，看到希科里警察局的证据技术专家杰克·霍尔斯克罗正在处理犯罪现场，于是把他在卡丽家草坪上发现香蕉皮这事告诉了霍尔斯克罗。亨特回忆说，几天后，特纳先生走进警察局，当时被任命为首席调查员的亨特在那里逮捕了他。

“你刚才说的是特纳。”其中一位法官打断亨特的发言，“你是否——”

“抱歉，是格莱姆斯先生，”亨特纠正道，走进警察局的是格莱姆斯，他逮捕了格莱姆斯。他刚才只是把两人的名字搞混了。

坎贝尔晃着亨特 1988 年的证词笔录，然后大声念出亨特描述他到达卡丽公寓的一段话：“‘我观察了一下公寓外面和周边环境，发现屋里没有人。’”

坎贝尔放下证词笔录问亨特：“你记得说过这事吗？霍尔斯克罗是否

去过那里？”

亨特说他不确定。

“这么说，你今天可能犯错了？你宣过誓，说自己跟霍尔斯克罗警官谈过香蕉的事，还记得吗？”

“是的。”亨特承认。

坎贝尔问道：“你一看到香蕉皮和苹果核，就以为那是袭击卡丽的凶手扔掉的，因为你从电台里听到了关于水果的事，对吗？”

“是的，在无线电通讯器里听到的。”亨特赞同坎贝尔的说法。

尽管亨特宣称自己向霍尔斯克罗提到过香蕉皮和苹果核，但根据他在审判过程中提供的证词，他并没有这样做，也没有对警方从卡丽家厨房提取到的指纹采取任何行动。他不知道霍尔斯克罗提取了指纹？他怎么可能不知道呢？亨特是首席调查员，不是吗？霍尔斯克罗不是要填写一份报告提交给他吗？他居然没有看到类似这样的报告，说提取到的指纹和格莱姆斯不匹配？坎贝尔从一个活页夹中取出另一张纸，走过去问亨特：“这就是他们所说的那份报告，不是吗？”

亨特：是的。

坎贝尔：报告最上面写着谁的名字？

亨特：威利·格莱姆斯。

坎贝尔：上面写着哪位警官的名字？

亨特：霍尔斯克罗。

坎贝尔：这份报告是不是应该保存在希科里警察局的档案里？

亨特：是的，应该是的。

坎贝尔：好。上面显示在案发现场采集到的第一项证据是什么？

亨特：一张潜在嫌疑人指纹卡。

坎贝尔：什么是潜在嫌疑人指纹卡？

亨特：卡上都是从犯罪现场提取的指纹。

那么，亨特还敢心安理得地说他在庭审前根本没听说过这些指纹吗？

“是的。”亨特说，“没错。”他停顿了一下，说：“等等，让我再回忆一下。”

当然，早在 1987 年，亨特就看过这张《证据查收表》（*Evidence Control Form*）。他前面之所以说不知道有指纹这回事，是指他不知道指纹来自一根香蕉皮。这是他在庭审前未了解到的事情。

“如此说来，你就是承认了有指纹。”坎贝尔说道。

亨特说他不敢确定，因为他记不清楚了。“但我敢肯定，如果有的话，我能从这张表上看得到。”亨特指着表格继续说道，“这只是例行程序而已。”

坎贝尔拿起另一张纸问：“你是否也会看到这张潜在嫌疑人指纹卡？”

亨特没认出来。坎贝尔逼问：“它看上去像不像一张潜在指纹卡副本？”

亨特：像。

坎贝尔：上面有没有“提取自厨房餐桌上的香蕉”这几个大大的粗体字？

亨特：有。

坎贝尔：上面有霍尔斯克罗先生姓名的首字母吗？

亨特：有。

坎贝尔：日期是否写着 1987 年 10 月 24 日？

亨特：是的。

坎贝尔：这些东西通常会保存在希科里镇警察局的档案里？

亨特：当然。

坎贝尔换了个问法：“你用这个案例来教课？”

“教犯罪现场调查课。”亨特答道。

坎贝尔问亨特，能解释一下具体教学内容吗？

“当然可以。作为一名刑事案件调查员，当你去犯罪现场时，犯罪现场会对你说话。如果有什么看起来不对劲、像证据的东西，你就会去采集。不要放过任何线索，然后确定证据位置、拍照、收集和处理证据。”

“这个犯罪现场也对你说话了。”坎贝尔暗示，“你认为袭击者吃了香蕉。”

“是的。”

“然而你没有将它们采集起来？”

“对。”

“你还把苹果核扔了。”

“是的，先生。”亨特答道。

埃里克·贝拉斯请亨特解释一下某些警探为何私自保存档案。亨特说，据他所知，他私人档案夹里的所有文件也应该出现在警察局总部的档案中，而至于包含阿尔伯特·特纳在内的那组初始指认照片为什么没有在总部档案中，他也不知道原因。

显然，希科里镇警察局向地方检察官办公室移交证据的过程中，必定遗漏了某些东西。当然，这种事情也不是没有听说过，亨特也没犯什么错，因为他已经把最重要的证据，即毛发样本和卡丽的证词交给了地方检察官。

贝拉斯问他：“在卡丽的证词中，你觉得哪些内容是最重要的？”

“呃，嫌疑人的身高和体重。”亨特答道。

坎贝尔又站起来说道，卡丽曾描述袭击者体重在200 ~ 225磅，脸上有她指甲的划痕。而格莱姆斯的批捕文书显示，他体重165磅，脸上没有任何划痕。亨特先是把卡丽的描述当作最重要的证据，尤其是身高和体重，然后逮捕了完全不符合该描述的格莱姆斯，怎么可能发生这种事？

亨特不耐烦地回答说：“坎贝尔先生，这些年来我调查过很多案件，经历那种时刻的受害者是无法向你准确描述嫌疑犯特征的。”

“他们有时候也会犯错？”

“对。”亨特说，“说得没错。”

“我没有其他问题了。”坎贝尔说道。

格莱姆斯最后一次向克莉丝讲述了他在1987年10月的那个晚上去过哪些地方。他举起右手，露出埃利奥特女士从未描述过的两根断指。

格莱姆斯回忆说，那天早上他刚刮过胡子，而埃利奥特女士感觉袭击者有胡楂。

克莉丝问格莱姆斯："您能否解释一下什么是SOAR项目，为什么您十年间一直拒绝参与该项目？"

"我得在一些认罪文件上签字，说我有罪。"格莱姆斯答道，"我告诉他们。我宁愿下半辈子在监狱里度过，也不会为自己没有做过的事认罪。"

克莉丝指出，九年前，格莱姆斯曾向昭雪中心提出申诉；七年后，他又向无罪调查委员会提出申诉。他为什么要这么做？

"我知道自己是无辜的。"格莱姆斯说，"我觉得只有你们才能帮到我。"

盘问格莱姆斯时，埃里克·贝拉斯说他想弄清楚一些事情，比如：格莱姆斯在军队服役过两年？被捕后，他立刻告诉埃德·德·托雷斯自己是无辜的？他是在监狱里受洗成为耶和华见证会信徒的？

格莱姆斯证实这些都是事实，还说受洗"改变了我的人生"，在此之前，他感到无比愤怒和沮丧，"而受洗之后，我感觉自己像是换了一个人"。

贝拉斯就问了格莱姆斯这些问题。

克莉丝立刻站起来问格莱姆斯："在监狱的头几年里，他为什么感到如此愤怒和沮丧？"

"因为我知道，我因为自己没有做过的事情被关进监狱，却找不到能帮助我的人。"格莱姆斯说，"似乎永远找不到能帮助我的人。"

莱斯·罗宾逊再次作证称，案发当晚，他在家庭聚会上见过格莱姆斯；贝蒂·舒福德再次作证称，格莱姆斯在她家沙发上睡了一晚；理查德·威尔逊再次作证称，他帮格莱姆斯保存过税款。然而，无论是地方检察官办公室还是希科里镇警察局，都从未给他们中任何一个人打电话询问这件案子。

州调查局探员布莱恩·德尔马斯称，他对采集到的两枚指纹做了对比，结论就是"指纹不属于威利·格莱姆斯"。德尔马斯证实了这点。他向法官展示了指纹自动识别系统返回的匹配清单，那是他手动查询的结果。

法官请德尔马斯把清单上的前四个名字念出来。

“前四个名字都是阿尔伯特·特纳。”

地方检察官杰伊·盖瑟向阿尔伯特·特纳提供了一份豁免协议，希望以此鼓励他出面作证。协议规定：无论特纳今天透露任何信息，盖瑟都不会用这些信息来起诉他。于是，特纳一屁股坐在证人席上，他身上穿着黄色连体囚衣，领口开着，显得松松垮垮的。

“我们想弄清楚这件事的真相，”盖瑟对他说，“我们想就这件事向你提问，你介意吗？”

特纳的律师插话说：“现在，我们要使用不自我指控权。”

“是的。”特纳同意了。他在证人席座位上来回摇晃着，仿佛屁股下有隐形跷跷板似的。

其中一名法官称，特纳的确拥有豁免权，他现在就想使用这个权利吗？

“是的。”特纳的律师确认道，“我反对针对这件事连续提问。”

“没错。”特纳附和道。

“准许你使用豁免权。”法官告诉他。

塔梅拉·埃利奥特站到证人席前，坎贝尔面色柔和地走了过来。坎贝尔暗示塔梅拉，他和克莉丝也曾听她对祖母这件案子的调查工作表示不满，至少她私下里怨言不少。塔梅拉可以跟法官们确认这件事吗？她能否把自己的不满之处表达出来？

“我们不知道有指纹这回事。”塔梅拉回答道，她的家人也不知道琳达拿了赏金。塔梅拉和她的兄弟姐妹们最近才从无罪调查委员会在4月份举行的听证会上得知这些消息。经过深思熟虑之后，塔梅拉觉得再也无法忍受下去，尤其是指纹这件事。她无法想象阿尔伯特·特纳的指纹怎么会出现在她祖母的公寓里，这两个人不可能是好朋友，也不可能像特纳说的那样，是卡丽邀请他进屋的。除了强行闯入，她想不出其他理由。

听了史蒂夫·亨特的证词后，塔梅拉也没觉得有多安心。“我们不知道地方检察官根本没有联系过格莱姆斯先生的证人。”她表达了自己的不满，“我们根本没听说过这事。”

塔梅拉不清楚威利·格莱姆斯是否还是那个袭击她祖母的恶徒。她说：“如果他不是，那就是我祖母弄错了，首先要道歉的人是她。”塔梅拉当天带了一张全家福照片展示给法庭上的所有人看：那是 1986 年的春天，她的祖母卡丽上身穿着一件浅灰蓝色带扣毛衣，脖子上戴着一条闪闪发光的白色项链，嘴唇涂了玫瑰色的口红，耳朵戴着心形金耳环，鼻梁上架着一副硕大的玳瑁边框眼镜，镜片和她的脸颊一样宽。她的身后站着她的丈夫约翰·克莱。克莱长着圆圆的鼻头，发际线靠后，肩膀宽度是卡丽的两倍，他的手轻轻地放在卡丽的胳膊上。

埃里克·贝拉斯提问完毕。

## 北卡罗来纳州无法做出否定他无罪认定的结案陈词

周四，也就是庭审的最后一个晚上，昭雪中心的工作人员在镇上找了家餐厅吃晚饭，罗伯特·坎贝尔则驱车前往教堂山，去看他的女儿在大学音乐会上表演吹小号。克莉丝独自待在旅馆房间，结案陈词还没写完，她感到疲惫不堪。庭审时站的时间太长，她的视线变得模糊，双腿也摇摇晃晃的。克莉丝的床几乎被装满文件的箱子、活页夹和一台打印机淹没了。在出发去听女儿的音乐会之前，坎贝尔对克莉丝说他想结案，于是两人争论了起来，最后克莉丝获胜。她让坎贝尔去盘问亨特，由她来做结案陈词。

然而，到了第二天早上，当法庭重新开庭时，率先发言的人却是杰伊·盖瑟。盖瑟站在法庭讲台上说，起初他之所以竞选地方检察官，是因为他想从事一份有使命感的工作，并且做正确的事情。前一天晚上，他和埃里克·贝拉斯回到办公室，考虑怎么写结案陈词，却抓破了脑袋都写不出来。两人一起重新审视了每一件证据，并列出了他们认为有问题的任何细节。完成这项工作后，他们算了一下，看看一共存在多少问题，结果有 35 个。最后，贝拉斯从散落在桌上的资料堆里抬起头来，张开双臂，直言不讳地问盖瑟："这件案子你持什么立场？你是怎么看的？"盖瑟坦诚地回答说，他相信威利·格莱姆斯是无辜的。

既然如此，那他们还在这里干什么？

盖瑟宣布："北卡罗来纳州无法做出否定威廉·格莱姆斯无罪认定的结案陈词。"他打算长话短说，不再把他和贝拉斯计算过的 35 个问题都列出来。"我们谨代表地区检察官办公室和北卡罗来纳州，向格莱姆斯先生致以歉意。我的发言完毕。"说完后，他坐了下来。

克莉丝摇摇晃晃地站起来，走上讲台。"我本来不想发言的。"她坦言。尽管如此，她还是想说几句话，哪怕只是简单地提及卡丽·埃利奥特，并为这件强奸案不光彩的调查过程表达惋惜之情。从各方面资料和旁人的叙述中，克莉丝已经了解到卡丽是一位善良慷慨之人，而像卡丽这样的案子正是无罪调查委员会成立三人法官小组的原因。四分之一个世纪以来，格莱姆斯一直向其他法庭乞求正义，最终，这个法庭"不仅仅为威利·格莱姆斯，也为受害者"伸张了正义。

说完，克莉丝坐了下来。

法官们宣布休庭商议，刚过了 7 分钟，他们就重新开庭了。在宣布判决之前，法官小组组长李法官（Judge Lee）转过头问他的同事："你们还有谁想发言吗？"

"我想发言。"巴雷特法官（Judge Barrett）说道。她想说件事：在周一法官小组开始审判之前，她从来没有加入过类似的小组，并且听说有人担心这种做法会有损公众对她所在法院的信任感。"但我认为恰恰相反。这说明我们的制度是健全的，才会允许这种委员会的存在。我对此感受更为强烈，因为我有幸为这个小组服务。"

接着，福克斯法官（Judge Fox）清了清嗓子，开始发言。他回忆说，在成为法官之前，他曾是一名地方检察官，所以他预感到盖瑟和贝拉斯可能会因他们的结案陈词而饱受批评。福克斯表示，这样的选择需要勇气。

他想感谢他们。如果州议会能听到他发言的话，他还想感谢州议会当初创立了无罪调查委员会。“这也许是北卡罗来纳州司法系统近百年来发生的最大变化之一”。只不过让他稍感遗憾的是，无罪调查委员会没有早点诞生。

李法官宣布说：“现在，我们梳理一下需要解决的问题。”他先列举了格莱姆斯被定罪的法律条款和赋予他额外权利的法规，然后说：“三人法官小组一致认定，被告威利·格莱姆斯虽然已被定罪，但大量清晰且令人信服的证据表明他是无辜的，各方对此不存在任何非议。因此，本庭给予威利·格莱姆斯所寻求的救助，撤销针对威利·格莱姆斯强奸和绑架卡丽·埃利奥特女士的指控。”

李法官正打算说下一句话，却被掌声打断了。

“太好了！”一个女人叫了起来，仿佛在做礼拜似的。

法庭重新肃静以后，李法官继续说道：“本庭下令，立刻将威利·詹姆斯·格莱姆斯的名字从‘性犯罪者及公众保护注册计划’（Sex Offender and Public Protection Registration）中删除。”他念出了自己和其他两名法官的名字，然后又停了下来，摘下眼镜，若有所思地看着格莱姆斯。

“格莱姆斯先生，您的年纪比我稍大。”李法官说道。因此，他希望格莱姆斯一定要像自己那样，铭记1963年8月发表于林肯纪念堂（Lincoln Memorial）台阶上的那篇著名演讲的结尾[①]，那个声音至今仍在他耳边回响。

“在我即将为这场诉讼画上句号之前，”李法官大声说出这句话时，巴雷特法官和福克斯法官在他旁边微笑着，“我要把这句话说出来：终于自由了，终于自由了，感谢万能的上帝——感谢耶和华——威利·格莱姆斯终于自由了！”

李法官感谢了在场所有人，然后站了起来。

上午10点29分，庭警敲下了木槌。

---

①指马丁·路德·金的著名演讲《我有一个梦想》。

# 这一刻姗姗来迟

终于自由了。

过了那么久，终于自由了。

感觉怎么样?

感觉怎么样?

格莱姆斯感觉身上的每一条静脉都充满了氦气，仿佛体重减轻了，整个人飘了起来。他觉得自己突然长高了，身上每一块肌肉和肌腱似乎都松弛了下来，而且能听到耳边有血液在流淌。他的胸膛在颤抖，指尖也能感受到心脏在跳动。

终于自由了。

格莱姆斯要找到他的管教，告诉她发生了什么事情。他不用再回监狱了。格莱姆斯突然想到几周前要参加的一场聚会，就在加斯托尼亚附近，叫什么名称来着？不是匿名戒酒会，而是别的聚会，但他们拒绝接受性犯罪者参与，现在他可以参加聚会了。

格莱姆斯还要去希科里镇，大步走过警察局的正门，站在大厅里，看着警察们的脸。他要大声说自己是无辜的，说他一直在跟他们说真话；他不再需要他们的帮助了，完全可以自力更生，可以做任何事情。他不用再回到加斯顿惩教所，也不用回任何监狱；不过他还是要告诉管教，说他不用再回加斯顿或其他监狱了。

格莱姆斯突然有一种冲动，想要跳跃、尖叫和拍打自己的手臂，但他又很快抑制住了这种冲动。他不想让这些人看到自己这副样子。

格拉迪丝站在格莱姆斯身旁，双臂搂着他，他能感觉到姐姐在颤抖，她的泪水已经浸湿了他的西服外套。有只手拍了拍他的肩膀，他不用看都知道那是布莱恩·斯图尔特的手。另一只手则是埃迪·穆斯的。有一种声音他没辨别出来，然后意识到那是掌声。

整个法庭都在鼓掌。

克莉丝出现在格莱姆斯身旁，她的眼睛红红的，闪耀着泪光。格莱姆斯紧紧地抱着她，想说"谢谢你"，却说不出话来。他不确定克莉丝是否理解他的感受。罗伯特·坎贝尔也在场，还有来自地方检察官办公室的那两个人，他一时想不起他们的名字了。还有三位陌生的法官，他们拥抱他，握他的手，问他有何感受。他们说："恭喜你！你是否预见这一切都会到来？"他们递给格莱姆斯名片，说如果格莱姆斯需要帮助的话，可以给他们打电话；如果想找人聊天，也可以给他们打电话。

"我弟弟自由了！"格拉迪丝哭喊着。

当初，克莉丝成立的首个三人法官小组完成格雷格·泰勒案的判决后，她感到非常激动，突然发出了一种接近于尖叫的喘息声，然后抑制不住地哭了起来。事后同事们都颇有微词，说她的行为有失专业，于是她决心下次一定要显得更镇定些。

这次，克莉丝先拥抱了罗伯特·坎贝尔并感谢了他，然后拥抱了昭雪中心的工作人员，再穿过法庭带装饰花纹栏杆的空隙，拥抱了格拉迪丝和格莱姆斯，并对格莱姆斯说："你自由了。"

"啊，是呀！"格莱姆斯说道，脸上洋溢着笑容。这是克莉丝第一次见格莱姆斯这样笑，发自内心地欢笑。

"啊，是呀！"格莱姆斯重复道。

记者们举着照相机，叫大家注意看镜头。

***

法官小组提到了耶和华，这让布莱恩·斯图尔特感到很激动。他的妻子热泪盈眶。布莱恩问她："你听到了吗？他们刚才提到了耶和华。"

埃迪·穆斯用袖子擦干眼眶。他原以为自己已经为这一幕做好了准备，结果还是没有控制住情绪。

格雷格·泰勒也在场。他是来为克莉丝和她的委托人加油鼓气的。他看到格莱姆斯满面红光、神采奕奕，顿时想起自己获释时的情境。那是忐忑不安和充满困惑的时刻，甚至让他怀疑自己是否听错了判决，然后心潮澎湃，完全超乎他的想象。多年来的疑惑和挫折感、愤怒、恶心和不安，顿时烟消云散。在三人法官小组做出裁决后，泰勒仍然不敢相信自己已经冲破了樊笼。

现在，泰勒听到克莉丝在喊他的名字，克莉丝招手叫他过去，想跟他和格莱姆斯拍张合照。

他们一行 14 人来到一间牛排餐厅，大家围着一张长桌就座。格莱姆斯正大快朵颐，品尝着他这一生中最美味的大虾和牛排。

克莉丝吃不下东西。为了让紧张的神经松弛下来，她点了一杯灰皮诺葡萄酒，又马上为此感到愧疚，觉得不应该在格莱姆斯、布莱恩和一群耶和华见证会信徒面前喝酒。

从牛排餐厅出来后，克莉丝开车送格莱姆斯到县治安官办公室，手里拿着一份法院判决令副本，对县治安官说："把他的名字从罪犯登记表上删除掉，今天就删！"

那天晚上，当地电视台播放了法官小组判格莱姆斯无罪时的情形。只见格莱姆斯坐在审判室的一张椅子上，双手紧握在胸前，身体向前摇动，一次又一次地说："谢谢你们。"格拉迪丝坐在他身边，仰着头，用纸巾擦拭泪水。

在另一幕镜头里，格莱姆斯和格拉迪丝站着接受采访，一名记者问他有何感想。

"这一刻姗姗来迟。"格莱姆斯对镜头点点头，笑容满面地说道，"但我知道它迟早都会到来。”

一名记者向杰伊·盖瑟询问结案陈词的内容。“我的职责是寻求真相。”盖瑟回答道，“我们从不为任何人或以任何理由隐瞒真相。”

一家电视台新闻主播说：“即使在被免除罪责之后，对于那些把他关进监狱的人，威利·格莱姆斯也没有说过一句坏话。”

跟她搭档的主播补充道：“现在有证据表明，那些人可能掌握了足以证明他清白的信息。”制片人将镜头切换到牛顿区，然后切换到审判庭，摄像机捕捉到塔梅拉·埃利奥特在裁决出来后走向格莱姆斯的画面。

塔梅拉对格莱姆斯说：“这些事情我们直到最后才知道。”身高至少比塔梅拉高一英尺的格莱姆斯礼貌地点点头。接着，塔梅拉的一位妹妹直接对着镜头说话，她看上去很沮丧，难以置信地摇着头。“警察没有做好本职工作。”她大声说道，“他们冤枉了好人。”

在另一家电视台播放的画面里，塔梅拉站在法院台阶上。“我们发现了很多此前未曝光的证据。”她对着麦克风解释道，“我们全家人一起探讨过这个问题，既然他不是真凶，我们就得纠正错误。”

那天晚上，格莱姆斯在布莱恩·斯图尔特名下的一幢空房子里过夜，那里距离先锋公用设施公司和神国堂只有几码远。这是他多年来第一次独处了一整天。他走在一条短短的走廊上，四处张望。灯都关了，但他能看清周围的一切。屋里很安静，他觉得房子可能在发着微光。他脑子里空荡荡的，却又思绪万千，突然觉得脸颊湿润，这才发现自己流泪了。然后，他的五脏六腑松弛了很多。他跪在走廊里，身体颤抖着，对着空旷的房子低声说道：“谢谢您。”他的胸部和头部抽搐着。然后他站了起来，四处跳跃，疯狂地挥动双臂。“谢谢您！”格莱姆斯大叫着，“谢谢您！”

就这样，格莱姆斯在走廊里肆意号叫和哭泣，不知道过去了几分钟或几个小时，上床睡觉时，他也不知道是几点了。这不重要，现在时间完全归他支配，任凭他随意挥霍。

格莱姆斯和他的法律团队成员罗伯特·坎贝尔和克莉丝·穆马。(照片由北卡罗来纳州昭雪中心提供)

格莱姆斯获得平反后，大卫·李向他表示祝贺。左边站着莎朗·巴雷特法官。(照片由北卡罗来纳州昭雪中心提供)

格莱姆斯与克莉丝·穆马和格雷格·泰勒的合影。[照片由《希科里镇每日记事报》(*Hickory Daily Record*) 提供]

# 冤案依旧存在

## 24年208天

越来越多记者打来电话，包括《希科里镇每日记事报》、《谢尔比之星报》（*Shelby Star*）、《夏洛特观察家报》，以及时代华纳有线电视台（Time Warner Cable）。记者们问格莱姆斯是否生气，是否打算起诉，或者对阿尔伯特·特纳有何看法。

对特纳有何看法？在这一切发生之前，格莱姆斯就已经知道特纳是谁了。希科里镇是个小地方，特纳跟他年龄相仿，可在那之前，他不想和特纳有任何瓜葛。

在起诉这个问题上，格莱姆斯没有发表意见。他几乎没有考虑过这件事，后来刚萌生这个想法，克莉丝就提醒他不要谈论此事。但他希望记者们知道，他并没有觉得生气。跟24年前相比，他已经变了个人，不再纠结于那种痛苦。过去所发生的事情使他感到失望，他想念自己的兄弟姐妹，他们本来可以共聚一堂的。

格莱姆斯依旧不太理解史蒂夫·亨特或琳达·麦克道尔的做法。谈到亨特，格莱姆斯向WRAL电视台坦言："我想知道他为什么不主动做好自己的工作，本来我是不用坐牢的。"不过，他并没有生亨特或其他人的气。

"自由的感觉真的很好。"格莱姆斯在接受《加斯顿公报》（*Gaston*

*Gazette*）的采访时说，“现在我可以做自己想做的事，去想去的地方，我对此心怀感激。这是我长久以来未拥有过的特权。”

记者们都不理解格莱姆斯的心情。他为什么会有这种感觉？他们告诉格莱姆斯，他应该感到愤怒。就连他的朋友也搞不明白，甚至格拉迪丝也一直为弟弟所蒙受的冤屈而感到愤愤不平。

格莱姆斯尝试着向一个又一个人解释。毫无疑问，他蒙受了冤屈，但受到伤害的同时，也有人关爱他，比如说：史蒂夫·亨特伤害了他，埃迪·穆斯却帮助了他；琳达·麦克道尔伤害了他，布莱恩·斯图尔特帮助了他；那些顽固的狱警不把他当回事，奥斯基警官和穆尔警官却对他百般照料；克雷吉惩教所的计划官暗地里陷害他，他却得到了克莉丝·穆马、路易·罗斯和托马斯·希尔的帮助。还有格拉迪丝，她一直都是他坚强的后盾。

整个周末，每当电话铃响起，或记者带着麦克风上门采访时，格莱姆斯都重复着同样的话。他看得出来，那些人根本无法理解自己的感受。他们还会问：你不生气吗？最后，他拉下窗帘，拒绝再回答任何问题。

周一，WSOC 电视台的记者查阅了北卡罗来纳州性罪犯登记处（North Carolina Sex Offenders Registry）的档案，发现“威利·格莱姆斯”这个名字已被删除。

克莉丝给他买了一部预付话费手机，然后开车送他到车管所取回他的驾照。车管所告诉格莱姆斯，他要参加一次听证会和缴纳 150 美元罚款，因为他已经很长时间没有驾照了，而且从 1982 年开始，他的醉驾罚单（DWI）一直没有交。不过，柜台的一位接待员从报纸上认出了格莱姆斯，答应加快处理他的罚单。她递给格莱姆斯一张表格，表格第一项内容为：“请概述过去 12 个月内使用毒品或酒精的情况，包括最后一次使用日期和使用方式。”这很简单，他已经 20 年没喝过酒了。第二项内容则是：“请简短描述包括家族心理病史在内的个人心理病史、工作经历、法律诉讼史，并简单描述心理健康状态和治疗史。”

格莱姆斯用克莉丝买给他的手机给路易·罗斯打了个电话。路易出席了在罗利举行的听证会，但无法开车到牛顿去旁听三人法官小组的裁决结果，他要求格莱姆斯尽快给他打电话。格莱姆斯告诉他：“一切都结束了。”

路易心想：我们的祈祷得到了回应。他的感觉不错，但也只是“不错”而已，这种感觉很难形容。判决结果让他愤怒不已，它澄清了事实。他的朋友一直在说实话，可他们还是把他关在监狱里。与此同时，路易还是感到开怀的，毕竟格莱姆斯终于自由了。

路易第一次开车去加斯托尼亚，格莱姆斯跟他闲聊过程中说起自己从未见过大海。路易大吃一惊。怎么可能？居然从没去过海边？然后他意识到，这是再正常不过的事情。他们两个人从小到大家境贫寒，没钱去度假，而家乡离大西洋有 250 英里，对他们来说这是一段难以逾越的距离。路易搬走后，格莱姆斯留在了家乡，后来被捕入狱，当然没见过大海了。

路易找了个周末，开车载着格莱姆斯先往东去威明顿（Wilmington），再往南到默特尔海滩（Myrtle Beach），同行的还有路易的妻子和另一个朋友。海滨人行道上有家沐浴在阳光中的餐厅，路易请他们在那里吃午餐。餐厅的地基紧挨着沙滩，二楼有一堵玻璃墙，可以看到漫无边际的蓝色大海。格莱姆斯一边吃着大虾，一边盯着海面看。

托马斯·希尔一听到格莱姆斯获释的消息，就马上开车去格莱姆斯侄子家，格莱姆斯正坐在沙发上等他。自从约翰·托马斯葬礼后，这是托马斯·希尔第一次见到格莱姆斯，那时候格莱姆斯还戴着手铐。托马斯·希尔带了一台照相机。他在郎代尔拥有一间小屋，在屋子里的壁炉架上，他还保存着道格拉斯高中 1964 届毕业生每年聚会时拍摄的照片。除了格莱姆斯，所有人都在照片里。“来吧！”托马斯·希尔招呼道，“我们来拍些照片！”他先拍了几张照片，然后走到屋外，从隔壁带回更多的同学，让他们站在格莱姆斯周围。托马斯·希尔要用相框把这些照片装起来，放到他家的壁炉架上。

克莉丝给格莱姆斯拿来很多表格让他签字，然后开车送他到罗利参加另一场听证会。几周后，又带着他回罗利拿一个信封。信封里有北卡罗来纳州支付给格莱姆斯的赔偿金，以补偿他这些年所蒙受的冤屈。由于格莱姆斯的清白已得到证实，根据北卡罗来纳州法律，他每年可获得 5 万美元赔偿，最长赔偿年限为 15 年，或总赔偿额不超过 75 万美元，而格莱姆斯在狱中度过了 24 年 208 天。信封里装的是一张支票，克莉丝帮他在罗利一家银行开了个信托基金账户，大部分钱都转到信托基金，只有一小部分存入他私人账户。

关于这笔钱的说法很奇怪，甚至它的名称“赔偿金”似乎也是错的。赔偿毫无意义，赔的钱再多，也不能把错的变成对的，不能把任何东西变回原来的样子，甚至没有为他洗脱罪名，所以“赔偿”一说根本不符合逻辑。这信不是道歉信，如果硬要说它有意义的话，那仅仅是因为它阻止某种不公平现象进一步恶化。

假如没有赔偿金，那么格莱姆斯出狱之后甚至会比进监狱前更穷，从而跟他在狱中的放贷人身份形成一种难以名状的落差。他在监狱外面的银行账户空空如也，但通过给狱友贷款，他攒了点利息，并从监外工作中挣到了一点钱。格莱姆斯已经 66 岁了，如果不是布莱恩・斯图尔特帮忙，他就会无家可归和失业，而信封里的支票总算让他生活有了着落。至少北卡罗来纳州在这方面做得不错，美国的其他 21 个州根本不提供任何赔偿。

除了生活必需品，这些钱对格莱姆斯来说毫无意义。他想把剩下的钱存起来，以后留给格拉迪丝或耶和华见证会。他继续在先锋公用设施公司工作，不过布莱恩坚持要求他带薪休假一周，就当他度假去了。格莱姆斯休假回来后不久，美国经济开始衰退，先锋的业务也开始放缓。他并没有磨洋工，而是把工作时长缩减到每天 3 ～ 4 小时，直至完全没有活干。

每隔几个晚上，格莱姆斯就开车沿着蜿蜒的马路去托马斯・希尔家玩跳棋。托马斯的壁炉架上放着新拍的照片，格莱姆斯就坐在距离壁炉架几英尺远的位置，他的手放在膝盖上，琢磨着棋局；托马斯・希尔则擦着额头，抱怨刚才连输了好几盘棋。

如果不是因为他们那已经灰白和变得稀疏的头发、满脸的皱纹，以及格莱姆斯是开车而非走路来的，他们或许会觉得是回到了童年时光——此时棉花收割季节刚刚结束，他们晚上从道格拉斯高中回到家中。如果不是因为世事纷扰，他们可能永远不会错过任何一场棋局。约翰·托马斯、小克利夫、罗伯特·李可能会坐在另一张椅子上，吃着他们带来的猪肠。布兰达会来吗？格莱姆斯觉得不太可能。他觉得自己可能不会跟布兰达结婚，可惜他再也没有机会验证这件事了。

现在，屋里只坐着他们两个人。两个将近70岁的老人，重新适应着对方的爱好。除了跳棋，他们还玩金拉米或黑桃等纸牌游戏，一起去吃午餐。托马斯还考虑学打保龄球。

中午时分，格莱姆斯和布莱恩·斯图尔特一起到南边几英里的牧场去喂奶牛。纯粹出于习惯，他在附近找到了一家匿名戒酒会，每周去参加一次聚会。周四和周日晚上，格莱姆斯开车去神国堂做礼拜，但他能感觉到自己和见证会信徒之间的距离在不断拉大，他们想促成他和另一位信徒结婚，他对此不感兴趣。他觉得自己可能更喜欢独自一人或者跟埃迪、布莱恩一起敬奉上帝。他给华盛顿的教众打电话，问他们认不认识一个叫布莱恩·加纳的教友，甚至有一次亲自开车去华盛顿找他。

加纳就是格莱姆斯在哈内特惩教所长凳上认识的那名囚犯，也是他在狱中遇到的第一位耶和华见证会信徒。格莱姆斯听说加纳已经把家搬到北方去了，那是他最后一次听说加纳的消息。格莱姆斯想把后来的经历告诉加纳，说耶和华对他意义重大，为他的沉冤得雪做出了贡献。然而，华盛顿特区实在是太大了，他在电话簿上找到了一个叫布莱恩·加纳的人，但不是他要找的那个加纳。

有种症状叫“获释后抑郁症”。格莱姆斯听证会结束一周后，克莉丝睡觉醒来时仍然有麻木感，觉得无精打采，像个在海上漂泊的水手，脚下无根。这几个星期以来，她都像打了鸡血似的，压力笼罩在她身上，目标像灯塔一样清晰，而现在该做些什么？她甚至产生了私心，希望最后一天的听证会永远不结束，她和同事们没有去牛排餐厅吃庆祝餐，她也没有拿着法庭指令昂首挺胸地走进县治安官办公室。她本可以不结束这一切的，而现在，一切都结束了。格莱姆斯重获自由，他的名字已经从性犯罪者登记名册上删除掉了，他拿回了驾照，用上了手机，并且在加斯托尼亚拥有一份全职工作，他不再需要她了。

克莉丝跟获释者之间关系的亲密程度取决于对方。格雷格·泰勒就住在达勒姆，两人经常相约去喝咖啡。但格莱姆斯住在遥远的西部。克莉丝知道，虽然她惦念格莱姆斯，但格莱姆斯住那么远，联系就没那么紧密，毕竟他身边有格拉迪丝和教友为伴。经过一周的胡思乱想和怀旧后，克莉丝心情倦怠，她从钱包里掏出记事本，上面写着：冤案依旧存在，很多冤案还未找到解决途径。她把格莱姆斯的名字划掉了，选择了下一件要解决的案子，案子的主角叫拉里·兰姆（Larry Lamb）。她又有事情要做了。

听证会结束时，肯德拉走近格莱姆斯，握了握他的手，但不确定格莱姆斯是否知道她的身份。她从未讲过无罪调查委员会在格莱姆斯这件案子上所做的工作，也不知道克莉丝告诉了格莱姆斯多少关于无罪调查委员会的事情。这样也好，重点也在于此。格莱姆斯不欠她任何人情。杰米、莎朗，以及她和委员会的其他员工只是做了本职工作，他们从来都不是格莱姆斯的代言人，只是真相的代言人。过去两周，她没有看到哪篇新闻报道是以“肯德拉·蒙哥马利 - 布林解救蒙冤囚犯”作为标题的。这正是她喜欢的，她觉得自己工作的与众不同和特别之处就在于此，保持低调也是有正当理由的——她继续去跟进其他案件，且案件进展需要保密。

令肯德拉惊讶的是，在北卡罗来纳州无罪调查委员会成立之后的整整六年里，其他州都没有创立属于它们自己的无罪调查委员会，至少当下还没有行动起来。前一阵子，也就是制定了无罪调查委员会的规则和流程之后，她还建了个网站，差点就选择 innocencecommission.gov 作为其网址，但随后意识到不应该这样做，因为当其他州了解到北卡罗来纳州在无罪调查方面所取得的成就时，便会纷纷仿效，它们也需要网站。所以她在网址后面加了个“nc”，这样就为其他州的网址起名留下了空间，比如起名 innocencecommission-ny.g、innocencecommission-ca.gov 或 innocencecommission-fl.gov 等。然而这一切考虑都是徒劳的。为什么会这样？显然，无罪调查委员会的存在是非常有必要的。在她和委员会的工作人员接手的十几件案子中，有人告诉他们这些案子缺失证据，到目前为止，他们已经找到了证据。对于牵涉案子的人来说，这个数字简直太可怕了。

在肯德拉看来，还有一件更可怕的事——毋庸置疑，其他州肯定也存在类似北卡罗来纳州的冤案，只不过其他州没有进行无罪调查。像无罪调查委员会这种机构并非唯一模式，有好几个州在他们的地方检察官办公室内部设立了“定罪证据真实性调查组”（Conviction Integrity Unit），这些调查组的运营成本更高一些，但确实发挥了作用。相比之下，绝大多数州没有成立任何类似机构进行中立的定罪后证据调查，或者没有发出传票和进行搜查。有时候别人会问她：“这些工作要耗费大量人力物力，值得去做吗？”肯德拉对这些人说：“你为什么不去问格雷格·泰勒值不值得呢？”

肯德拉是对的。那年 6 月，也就是克莉丝在牛顿法院作结案陈词的四个月前，由西北大学（Northwestern University）和密歇根大学（University of Michigan）联合成立的美国国家冤假错案信息中心（National Registry of Exonerations）发布了关于美国已知冤假错案的第一份报告。该报告行文紧凑，以大篇幅内容逐个总结了多件案子，并备注说这仅仅是个开始。报告共讲述了 20 多年间发生的 873 件冤假错案，平均每年 11 ～ 66 件。当然，倘若再往回追溯，还存在更多这类案子。但是，DNA 检测技术直到 1989 年才开始投入使用，冤假错案信息中心必须要从某处着手，所以这份报告的编纂者选择了 1989 年以后的案件。

在这 873 件案子中，绝大多数被告被判犯有强奸罪或杀人罪，仅仅因为这些罪名集中了大量已定罪资源。假设你是律师，承认法院判决有可能会出错，并且想行动起来改变现状，那自然会优先考虑那些刑期最长的案件，甚至是死刑案，因为你觉得这类案件影响最大。很明显，法院判决针对的是最令人发指的罪行，这就解释了为什么人们在新闻中看到的绝大多数平反判决针对的都是谋杀案或强奸案，不仅因为这些案件容易造成冤狱，而是因为它们受到最严格的审查。显然，无辜者也会被判盗窃罪、袭击罪、贩卖毒品或逃税罪，而且概率大致相同，只不过没人调查这些案件而已。

“定罪程序是由法律规定的。”信息中心的报告在解释冤案难以识别的原因时写道，“然而，法律并没有规定为无辜者平反的类似程序。”事实上，最后一句话是错误的。类似程序当然存在，而且就在北卡罗来纳州，克莉丝已经亲眼见证过了。

这 873 起平反判决发生在 43 个州，还有波多黎各和华盛顿特区。伊利诺伊州是平反判决最多的州，排在它后面的依次是纽约州、得克萨斯州和加利福尼亚州。人们难免会立刻联想到这些州的冤案最多，所以蒙冤入狱者数量最多。不过，情况可能恰恰相反——这些州在防止冤假错案方面做得最好，尽职尽责地去寻错和推翻冤案。美国历史最悠久、资金最充足的两个冤案平反项目分别位于芝加哥市和纽约市，另一个项目位于加利福尼亚州北部。达拉斯和休斯敦的地方检察官办公室都设立了运作良好的定罪证据真实性调查组。这些难道都是巧合？克莉丝对此表示怀疑。

美国其他 46 个州的法庭都是按照一定人口比例判无辜者有罪的，只不过它们还没有注意到这点。一想到这里，克莉丝就夜不能寐。正如国家冤假错案信息中心发现的那样，缅因州、佛蒙特州、特拉华州、新墨西哥州、怀俄明州、南达科他州或北达科他州没有出现过一次冤案平反判决，这是否意味着这些地方没有无辜者被错误定罪？当然不是。那些州也有像格莱姆斯这样的人，他们此刻正深受牢狱之苦，绝望地在监狱操场上徘徊，或者在监狱一张薄薄的床垫上辗转反侧。他们也有像格拉迪丝这样的兄弟姐妹，还有像托马斯·希尔和路易·罗斯这样的朋友。凌晨 3 点，在达勒姆家中的克莉丝失眠了，眼睛盯着房间的天花板。

在发布首份报告之后不到 10 个月，信息中心就不得不公布一份更新过的报告。对此，克莉丝并不感到惊讶。自从列出那 873 起冤案平反判决之后，研究人员又发现了 198 起平反判决。仅在 2012 年，除了格莱姆斯以外，还有 97 人得以平反，这是美国的一项新纪录，但这个纪录很快就被打破了。两年后，又有 140 多人被平反，而这个纪录保持的时间更短。次年，也就是 2015 年，平反人数又增加了 151 人。当时平反总人数超过 1700 人，每个州至少有 1 人获得平反。

国家冤假错案信息中心 2015 年报告的最后一页提到一个特殊机构："在过去九年的运作中，北卡罗来纳州无罪调查委员会经手了九起案件的无罪调查工作。像无罪调查委员会这样的机构有不少值得肯定之处。然而，美国还没有其他类似机构。创立这种机构需要议会采取行动……由州议会和州长提供资金支持。遗憾的是，除了北卡罗来纳州，其他州对此都不感兴趣。"

如今，信息中心每周都在更新新增的平反案件数据。

## 再次上诉：他们要保证不再冤枉好人

卡丽·埃利奥特还有另一个孙女叫特蕾莎，她是塔梅拉的妹妹，曾对牛顿的记者说过希科里警察局"冤枉了好人"。三人法官小组做出判决大约一年后，特蕾莎收到了卡托巴县寄来的一封信，原来是该县法院邀请她去当陪审员。她很不开心，开车到了法院，问接待员庭审在哪间审判室举行，然后进去坐等开庭。她没有对这案子的案情留下太多印象，只知道它涉及希科里警察局和他们调查过的一些罪行，她不想再听下去了。这时候，一位不熟悉的律师走过来问她："做个公正的陪审员会面临哪些障碍？"

特蕾莎指着警察说："我不相信他们做的任何事情，也不相信他们说的任何话。"她和兄弟姐妹们都没有出席过他们祖母遇袭案的庭审，所以他们一直以为警方会妥善处理这件案子。然而，23 年后，无罪调查委员会找上门来，说要重新调查此案，他们惊呆了。威利·格莱姆斯的证词、指纹、头发及不在场证明让他们目瞪口呆。在牛顿法庭上，特蕾莎坐在她姐姐旁边，心里寻思着：警方当初是怎么认定他有罪的？

在那之前，特蕾莎从未听说过无罪调查委员会。一年后的今天，她仍对这家机构心怀感激。无罪调查委员会的人从未说过一句伤害她家人或她祖母的话，而且他们显然做过很多证据收集工作。没有他们，特蕾莎和她的家人仍将被谎言蒙蔽。她总有一种被希科里镇警察背叛的感觉。她祖母肯定不会故意认错人，但之前发生过的事情不难想象：卡丽信任的一位朋友告诉了她某件事情，在震惊之余，卡丽相信了这件事，而警察不但没有追查真相，还给了卡丽的朋友一笔奖金！令人遗憾的是，这个叫威利·格莱姆斯的人被卷入其中，过了那么长时间之后，真正的罪犯却逍遥法外。

21 730 天——德怀恩、格莱姆斯和格雷格被监禁的总天数。从左至右分别是德怀恩·戴尔（Dwayne Dail）、威利·格莱姆斯、克莉丝·穆马、格雷格·泰勒。[照片由克丽斯特·伯格（Christer Berg）提供]

今天她还应该相信希科里镇警局吗？她一点也不相信他们。

“我没有其他问题了。”律师告诉她。还没等特蕾莎坐下来，陪审团就把她开除了。

格莱姆斯不想起诉。和特蕾莎一样，如果有得选的话，他根本不想回到任何一间审判室。他只想希科里镇警方和卡托巴县给他一个承诺，以后不会像冤枉他那样冤枉其他人。假如他们不做出承诺，那就给他们某种惩罚，通过公众的某种非议迫使警方承认自己犯了错，并承诺做出改进。否则的话，他担心会一切如旧，警察还是会随意逮捕其他人，特别是像格莱姆斯这种身无分文、无路可走的黑人。

所有人都告诉他，这种惩罚手段是存在的，那就是上诉。

于是，克莉丝给格莱姆斯找了一家信得过的律师事务所。这家事务所位于罗利附近，也就是处理格雷格·泰勒诉讼的那家事务所。像这样的案子，无论当事人获得多少赔偿，事务所的收费标准一般都是赔偿金额的40%，但这家事务所没有要求泰勒交那么多钱，克莉丝觉得自己可以说服他们，对格莱姆斯收取同样费用。她不太愿意代表当事人打官司，那不是她的专长。再者，她不喜欢做这种先为蒙冤者洗脱罪名，再提起诉讼的事情，以免别人误解她的动机。

2014 年 10 月，《希科里镇每日记事报》宣布："联邦对地区官员提起诉讼。"格莱姆斯的新律师起诉了镇治安官和两名县治安官、三名法庭书记官、希科里镇警察局的两名局长和包括史蒂夫·亨特在内的两名前警官。诉讼状指出，他们"采取了极其不当的调查方式"，尽管格莱姆斯的律师屡次提出要求，他们还是"隐瞒了能够证明被告无罪的证据"，这是种"玩忽职守、任意妄为、荒唐鲁莽，故意漠视真相和不作为的行为""不经过正当法律程序便剥夺了格莱姆斯的自由"，此举"违反了《美国宪法第十四修正案》（*Fourteen Amendment to the United States Constitution*）"。根据北卡罗来纳州的普通法，该行为也等同于妨碍司法。

2016 年 8 月，这起诉讼案以 325 万美元达成和解。根据和解协议，希科里镇及其官员"不承担任何形式的责任"，他们之所以同意达成和解是"为了避免不必要的开支，并结束与指控相关的任何已知或未知争议"。

2006 年，史蒂夫·亨特参与卡托巴县治安官的竞选，但落选了。

2012 年，史蒂夫·亨特又竞选卡托巴县委委员一职，仍以失败告终。

卡丽·埃利奥特于 1989 年去世，这意味着她不能再出庭作证了，而且由于与阿尔伯特·特纳袭击卡丽相关的唯一证据是警方几十年前采集到的两枚指纹，所以特纳不太可能被指控强奸过卡丽。不过，法规要求无罪调查委员会跟执法部门共享调查过程中发现的任何与刑事案件相关的证据。

因此，在格莱姆斯的听证会结束后，无罪调查委员会便将胡安妮塔·普罗布斯特的访谈笔录转交给了杰伊·盖瑟和州调查局。普罗布斯特女士误解了杰米和莎朗的来意，透露自己小时候曾被特纳强奸（普罗布斯特女士的姓名已在公开文件中公布过了）。无罪调查委员会同时还提交了特纳的供词。

特纳称他曾与普罗布斯特发生过性关系，只不过那时候她还太年轻，无法表达自己是自愿的。事实上，普罗布斯特说她不是自愿的。杰伊·盖瑟告诉《希科里镇每日记事报》，现行法规并没有对重罪做出限定。那年9月，也就是三人法官小组对格莱姆斯案做出裁决前一周，特纳被逮捕了。一个月后，地区法院的一名法官找到了能够起诉特纳的合理依据。次年春天，一个大陪审团对特纳提起诉讼，但还没等到开庭，特纳便于2016年4月保释期间去世了。警察到他公寓进行安全检查，却发现他独自一人死在家里，尸检结果显示，特纳长期酗酒，导致心脏衰竭而死。

假如这一切都没有发生，格莱姆斯的人生会是怎样？假如琳达·麦克道尔没有向警方举报格莱姆斯，假如史蒂夫·亨特没有敲响布兰达家的大门，他会有着怎样的人生经历，成为什么样的人？

假如没坐牢，格莱姆斯不确定自己是否能活到现在。他的兄弟姐妹和那些从小一起长大的伙伴很多都患有甲状腺、肝脏和糖尿病方面的疾病，而且没钱看病。他的一位童年时期的邻居做过膝关节和髋关节置换手术，后来又患上了充血性器官衰竭症。就连格拉迪丝也患有白内障疾病。如果在监狱外患上前列腺癌，他根本就没有能力支付手术、放射治疗和看病的费用。入狱前，格莱姆斯在纺织厂和家具店工作，这两份工作都没有提供医疗保险。几乎可以肯定的是，倘若没坐牢，前列腺癌便足以要了他的命。

假如格莱姆斯没坐牢，并设法战胜了疾病，人生又会怎样？格莱姆斯猜想自己会有房有车，干一份几乎赚不到什么钱的工作。那些不重要，他考虑的不是那些问题。问题并不在于他会拥有什么东西，而是他会变成什么样的人。他觉得自己年轻时心浮气躁，脾气火爆，太容易为身外之物分心。在狱中，他必须改掉这些坏脾气，才能生存下来。假如不入狱，他能克服这些坏脾气吗？会遇到耶和华吗？答案无从得知。他也许会变成一个不同的人，但估计变化不大。

格莱姆斯驱车从加斯多尼亚向北前往郎代尔，沿着山腰的乡间小路寻找“此屋待售”的牌子。在距离托马斯住所只有8分钟车程的地方，他发现一幢房子正在出售。房子位于一条蜿蜒的道路旁，500码(1码约为91厘米）外有一所中学，而且在一座山顶上，可以俯瞰山下翠绿色的燕麦田，金黄色的干草垛连成排，一望无垠。这幢房子共有三间卧室，还带一个户外棚架和红色铁皮屋顶，很像他童年时的那间棚屋，在屋里可以听到雨点落在铁皮上的声音。房子的主人是一位老太太。她向他保证，那里的环境很安静，左邻右舍是不会来打扰他的。格莱姆斯走进屋子，注意到老太太在正门台阶上放着一块作装饰用的石头，上面刻着椭圆形的“希望”两字。他决定把石头留在那里。

老太太说得对，邻居没有来打扰他。房子前面有片草坪，没有篱笆围起来，他喜欢独自用割草机割草，这片草坪记录了他一点一滴的进步。有天早上，就在他割草时，注意到邻居家院子的草坪变得不太规则。原来，他的邻居整天忙于工作，没时间照料草坪，也没有钱雇别人来做这事。格莱姆斯除了修剪自家草坪，还自愿帮这位邻居剪草。另一位邻居看到了，问格莱姆斯是否愿意帮他剪草，甚至还想付钱给格莱姆斯。格莱姆斯没要钱，因为他知道住在郎代尔的人都不富裕。他现在有一些存款，但邻居就未必有钱了。很快，格莱姆斯帮邻居免费修剪了十几块草坪。他新买了一台骑行式割草机，又买了辆二手道奇（Dodge）卡车，用来拖着割草机在附近转悠。

格莱姆斯给自己买了一辆二手福特金牛座（Ford Taurus）汽车，车龄2年，行驶里程只有9000英里，车子比他拥有的任何东西都漂亮。那天，格莱姆斯开着车回家，后视镜里闪烁着红蓝色灯光，警方的一辆巡逻车示意他停在路肩。郎代尔居然有如此豪华的银色小轿车？警官们想知道，这个生面孔的黑人是从哪里搞到这辆车的。

格莱姆斯竟一时不知从何说起。

# 资料来源

*6,149 days: the true story of Greg Taylor.* Documentary. Directed and produced by Clay Johnson. 2012. Capital Broadcasting Company. Online at http://www.wral.com/news/local/documentaries/page/10942135/.

Alexander, Maggie. "Judge rules in Cummings hearing." *WECT* (Wilmington, NC). January 27, 2005.

———. "Race, politics not a factor in murder trial, judge rules." Ibid. January 28, 2005.

Allen Mitchell Funeral Home, Inc. "Albert Lindsay Turner: January 15, 1947–March 7, 2016." Obituary. March 2016.

American Bar Association. "Toward Greater Awareness: The American Bar Association Call For a Moratorium on Executions Gains Ground." August 2001.

Associated Press. "Inmates' claims could get review." *Charlotte Observer* (Charlotte, NC). 2006.

———. "James Parker: Victims recant, accused 'molester' freed." November 30, 2004.

———. "Judge charges new man in rape case after panel clears Gaston man." *Gaston Gazette.* October 17, 2012.

———. "Man Is Put to Death For Double Slaying During Crime Spree." *New York Times.* October 24, 1992.

———. "North Carolina Death Penalty Panel Urged to Halt Executions." *News 14 Carolina.* January 4, 2007.

———. "Police hunt for suspect in murder outside church." *Wilmington Morning Star.* August 21, 1987.

———. "Taylor will have to wait for pardon." *News & Observer.* May 8, 2010.

*Atkins v. Virginia,* 536 U.S. 304 (2002).

Balko, Radley. "How the flawed 'science' of bite mark analysis has sent innocent people to prison." *Washington Post* (Washington, DC). February 13, 2015.

*Barefoot v. Estelle*, 463 U.S. 880 (1983).

Barrett, Michael. "Panel: Gaston man wrongly convicted of 1987 rape." *Gaston Gazette*. October 5, 2012.

Begley, Sharon. "Leaving Holmes in the Dust." *Newsweek* 110 Issue 17: 81. October 26, 1987.

Bennett Place 2241 ,United Daughters of the Confederacy. "I. Beverly Lake Scholarship." http://bennettplace2241.webs.com/scholarship.htm.

Betts, Jack. "A gain for justice." *Charlotte Observer*. February 23, 2010.

Blackburn, Jim. "About Jim Blackburn." *Jim Blackburn Seminars, LLC:* http://www.blackburnseminars.com.

Blake, William. "Voices from Solitary: A Sentence Worse Than Death." *Solitary Watch*. March 11, 2013

Blythe, Anne. "Former Wake District Attorney Colon Willoughby looks back on career." *News & Observer* (Raleigh, NC). April 5, 2014.

———. "Police reopen '91 murder case." Ibid. March 18, 2010.

———. "Taylor case brings commission renown." Ibid. February 22, 2010.

———. "Three know Taylor's ordeal all too well." Ibid. February 19, 2010.

——— and Amy Dunn. "Innocence commission founder calls for big changes." Ibid. June 5, 2010.

——— and Lynn Bonner. "DNA law raises questions." Ibid. July 29, 2010.

Borlik, Joe. "Hickory man convicted in 1987 rape to get chance at freedom." *Fox 8* (High Point, NC). April 5, 2012.

Bradshaw, Kourtney A. "Charlotte, NC: Birthplace (and Place of Death) of Integration in Public Schools." *North Carolina History Projects*. http://carolinahistory.web.unc.edu/charlotte-nc-birthplace-and-place-of-death-of-integration-in-public-schools/.

*Brady v. Maryland*, 373 U.S. 83 (1963).

Brown, Robbie. "Judges Free Inmate on Recommendation of Special Innocence Panel." *New York Times*. February 18, 2010.

*"Brown v. Board of Education (II),"* The Oyez Project at IIT Chicago-Kent College of Law. *http://www.oyez.org/cases/1950-1959/1954/1954_1/*.

*Brown v. Board of Education of Topeka, KS*. 349 U.S. 294 (1955).

Bune, Karen. "When The Innocent Become Victims." *Officer.com*: August 4, 2008.

Bush, Jack, Barry Glick, and Juliana Taymans. "Thinking For a Change: Integrated Cognitive Behavior Change Program." National Institute of Corrections Academy: 1997. Revised February 2002.

Candler, Laura. “After Innocence: James Waller Speaks About What Exoneration Feels Like.” WUNC North Carolina Public Radio. Chapel Hill, NC: June 13, 2013.

Carolina Journal Online. “Friday Interview: N.C. Actual Innocence Commission Revisited.” June 1, 2012. http://www.carolinajournal.com/exclusives/display_exclusive.html?id=9114

Catawba County Government. “Profile—About Catawba County, North Carolina.” http://www.catawbacountync.gov/about.asp.

Chalfant, Claudine. “24 Years Wrongfully Imprisoned Shaped Grimes into Man He Is Today.” *Time Warner Cable News: Charlotte.* April 29, 2015

*Charlotte Observer* (Charlotte, NC). “Getting it right: If N.C. courts convict wrong persons, criminals go free.” Editorial. August 18, 2005.

———. “Hickory man arrested in 1973 rape case.” September 28, 2012.

———. “Righting wrongs: Panel would help make sure criminals don’t run free.” Editorial. July 11, 2006.

CNN. “Rogue Justice.” TV. *CNN Presents*: January 30, 2011.

Committee on Identifying the Needs of the Forensic Sciences Community, National Research Council. *Strengthening Forensic Science in the United States: A Path Forward.* National Academy of Sciences report. August 2009.

Connors, Edward et al. *Convicted by Juries, Exonerated by Science: Case Studies in the Use of DNA Evidence to Establish Innocence After Trial.* National Institute of Justice report. June 1996.

Crabtree, David and Keith Baker. “Life on death row: ‘Am I going to be next?’ ” *WRAL*: February 27, 2013.

Crosby, David. “An Expanding Economy: In Diversification Is Strength.” *The Hickory Area Report.* 1988.

———. “A Transport Center: Planes, Trains and Trucks.” Ibid.

———. “Introduction.” Ibid.

———. “Teamwork and Foresight: An Award-winning Combination.” Ibid.

Daily Cynema. “Central Prison – Home of North Carolina’s Death Row.” April 24, 2010. https://dailycynema.wordpress.com/2010/04/24/central-prison-home-of-north-carolinas-death-row/.

David, Ben. “Community-Based Prosecution in North Carolina: An Inside-Out Approach to Public Service at the Courthouse, On the Street, and In the Classroom.” *Wake Forest Law Review* 47 (2012): 373–411.

Davis, Patty. “Wrongly convicted take center stage at death penalty forum.” CNN. November 15, 1998.

Death Penalty Information Center. "Legislative Activity—North Carolina." Accessed September 6, 2013. http://www.deathpenaltyinfo.org/legislative-activity-north-carolina.

———. "List of Those Freed From Death Row." Accessed November 15, 2016. http://www.deathpenaltyinfo.org/innocence-list-those-freed-death-row.

DeVayne, Richard. "Panel to review Hickory rape case." *Charlotte Observer*. September 27, 2012.

*Diane Wilson, et al. vs. Hickory City Board of Education*. D. Ct. 529. (1966).

———. Ibid. (1973).

Division of Prisons, North Carolina Department of Correction. "Handbook for Family and Friends of Inmates." February 2006.

Duggan, Paul. "'Sheetrock Scandal' Hits Dallas Police." *Washington Post* (Washington, DC). January 18, 2002.

*Duke Law News*. "Kendra Montgomery-Blinn '03." June 26, 2009.

Duke, Steven B., Ann Lee, and Chet K. Pager. "A Picture's Worth a Thousand Words: Conversational Versus Eyewitness Testimony in Criminal Convictions." *American Criminal Law Review* 44 (2007).

Durose, Matthew R. and Patrick A. Langan. "Felony Sentences in State Courts, 2002." Bureau of Justice Statistics Bulletin. December 2004.

Ehlers, Matt. "Taylor's exoneration prompts police to reinvestigate case." *Raleigh News & Observer*. March 17, 2010.

"Eighty-Fourth Congress: January 3, 1955, to January 3, 1957." S. Doc. Biographical directory.

Eisley, Matthew, Anne Saker and Andrea Weigl. "Cocaine found in office of NC Courts top administrator." *Raleigh News & Observer* (Raleigh, NC). August 18, 2004.

Eubanks, Georgann. "Overturning Wrongful Convictions." *Duke Magazine*. July-August 2002: 28–33.

Exum, Jr., James G. "Presentation of the Portrait of I. Beverly Lake., Sr., Associate Justice." Opening remarks and Presentation Acceptance. June 15, 1994.

"Facing Controversy: Struggling With Capital Punishment in North Carolina." Curated by Biff Hollingsworth & Tim West. Chapel Hill, NC: University of North Carolina at Chapel Hill. Online exhibition. http://exhibits.lib.unc.edu/exhibits/show/capital-punishment.

Federal Bureau of Investigation. "FBI Laboratory Announces Discontinuation of Bullet Lead Examinations." Press release. September 1, 2005.

———. "FBI Testimony on Microscopic Hair Analysis Contained Errors in at Least 90 Percent of Cases in Ongoing Review." Ibid. April 20, 2015.

Gardner, Kelly. "Convicted rapist maintains innocence in 1987 case." *WRAL* (Raleigh, NC). April 3, 2012.

———. "DA: Taylor didn't meet burden to prove innocence." Ibid. February 17, 2010.

———. "Innocence panel refers 19876 Hickory rape case for judicial review." Ibid. April 4, 2012.

———. "Innocence panel takes up 1988 Catawba rape conviction." Ibid. April 2, 2012.

Garner, Bryan E. "An Escaped Convict Turns Himself Back In." *Awake!* (February 8, 1994): 11–15.

*Gaston Gazette* (Gaston, NC). "We can learn patience, grace from Willie Grimes." Editorial. October 12, 2012.

Geary, Bob. "What of those who can't afford expensive defense attorneys?" *Indy Week* (Durham, NC). April 18, 2007.

*Gideon v. Wainwright,* 372 U.S. 335 (1963).

Goldberg, Eric. "Ridgeview Overcame Obstacles." *Hickory Daily Record* (Hickory, NC). 1975.

Greene, Susan. "Apple tossed in garbage may have cleared man." *Denver Post* (Denver, CO). July 25, 2007.

Gross, Samuel R. and Michael Shaffer. "Exonerations in the United States, 1989–2012." *National Registry of Exonerations*: June 22, 2012.

Gross, Samuel R., Kristen Jacoby, Daniel J. Matheson, and Nicholas Montgomery. "Exonerations in the United States 1989 through 2003." *Journal of Criminal Law and Criminology* 95, no. 2 (2005).

Hampton, Kristen. "Man cleared in '87 rape case says police cost him 25 years of life." *WRAL* (Raleigh, NC). October 12, 2012.

Harris, Stephen. "Violent Crimes Increase 47% In County." *Observer-News-Enterprise* (Newton, NC). July 6, 1978.

Helton, Sarah. "Tips Will Aid Fight By Police." *Hickory Daily Record* (Hickory, NC). August 31, 1988.

*Herrera v. Collins,* 506 U.S. 390 (1993).

*Hickory Daily Record* (Hickory, NC). "1973 rape suspect in Hickory gets new attorney." May 7, 2013.

———. "Bobby Elliott." Obituary. January 31, 2013.

———. "Breaking News: Innocence Commission judges determine Grimes is innocent of 1987 rape in Hickory." October 5, 2012.

———. "Few Know Historical Date." October 28, 1983.

———. "Grimes' future hangs in the balance as arguments begin in Innocence Inquiry Commission hearing." October 1, 2012.

———. "Hickory Man Charged With 1st-Degree Rape." Undated.

———. "Hickory man to be freed from prison after 24 years." May 21, 2012.

———. "His dream led him out of the projects to his life's purpose." February 13, 2012.

———. "Old fingerprints give Hickory man a chance at freedom." April 4, 2012.

———. "Ratio Of Blacks To Whites In Unifour Complex 8.53%." March 1, 1971.

———. "Suspect Sought In Reported Rape." Undated.

Houck, Max and Bruce Budowle, Ph.D. "Correlation of Microscopic and Mitochondrial DNA Hair Comparisons." *Journal of Forensic Science* 47, no. 5 (September 2002).

Houck, Max, et al. "Located Exchange; The Science of Forensic Hair Comparisons and the Admissibility of Hair Comparison Evidence: Frye and Daubert Considered." *Modern Microscopy* (March 2, 2004).

Hunter, Tye and Danielle Carman. "Implementing the Right to Counsel in Innocence Inquiry Commission Proceedings." Memorandum from the Office of Indigent Defense Services to Kendra Montgomery-Blinn at the Innocence Inquiry Commission and Chris Mumma at the Center on Actual Innocence. February 12, 2008.

Innocence Project. "Fact Sheet: Preservation of Evidence." January 31, 2007. http://www.innocenceproject.org/free-innocent/improve-the-law/fact-sheets/preservation-of-evidence.

———. "Fact Sheet: Eyewitness Identification Reform." January 31, 2007. http://www.innocenceproject.org/free-innocent/improve-the-law/fact-sheets/eyewitness-identification-reform.

———. "DNA Exonerations Nationwide." February 7, 2007. http://www.innocenceproject.org/free-innocent/improve-the-law/fact-sheets/dna-exonerations-nationwide

Jarvis, Craig. "N.C. prosecutor want more bill concessions." *News & Observer* (Raleigh, NC). February 17, 2012.

Johnson, Ellis. "Buffalo Bills Strengthened By Famed Ex-Ridgeview QB." *Hickory Daily Record* (Hickory, NC). November 5, 1964.

———. "Ex-Ridgeview Grid Great, Now Playing With Redskins." Ibid. 1964.

———. "Ridgeview, Central Clash Slated Here Friday Night." Ibid.

Joseph Neff. "Ex-SBI agent cleared of contempt charge." Ibid. September 15, 2011.

———. "Former SBI agent Duane Deaver will challenge firing at hearing." Ibid. April 2, 2014.
———. "Legal tangle may slow SBI reforms." Ibid. August 20, 2010.
———. "SBI agents' testimony is critical of Deaver." Ibid. December 10, 2011.
———. "SBI agent to face contempt hearing." Ibid. October 8, 2010.
———. "SBI fires much-criticized agent." Ibid. January 11, 2011.
———. "SBI in minority on test results." Ibid. December 26, 2010.
———. "State is slow on records access." Ibid. November 11, 2010.
——— and Mandy Locke. "Former SBI employees at center of Greg Taylor's wrongful conviction still defend work." Ibid. December 19, 2013.

JW.org. "Bible Words Index." http://www.jw.org/en/publications/bible/nwt/bible-words-index/##p2204.

———. "Books of the Bible." http://www.jw.org/en/publications/bible/nwt/books/.

———. "Frequently Asked Questions About Jehovah's Witnesses." http://www.jw.org/en/jehovahs-witnesses/faq/.

———. "Jehovah's Witnesses." http://www.jw.org/en.

Kenney, Andrew. "Judge upholds SBI's firing of Duane Deaver." *Durham News* (Durham, NC). August 27, 2014.

Khanna, Samiha. "A prosecutorial mistake leaves a Durham man in prison." *Indy Week* (Durham, NC). June 23, 2010.

———. "Christine Mumma – Tar Heel of the Year." *News & Observer* (Raleigh, NC). December 30, 2007.

———. "Judge clears assistant Durham DA of intentionally keeping man in prison; calls for new DA's office police." *Indy Week* blog (Durham, NC). August 13, 2010.

*King James Bible*. James 1:19–21.

———. Ps. 9:17.

Lake, Sr., Beverly I. Interview by Charles Dunn. *Documenting the American South: Interview C-0043, Southern Oral History Program Collection (#4007)*. September 8, 1987.

Lamb, Amanda and Adam Owns. "Taylor, now free: 'Truth has prevailed.' " *WRAL* (Raleigh, NC). February 17, 2010.

Lamb, Amanda and Erin Hartness. "Rape victim apologizes to wrongfully convicted man." *WRAL* (Raleigh, NC). May 9, 2008.

Langley, Scott. "The Execution Facilities of North Carolina at Central Prison, Raleigh." *Langley Creations Photography*. http://www.langleycreations.com/photo/deathpenalty/central-prison/.

Latta, Major J. L. "History Of Hickory's Public School System Traced By Maj. Latta." *Hickory Daily Record* (Hickory, NC). Date unknown.

Leslie, Laura. "N.C. Sets Up Innocence Inquiry Panel." *All Things Considered*. WUNC North Carolina Public Radio. Chapel Hill, NC: August 3, 2006.

Lewis, J. D. "I. Beverly Lake, Jr.: 26th Supreme Court Chief Justice." http://www.carolana.com/nc/courts/iblakejr.html.

Little, Ken. "Death Sentence Stands." *Wilmington Star News* (Wilmington, NC). January 28, 2005.

Littlejohn, Yolanda. "He didn't do it." *News & Observer* (Raleigh, NC). Letter to the editor. January 21, 2010.

Locke, Mandy. "Agent defends tests for blood." *News & Observer* (Raleigh, NC). February 13, 2010.

———. "Bittersweet liberty: Dwayne Dail struggles to adapt to life outside prison and bond with his son." Ibid. December 9, 2014.

———. "Dail takes an interest in another's fight to be free." Ibid. February 17, 2010.

———. "DA is urged to free Taylor." Ibid. October 13, 2009.

———. "Discarded evidence costs some NC inmates a chance at freedom." *News & Observer* (Raleigh, NC). March 16, 2013.

———. "Ex-FBI agent calls Taylor arrest a 'rush to judgment.' " Ibid. February 10, 2010.

———. "Family pushes for convict's release." Ibid. September 19, 2009.

———. "Greg Taylor pardoned by governor." Ibid. May 21, 2010.

———. "Hearing gives man chance at exoneration." Ibid. February 10, 2010.

———. "Historic steps lead Taylor to freedom." Ibid. February 18, 2010.

———. "In Taylor case, blood is the issue." Ibid. February 11, 2010.

———. "Innocence panel sets Greg Taylor free." Ibid. February 17, 2010.

———. "Judge won't delay Taylor case." Ibid. January 16, 2010.

———. "Lawyers fault Taylor case." Ibid. November 26, 2009.

———. "Prisoner awaits decision on release." Ibid. September 24, 2009.

———. "Prosecutors would limit access to N.C. Innocence Panel." Ibid. May 8, 2011.

———. "Taylor gets his shot at release." Ibid. February 7, 2010.

———. "Taylor prosecutor weighs in again." Ibid. February 9, 2010.

———. "The truth seeps out at last; a man is freed." Ibid. August 10, 2010.

———. "Victim's sister works to clear convicted man." Ibid. February 13, 2010.

———. "Wake district attorney to contest Cary man's innocence." Ibid. October 13, 2009.

Locke, Mandy and Anne Blythe. "SBI to review old lab cases." Ibid. February 28, 2010.

Locke, Mandy and Joseph Neff. "State police group urges criminal probe of SBI." Ibid. August 19, 2010.

———. "Innocence panel to examine contempt charge against SBI agent." Ibid. October 1, 2010.

———. "SBI employee resumes work." Ibid. November 13, 2010.

———. "Taylor suit seeks money from SBI." Ibid. June 29, 2011.

Locke, Mandy and Titan Marksdale. "Wrongly convicted man ready to live life." Ibid. August 29, 2007.

Maiatico, Jerome M. "All Eyes On Us: A Comparative Critique of the North Carolina Innocence Inquiry Commission." *Duke Law Journal* 56 (2007): 1345–76.

Mann, Lisa Hammersly. "After 14 years, Parker now free." *Charlotte Observer* (Charlotte, NC). November 30, 2004.

*Mapp v. Ohio*, 367 U.S. 643 (1961).

Marquis, Joshua. "The Innocent and the Shammed." *New York Times*. Op-ed. January 26, 2006.

Marsden, Lawrence. "After 25 years in prison, Grimes new day in court arrives in front of Innocence Inquiry panel." *Hickory Daily Record*. October 3, 2012.

———. " 'Free at last': Innocence Commission judges determine Grimes is innocent of 1987 rape in Hickory." Ibid. October 5, 2012.

———. "Key Witness in Grimes' hearing won't testify before Innocence Inquiry Commission." Ibid. October 4, 2012.

Marsden, Skip. "DA pursuing probe of possible perjury in Grimes hearing." Ibid. October 9, 2012.

———. "Hickory man indicted for 1980's rape." *Hickory Daily Record*. March 8, 2013.

———. "Probable cause found in case against '73 Hickory rape case." Ibid. October 17, 2012.

Marsh, Michelle. "Man claiming innocence in 1987 rape released on parole." *WRAL* (Raleigh, NC). May 21, 2012.

Martinez, Rick. "A better way to fix mistakes." *News & Observer* (Raleigh, NC). June 9, 2010.

Marusak, Joe and April Bethea. "Man exonerated after 24 years in prison." *Charlotte Observer*. October 5, 2012.

Marymount International School. "Spotlight On: Christine Cecchetti Mumma." http://www.marymountrome.org/base.php?code=587.

Matsumoto, Evan. "Catawba County denies Willie Grimes lawsuit." Ibid. December 11, 2014.

———. "Federal lawsuit targets area officials: Exonerated man files suit, alleges 'reckless investigation.' " Ibid. October 15, 2014.

McBrayer, Sharon. "Surprise arrest in 1973 Hickory sexual assault case." *Hickory Daily Record*. September 27, 2012.

McMurtrie, Jacqueline. "The Role of the Social Sciences in Preventing Wrongful Convictions." *American Criminal Law Review* 42 (2005).

Mecklenburg County Bar. "Resolution and Memorial Commemorating the Life and Service of the Honorable Kenneth A. Griffin." June 6, 2002.

Miller, John. "Experts focus on witness testimony, reliability at innocence inquiry commission hearing." *Hickory Daily Record*. October 3, 2012.

Mills, Steve and Ken Armstrong. "Convicted by a hair." *Chicago Tribune*. November 18, 1999.

*Miranda v. Arizona*, 384 U.S. 436 (1966).

Moffeit, Miles and Susan Greene. "Trashing the Truth." *Denver Post* (Denver, CO). July 2007.

Moore, Rober F. "Innocent, but he did 14 years in prison." *New York Daily News*. November 30, 2004.

———. Interview with Gil Kerlikowske. Date unknown.

———. "Triumphs & Tragedies of DNA Exoneration: Dwayne Allen Dail." Video recording of presentation at Postconviction DNA Case Management Symposium, National Forensic Science Technology Center, 49:44. January 22–23, 2009, http://projects.nfstc.org/postconviction/video/m4v/0201.htm.

Mumma, Chris. "Guilty Until Proven Innocent? Greg Taylor's Long Fight for Freedom." Working paper.

———. "Guidelines for Counsel Appointed by Indigent Defense Services for Claims Investigated by the North Carolina Innocence Inquiry Commission." North Carolina Center on Actual Innocence. August 14, 2007, updated March 16, 2011.

———. "Guilty Until Proven Innocent? Greg Taylor's Long Fight for Freedom." (working paper).

———. Letter to the editor, *News & Observer* (Raleigh, NC). August 9, 2006.

——— and Robert Campbell. "*State v. Willie Grimes*: Obtaining Freedom Through the Innocence Inquiry Process." *The North Carolina State Bar Journal* 18, no. 3 (fall 2013): 8–12.

Mumma, Christine. *Interview with NC Political Review*. August 2003.

Mumma, Christine C. "The North Carolina Actual Innocence Commission: Uncommon Perspectives Joined by a Common Cause." *Drake Law Review* 52 (2004): 647–56.

———. "The North Carolina Innocence Inquiry Commission: Catching Cases that Fall Through the Cracks," in *Wrongful Conviction and Criminal Justice Reform: Making Justice*, ed. Marvin Zalman and Julia Carrano (New York: Rutledge, 2014), 249.

National Institute of Justice. *Eyewitness Evidence: A Guide for Law Enforcement*. October 1999.

———. National Commission on the Future of DNA Evidence. Last modified April 3, 2013. http://www.nij.gov/topics/forensics/evidence/dna/commission/pages/welcome.aspx#overview

*New World Translation of the Holy Scriptures* (2013 revision). Acts 17:27.

———. Exod. 3:15, 9:16.

———. James 1:19–21.

———. Job 26:14, 37:23.

———. John 7:7, 10:37.

———. Luke 2:8.

———. Matt. 21:22.

———. 1 Pet.. 1:22-25, 5:8–10.

———. Pss. 25:14, 37:28.

———. Rom. 6:7, 12:2.

———. 2 Tim. 4:2-5.

NBC. "The 17-year saga of Greg Taylor." TV. *Dateline:* May 31, 2013.

Neeley, Olivia. "Innocence Project contends Wilson man wrongfully imprisoned for 36 years." *Wilson Times* (Wilson, NC). January 23, 2013.

———. "Innocence Project seeks murder convict's release." Ibid. January 30, 2013.

*News & Observer.* (Raleigh, NC.) "A life saved." Editorial. February 21, 2010.

———. "A long wait." Editorial. April 9, 2012.

———. "Blood-hounded." Ibid. February 19, 2010.

———. "Case closed." Ibid. May 25, 2010.

———. "'F' in science." Ibid. August 11, 2010.

———. Innocence panel gets grant for tests." October 3, 2009.

———. "Innocent, right?" Editorial. March 18, 2010.

———. "Just the facts." Ibid. February 22, 2012.

———. "Lab assignment." March 13, 2010.

———. "Long enough." Editorial. October 14, 2009.

———. "Taylor found innocent." February 17, 2010.

———. "Testimony on blood test changed." August 19, 2010.

———. "Testing the crime lab." Editorial. March 3, 2010.

———. "What the agent said." Ibid. October 6, 2010.

——— blog. “Two years free after 6149 days in prison, Greg Taylor unsure of a direction.” April 23, 2013.

North Carolina Actual Innocence Commission. “Recommendations for Eyewitness Identification.” October 9, 2003.

North Carolina Center on Actual Innocence. “North Carolina Center on Actual Innocence.” http://www.coai.org.

———. “Willie Grimes Officially Exonerated By Innocence Commission After Serving 25 Years In Prison.” Press release. October 2012.

North Carolina Department of Corrections. “Policy & Procedures: Community Based Programs for Sex Offenders.” June 25, 2010.

———. “Policy & Procedures: Inmate Release Procedures.” January 30, 2013.

———. “Policy and Procedure: Community Volunteer Program.” July 1, 2010.

North Carolina Department of Correction, Division of Prisons. “Handbook for Family and Friends of Inmates.” February 2006.

———. “Prison Program Description: A New Direction/DART Treatment Program.” August 28, 2008. http://www.doc.state.nc.us/DOP/Program/dart.htm.

———. “Prison Program Description: Mutual Agreement Parole Program.” April 15, 2009. http://www.doc.state.nc.us/DOP/Program/mapp.htm.

———. “Prison Program Description: Napoleon Hill Project.” February 14, 1997. http://www.doc.state.nc.us/DOP/Program/napoleon.htm.

———. Prisons: Policy & Procedure Manual.” http://www.doc.state.nc.us/dop/policy_procedure_manual/

———. “SOAR FACT SHEET.” April 5, 2000. http://www.doc.state.nc.us/dop/health/mhs/special/soardesc3.htm.

North Carolina Department of Corrections, Post Release Supervision and Parole Commission. “Report on the Status of the Mutual Agreement Parole Program.” March 1, 2011. http://www.doc.state.nc.us/legislative/2011/Status_of_the_MAPP_Program.pdf.

North Carolina Department of Health and Human Services, Office of the Chief Medical Examiner. “Report of Investigation by Medical Examiner for decedent Albert L. Turner.” May 20, 2016.

North Carolina Department of Justice. “The North Carolina Sex Offender & Public Protection Registration Programs.” Revised January 2011.

North Carolina Department of Public Safety. “Correction Enterprises: Plant Information.” https://www.correctionenterprises.com/about/plant-information/.

———. “Division of Adult Corrections & Juvenile Justice Officials.” http://www.doc.state.nc.us/admin/Official.htm.

———. "Offender Public Information: Brian E Garner." http://webapps6.doc.state.nc.us/opi/viewoffender.do?method=view&offenderID=0141350&searchLastName=garner&searchFirstName=brian&listurl=pagelistoffendersearchresults&listpage=1.
———. "Parole Commission: Administration." April 4, 2013. https://www.ncdps.gov/Index2.cfm?a=000003,002210,002215.
———. "Prisons." https://www.ncdps.gov/Index2.cfm?a=000003,002240.
———. Prisons: Policy & Procedure Manual." http://www.doc.state.nc.us/dop/policy_procedure_manual/.
North Carolina General Assembly. "An Act to Make Various Amendments to the Law Regarding the Innocence Inquiry Commission." S.B. 144, General Assembly Session 2009, Session Law 2010-171. August 2, 2010.
———. "An Act To Provide That The North Carolina Innocence Commission May Compel the Testimony of a Witness and the Commission Chair May Grant Limited Immunity to the Witness from Prosecution for Previous False Statements Made Under Oath in Prior Proceedings." H.B. 937, NC General Assembly Session 2009, Session Law 2009-360. July 27, 2009.
———. "HB 1323 / S.L. 2006-184: Establish NC Innocence Inquiry Commission." August 3, 2006.
———. "996 HB 1323: Establish NC Innocence Inquiry Commission." August 11, 2005.
———. "NC General Statutes: Chapter 15A Article 89, Motion for Appropriate Relief and Other Post-Trial Relief."
———. "NC General Statutes: Chapter 15A Article 92, "North Carolina Innocence Inquiry Commission."
*North Carolina History Project*. "Catawba County (1842)." http://www.northcarolinahistory.org/encyclopedia/581/entry/.
North Carolina House of Representatives. *Establish North Carolina Innocence Inquiry Commission*. 1758 HB 1323, Roll Call Legislative Session Day 171. July 25, 2006.
———. *Amend Innocence Inquiry Commission*. 1795 SB 144. Roll Call Legislative Session Day 150. July 9, 2010.
North Carolina Industrial Commission. "Petition for Compensation Pursuant To N.C. Gen. Stat. § 148-82 *ET SEQ*," claimant Willie James Grimes. November 8, 2012.
North Carolina Innocence Inquiry Commission. Brief for *State v. Gregory Flynt Taylor*, Wake County 91CRS71728. September 2009.
———. Brief for *State v. Henry Reeves*. December 2007.

———. Brief for *State v. Willie J. Grimes,* Catawba County 87CRS13541-42. December 2007.
———. "Innocence Commission Names Durham Assistant D.A. as its Executive Director," News release, March 28, 2007.
———. "Innocence Inquiry Commission Receives Federal Grant," news release, September 30, 2009.
———. "Man's Conviction upheld in Innocence Hearing," news release, September 3, 2008.
———. "Mock Brief: State of North Carolina v. Billy Times." August 2007.
———. "North Carolina Innocence Inquiry Commission." http://www.innocencecommission-nc.gov.
———. "North Carolina Makes Legal History: Innocence Commission Conducts First Hearing and Case is Referred to Three-Judge Panel," news release, December 17, 2007.
———. "Opinion of the North Carolina Innocence Inquiry Commission, State of North Carolina v. Terry Lee McNeil." January 23, 2009.
———. "Report to the 2008 Session of the General Assembly of North Carolina." February 4, 2008.
———. "Report to the 2009-2010 Long Session of the General Assembly of North Carolina." March 12, 2009.
———. "Report to the 2009–2010 Short Session of the General Assembly of North Carolina." April 8, 2010.
———. "Report to the 2011–12 Long Session of the General Assembly of North Carolina and the State Judicial Council." March 1, 2011.
———. "Report to the 2011–12 Short Session of the General Assembly of North Carolina and the State Judicial Council." February 15, 2012.
———. "Report to the 2013–14 Regular Session of the General Assembly of North Carolina and the State Judicial Council." February 14, 2013.
———. "The North Carolina Innocence Inquiry Commission Rules and Procedures." Adopted May 25, 2007; revised in 2007, 2008, 2009, 2010, 2011.
North Carolina Senate. *Establish NC Innocence Inquiry Commission.* 1583 HB 1323. Roll Call Legislative Session Day 174. July 26, 2006.
———. *Amend Innocence Inquiry Commission.* 1584 SB 144. Roll Call Legislative Session Day 147. July 9, 2010.
North Carolina Victim Assistance Network. "History of NCVAN." http://www.nc-van.org/history.html.
Northwestern University. "Bloom Legal Clinic Center on Wrongful Convictions." http://www.law.northwestern.edu/legalclinic/wrongfulconvictions/.

*Observer-Newton-Enterprise*. "County Population Toward 100,000." June 21, 1977.

O'Malley, Gabriel. "The Execution of Carlos DeLuna: Preventing Wrongful Convictions." *Boston Review*. October 22, 2012.

O'Neill, Patrick. "Innocence Inquiry Commission could help clear man facing life sentence." *Indy Week* (Durham, NC). August 27, 2008.

———. "Judges uphold Reeves' conviction." Ibid. September 4, 2008.

———. "Key witnesses testify at unprecedented trial." Ibid. August 29, 2008.

Order of Disbarment In the Matter of the Tender of Surrender of License of James L. Blackburn, 93 BCS 3, North Carolina State Bar (April 16, 1993).

Order of Discipline in the Matter of the Tender of Surrender of License of Timothy E. Oates. 99 BCS 6 (1988).

PBS. "What Jennifer Saw." *Frontline*. http://www.pbs.org/wgbh/pages/frontline/shows/dna/interviews/thompson.html.

Porter, Jane. "Bill would eliminate Actual Innocence Commission." *Indyweek* (Durham, NC). May 28, 2014.

Quillin, Martha. "Ex-agent Deaver ordered into talks with Innocence Panel." *News & Observer* (Raleigh, NC). August 6, 2011.

*Ridgeview High School Annual*. "Panthers Football: 1930–1965." 1966.

Rosen, Richard A. "Innocence and Death." *North Carolina Law Review* 82, no. 1 (December 2003).

———. "Reflections on Innocence." *Wisconsin Law Review* no. 2 (2006).

Ross, Tom. "Remarks of Thomas W. Ross On the Occasion of William H. Rehnquist Award Presentation." November 13, 2000.

Rutledge, John P. "They All Look Alike: The Inaccuracy of Cross-Racial Identifications." *American Journal of Criminal Law* 28 (2001).

Ryan, George H. "Governor Ryan Declares Moratorium On Executions, Will Appoint Commission To Review Capital Punishment System." Press release, January 31, 2000.

———. "Report of the Governor's Commission on Capital Punishment." April 15, 2002.

Saunders, Barry. "Relook, don't retread." *Raleigh News & Observer*. March 30, 2010.

———. "The girl her sister knew." Ibid.. February 25, 2010.

Schwartzapfel, Beth. "Who Shot Valerie Finley?: Why One Man's Innocence Is So Hard To Prove." *Boston Review*. March/April 2013.

Secret, Mosi. "Changes urged in legal system to protect poor defendants." *Indy Week* (Durham, NC). March 7, 2007.

———. "N.C. Innocence Inquiry Commission begins Nov. 1." Ibid. November 8, 2006.
———. "Questions raised about victims' rights advocate." Ibid. November 8, 2006.
Sheehan, Ruth. "Did a fox guard the hens?" *News & Observer*. October 28, 2009.
———. "He fought to fix wrongs; now he waits." Ibid. February 10, 2010.
———. "What is the DA thinking?" Ibid. February 17, 2010.
Shipp, E. R. "'FORGIVE,' ASKS WOMAN IN RAPE DISAVOWAL." *New York Times*. November 28, 1985.
Smith, Clive A. Stafford and Patrick D. Goodman. "Forensic Hair Comparison Analysis: Nineteenth Century Science or Twentieth Century Snake Oil?" *Columbia Human Rights Law Review*. Vol. 27, No. 227 (Winter 1996).
Smith, Ken. "Innocence commission is Lake's legacy." *WRAL* (Durham, NC). February 19, 2010.
Smith, Sharon. "Man in prison for 24 years on a wrongful conviction files federal lawsuit." *Charlotte Observer*. October 13, 2014.
*State of North Carolina v. Gregory Flint Taylor,* 337 N.C. 597, 447 S.E.2d 360 (1993).
*State of North Carolina v. Gregory Flynt Taylor*, 91 CRS 71728. Innocence Inquiry Commission Evidentiary Hearing (Superior Crt. 2010).
*State of North Carolina v. James Courtney McDowell,* 329 N.C. 363, 407 S.E.2d 200 (1991).
*State of North Carolina v. Willie J. Grimes,* Innocence Inquiry Commission Evidentiary Hearing, 87 CRS 13541/42/44. (Superior Crt. 2012).
———, Innocence Inquiry Commission Evidentiary Hearing, Opinion, 87 CRS 13541/42/44. (April 4, 2012).
———, Three-Judge Panel Hearing, 87 CRS 13541/42. (Superior Crt. Special Session, October 1–5, 2012).
*State of North Carolina v. Willie James Grimes.* "Affidavit." May 21, 2012.
———, "Decision of the Three-Judge Panel Pursuant to N.C. Gen. Stat. § 15A-1469." October 5, 2012.
———, "Motion to Compel Discovery." August 13, 2012.
———, "Motion to Hold in Abeyance." May 2012.
———, "Plea for Declaration of Innocence." September 2012.
———,. "State's Response to Commission Order." September 3, 2012.
———, "Stipulation of Facts." September 2012.
*State of North Carolina vs. Willie James Grimes*, 87 CrS 13540; 13541; 13542; 13544. (Superior Crt. July 1988).

———, 386 S.E.2d 214, 96 N.C. App. 489. (1989).
———, 397 S.E.2d 227, 327 N.C. 485 (1990), cert denied.
———, 923 F.2d 849, 1991 WL 5924 (4th Cir. (N.C.)), Unpublished Disposition, dismissed.
———, AOC-CR-350 (Rev. 10/83), 87CRS13542-44 (1988).
———, Brief for the State, No. 8925SC119 (1989).
———, COA-75 (Rev. 9/1/88), NC Ct. of Appeals No. 8925SC119 (1989).
———, Defendant appellant's brief, COA08-1597 No. 8925SC119 (1989).
———. Hearing, 87 CrS 13540; 13541; 13542; 13544 (Superior Crt. 1988).
———, Motion for Appropriate Relief, NO. 8925SC119 (1989).
———, N.C. 569A88 (1989), vacated and transferred to NC Court of Appeals.
———, No. 270P95, 342 N.C. 416 (1995), cert denied.
———, No. 8925SC119, Motion for Extension of Time (1989).
———, Order to Amend Judgment and Order of Commitment, 87 CRS 13544-42 (1991).
Stewart, Alva. "Hickory, N.C.,--'BEST-BALANCED CITY." 1986.
Tate, Mary Kelly. "Commissioning Innocence and Restoring Confidence: The North Carolina Innocence Inquiry Commission and the Missing Deliberative Citizen." *Maine Law Review* 64, no. 2 (2012): 531–52.
Taylor, Cyndie. "Report shows crime rate soaring in Newton." *Observer-News-Enterprise* (Newton-Conover, NC). February 10, 1981.
*The National Registry of Exonerations*. https://www.law.umich.edu/special/exoneration/Pages/about.aspx.
———. "Exonerations in 2013." February 4, 2014.
———. "Exonerations in 2014." January 27, 2015.
———. "Exonerations in 2015." February 3, 2016.
———. "UPDATE: 2012." April 3, 2013.
*The Watchtower*. "What God Has Done for You." Vol. 135, no. 5 (March 1, 2014).
Thompson, Estes. "James Blackburn: His life as a prosecutor, convict and waiter." *Lubbock Avalanche-Journal* (Lubbock, TX). October 8, 2000.
Thompson, Jennifer. "Triumphs & Tragedies of DNA Exoneration: Ronald Cotton." Video recording of presentation at Postconviction DNA Case Management Symposium, National Forensic Science Technology Center, 1:13:01. January 22–23, 2009, http://projects.nfstc.org/postconviction/video/m4v/0201.htm.
——— and Ronald Cotton. "Picking Cotton: Jennifer Thompson and Ronald Cotton's Story." YouTube book trailer video, 2:54. Keppler Speakers: August 31, 2012. https://www.youtube.com/watch?v=XsBplRi1PfA.

Thompson-Cannino, Jennifer and Ronald Cotton with Erin Torneo. *Picking Cotton: Our Memoir of Justice and Redemption*. NY: St. Martin's Press, 2009.

*United States v. Wade*. 388 U.S. 218 (1967).

United States Department of Justice, Office for Victims of Crime. "Victim Service Award Nominees, 1995: Augustus A. 'Dick' Adams." http://www.ovc.gov/ncvrw/1995/awardees.htm.

University of Leicester. "Alec Jeffreys and Genetic Fingerprinting." http://www2.le.ac.uk/departments/genetics/jeffreys.

University of Michigan Law School. "The National Registry of Exonerations." https://www.law.umich.edu/special/exoneration/Pages/about.aspx.

U.S. Census Bureau, "Hickory, North Carolina." American Community Survey Estimate: 1990, 2000.Weigel, Andrea. "Panel approves innocence plan." *News & Observer* (Raleigh, NC). March 8, 2005.

Wake County Board of Commissioners. "Growth Trends." PowerPoint presentation of the 2010 U.S. Census. http://www.wakegov.com/data/bythenumbers/Documents/Trends2012.pdf.

Watchtower Bible and Tract Society of New York. *WHAT DOES THE BIBLE* Really *TEACH?* Brooklyn, NY: 2005.

WBTV (Newton, NC). "State clears man wrongly convicted in 1987 rape case, a witness could face charges." October 4, 2012.

"Weidner Among First Settlers." Source unknown. Hickory, NC. 1988.

Weigl, Andrea. "Innocence panel closer to reality after Senate vote." *News Observer* (Raleigh, NC). July 11, 2006.

———. "Lake pushes innocence panel." Ibid. April 17, 2005.

———. "Wrongful conviction spurs quest." Ibid. Oct 31, 2005.

Weinstein, Henry. "North Carolina to Weigh Claims of Innocence." *Los Angeles Times* (Los Angeles, CA). August 4, 2006.

Wells, Gary L., and Elizabeth A. Olson. "Eyewitness Testimony." *Annual Review of Psychology* 54 (2003).

Westervelt, Saundra and Kimberly Cook. *Life After Death Row: Exonerees' Search for Community and Identity*. New Brunswick: Rutgers University Press, 2012.

Whitener, Pamela. "Hickory Marks Anniversary: 1st City Election Held Jan. 3, 1870." *Hickory Daily Record* (Hickory, NC). January 3, 1970.

Wiggins, Dr. Norman A. "Presentation of the Portrait of I. Beverly Lake., Sr., Associate Justice." Presentation Address. June 15, 1994.

Wilgoren, Jodi. "Citing Issue of Fairness, Governor Clears Out Death Row in Illinois." *New York Times*. January 12, 2003.

*Willie Grimes v. State of North Carolina*, 5:96CV9-MU, W.D.N.C. 8925SC119 (1996), dismissed.
*Willie James Grimes v. G.G. Hayes et al,* AO 450 (Rev. 5/85), W.D.N.C., ST-C-91-55 (1993).
*Willie James Grimes v. Joseph Lafton et al,* AO 241 (Rev. 5/851), 4th Circ., 8925SC119 (date unknown).
*Willie James Grimes vs. City of Hickory et al.*, Complaint, Case 5:14-cv-00160. Filed October 6, 2014.
*Willie James Grimes vs. G. G. Hayes et al*, AO 241, W.D.N.C., ST-C-91-55 (1992).
*Willie James Grimes vs. State of North Carolina*, Defendant's pro se appellant brief, N.C. 569A88 (1989).
Woolverton, Paul. "Innocence panel advances." *Fayetteville Observer* (Fayetteville, NC). July 13, 2006.
*WRAL*. "Easley: Innocence Commission Will Help Wrongly Convicted." August 3, 2006.
———. "Lawmakers Reach Compromise on Innocence Commission." July 25, 2006.
———. "NC Wanted: Raleigh family seeks answers in unresolved case." September 6, 2014.
———. "N.C. Innocence Commission Already Has Hefty Caseload." December 26, 2006.
———. "Rape victim apologizes to wrongfully convicted man." May 9, 2008.
———. "Senate Approves Innocence Commission." July 11, 2006.
———. "Willie Grimes Innocence Commission Hearing Video," Pt. 1–14. http://www.wral.com/news/local/asset_gallery/10937343/.
*WSOC TV* (Charlotte, NC). "DA grants limited immunity for inmate testimony in Grimes case." October 3, 2012.
———. "Gaston County man fights to clear his name, 25 years later." October 3, 2012.
———. "Grimes' name removed from NC sex offender registry." October 8, 2012.
———. "Grimes testifies after 25 years of serving in prison for rape." October 2, 2012.
———. "Grimes testifies on Tuesday against 1987 rape, kidnapping charges." October 2, 2012.
———. "Judge finds probable cause to charge Hickory man with decades old rape." October 17, 2012.

———. "Man cleared of rape conviction after spending years in prison." October 5, 2012.
———. "Man fights to clear conviction after spending years in prison." October 1, 2012.
———. "Man refuses to testify in hearing about 1987 rape case." October 4, 2012.
Z. Smith Reynolds Foundation. "2009 Nancy Susan Reynolds Award Winners." July 1, 2009. http://www.zsr.org/announcements/2009-nancy-susan-reynolds-award-winners.
Zerwick, Phoebe. "Innocence Commission: N.C. creates first in nation to backstop courts." *Winston-Salem Journal* (Winston-Salem, NC). August 20, 2006.